这个汉朝太有意思了

朱耀辉 著

从刘彻登基到托孤辅政

中国致公出版社

图书在版编目（CIP）数据

这个汉朝太有意思了. 第三卷 / 朱耀辉著. -- 北京:
中国致公出版社, 2020（2020.11重印）
ISBN 978-7-5145-1670-8

Ⅰ. ①这… Ⅱ. ①朱… Ⅲ. ①中国历史－汉代－通俗读物 Ⅳ. ①K234.09

中国版本图书馆CIP数据核字(2020)第084922号

这个汉朝太有意思了. 第三卷 / 朱耀辉 著

出　　版　中国致公出版社
（北京市朝阳区八里庄西里 100 号住邦 2000 大厦 1 号楼西区 21 层）
发　　行　中国致公出版社（010-66121708）
责任编辑　王福振　颜士永
策划编辑　仪雪燕
封面设计　仙境
印　　刷　旭辉印务（天津）有限公司
版　　次　2020 年 8 月第 1 版
印　　次　2020 年 11 月第 2 次印刷
开　　本　710mm × 1000mm　1/16
印　　张　16.25
字　　数　311 千字
书　　号　ISBN 978-7-5145-1670-8
定　　价　48.00 元

代 序

朱耀辉是一位热忱且有想法的青年作家，早前我也读过他的不少作品，譬如《李斯传：从一介布衣到帝国宰相》《大变革时代：晚清》等，文笔通俗幽默，涉及的历史时间跨度也比较大。应该说，他的基本功是扎实的，对相关历史事件能够做到精准解读。

当朱耀辉邀请我给他的新作《这个汉朝太有意思了》代写一个序的时候，说实话，我的内心是比较忐忑的。汉武帝在历史上是个比较有争议的人物，歌颂他的人很多，非议他的人也不少。当然，这也给作者写作带来了困难，但同时也给我带来了好奇感，究竟他笔下的汉武帝是怎样的一张面孔。

在汉武帝治下时期，可以看作是汉朝乃至整个中国历史的一个重要拐点。从正面讲，汉武帝麾下的大汉军队降服宿敌匈奴、平乱南蛮、西夷，再至征伐交趾，汉军铁骑无往不胜。其中，也涌现了许多彪炳史册的将星，诸如卫青大破龙城、霍去病封狼居胥等。应该说，汉武帝的武略影响是相当深远的，不仅在当时稳定了边疆局势，也无形中在后世人的精神基因里，铸造了大汉荣光的家国自豪感。这种强汉自信，至今依然留存。

然而，诚如硬币有两面一般，频繁用兵及汉武帝好大喜功的性格，同时给西汉帝国的社会经济带来了显而易见的负面影响。汉武帝登基之前，西汉经过文景两代皇帝的休养生息，国内生产得以发展，人民生活富足，经济环境总体向好。可历经汉武一朝，直接造成的结果便是“海内虚耗，户口减半”。而发生在汉武帝晚年的“巫蛊之祸”，也给帝国政权的稳定过渡带来了隐患。此类种种，均为西汉王朝后来的颓落埋下了伏笔。

从深层次讲，汉武帝治下的汉朝，是继秦始皇之后，对高度中央集权的政治模式做的又一次尝试，并取得了成功。当然，汉武帝也吸取了秦朝灭亡的教训，对法家思维进行了大刀阔斧的修饰，正式确立了儒家治国的政治体系。即便如此，法家的政治手腕仍潜藏在他的治国基因里。当然，这也给后世历代王朝治国提供了明确而可行的模板。

据我了解，为更好地还原汉武帝这个人物及当时的时代特征，朱耀辉翻阅了大量史料，尤其对于战争场面的描写，作者更是下足了功夫。就写作风格而言，作者融合了史实性、文学性及趣味性，文字通俗幽默，且符合现代读者的阅读习惯。

打个比方，在霍去病带领汉军彻底击败匈奴时，作者这样描写："苍茫的暮色中，匈奴人收起了自己的帐篷，驱赶着牛羊牲畜，在辚辚的车马声中，迎着如晦的风雨，投入无边的黑暗。匈奴的歌手弹着呜咽的马头琴，唱起了哀恸的挽曲：失我祁连山，使我六畜不蕃息；失我焉支山，使我嫁妇无颜色。"

这种富有诗意的文字，极容易引起读者的共鸣。

此外，朱耀辉尤其重视且擅长对笔下人物心理活动的描写。书中曾有一处，讲的是汉武帝在弥留之际，曾反思一生功过。作者这般描写："身为刘氏子孙，他又怎能忘记高皇帝在白登山的七天七夜、吕后被匈奴单于调戏的愤怒？一次次屈辱的和亲，换来的又是什么？是杀戮，是掳掠，是蔑视！这是汉朝的屈辱，更是刘彻的屈辱！"

可以说，汉朝政权组建前期，在无为思想指导下，对外采取保守的态度，一次次和亲，只能换来匈奴一次又一次的侵扰，让边疆百姓苦不堪言。对于汉武帝而言，屈辱感油然而生，也激发了他开疆拓土的雄心。

顺着朱耀辉的笔触，我们很容易感受到汉武帝内心压抑且有着强烈证明自己的情绪，并隔着时空同书中人物产生共鸣。而这样的文字，在全书中比比皆是。作者擅长引导读者，同书中人物命运产生同理心，这也让我忍不住要一口气读完全书。

白马晋一

目录

第一章　潜龙在渊

天人三策

想想看，十六岁的时候，你在干什么？

对于我们普通人而言，大部分人十六岁都还在上高中，要么埋首书桌，在题海中苦战，要么在球场上大汗淋漓，肆意挥洒青春。总之，十六岁正是风华正茂、书生意气的年纪。

那么古人呢？他们十六岁的时候在干什么？

我们不妨来看几个例子。

十六岁的慕容恪成为无敌将；

十六岁的拓跋珪趁乱重兴代国，即位称代王；

十六岁的李元吉镇守太原；

十六岁的李克用随父出征，军中人称“飞虎子”，被授为云中牙将。

对于汉朝的刘彻而言，十六岁也是人生的一个分水岭，就在那一年，他登基了。

刘启带着遗憾和不甘，将帝国的基业交给了少年刘彻。然而，真正接手后他才知道，这是一块烫手的山芋。

帝国建立已有六十多年，经过了文、景两代皇帝的休养生息，国内生产得以发展，人民得以富足，经济得以繁荣。

然而，表面的繁荣之下，危机也在悄然显现。

黄老之治，说好听点叫无为而治，说不好听就是政府不作为。在这种制度下，对内，中央政权对地方势力姑息纵容，造成地方藩王势力逐步壮大，最终酿成了吴楚七国之乱，也滋生了众多的地方豪强；对外，在无为思想指导下的一次次“和亲”，只能换来匈奴一次又一次的侵扰，边疆百姓苦不堪言。

真正接手的那一刻，刘彻才感觉到自己肩上的担子有多重。

怎么办？

带着无数的疑问，刘彻登基做的第一件事，不是忙着给父亲评职称、定功德，而是在各地组织开展人才招聘工作。

这场思想和文化界的选拔活动在全国引发了轰动，因为优胜者有机会直面皇帝，发表自己对治国理政的见解。通知一经发布，各地的知识分子和学术大咖闻风行动起来。经过地方官的层层考察选拔，共有一百多人被推荐到了中央。

在这百余人的队伍中，有一个中年人显得格外引人注目，他叫董仲舒。

董仲舒，广川（今河北景县西南）人，当地有名的大学者。据说他家有一座后花园，里面假山奇石错落有致，春天有浪漫的玫瑰，还有满园的映山红；夏天有出淤泥而不染的莲花，还有芬芳的茉莉；秋天有十里飘香的桂花，还有清雅的秋菊；冬天有傲雪的寒梅，还有红艳艳的一品红。

然而，年轻的董仲舒却一门心思扎到故纸堆中，潜心研究儒学，这后花园他三年都没有去过。

学成之后，董仲舒在老家正式收徒讲课。随着知名度逐渐打开，跟随董仲舒学习的学生也越来越多，虽然不及孔子的三千之数，但几百人还是有的。

由于学生太多，董仲舒不能一一面授，为了保证教育质量，他将这些弟子按知识水平分成不同的班级，类似于今天的大专、本科、硕士及博士，然后在教室内拉了一道帘子。博士和硕士坐在里面，本科生坐在外面，专科生就由自己的学生代为传授。

那时候，司马迁就坐在帘内，听讲台上的董仲舒指点江山，激扬文字。

董仲舒是研究《春秋》的学术大咖。更具体一点说，是《春秋公羊传》的专家。

为什么要特地强调公羊传？

我们都知道，《春秋》是鲁国的编年史，据传是由孔子亲自修订的，为儒家“五经”之一。不过很可惜，孔子写文章实在是惜字如金，书中语言极为简练，基本上是一句话一段，就跟今天的网文一样。

不过与网文不同的是，因为《春秋》记事过于简略，而几乎每个句子都暗含褒贬之意，所以很多人看不懂，只能靠猜。

正因为如此，后来出现了很多《春秋》的解读版，比较有名的是被称为“春秋三传”的《左传》《公羊传》和《谷梁传》。

那么这三种解读版有什么区别呢?

《左传》偏重“讲史”，就是故事说得多、讲得好，因此你完全可以把它当作历史书来读。《公羊传》和《谷梁传》最早是一代代人口耳相传，这两本书不但体例相同，内容相似，就连书名都很像。据考证，两者极有可能出自同一个源头，后来异地相传，方言口音上的差异导致一个成了公羊，一个成了谷梁。

这种细微的差距往后越来越大，公羊风格比较狠辣，谷梁更重宗法亲情，风格偏温婉。

董仲舒就是研究公羊学的专家。

让我们将镜头聚焦到公元前 140 年的长安城。

面对从各地推荐来的知识分子，刘彻抛出了自己的第一个问题:

听说三皇五帝的时候大搞政治改革，锐意创新，天下由此大治。后来的君王纷纷效仿，可是到了夏桀和商纣的时候王道完全败坏了，直到商汤周武接了这两个人的班才好起来，这是怎么回事呢?

是他们丢掉了当初治国的大道，还是老天爷就这脾气呢?

三代受命于天，到底有没有凭证?

人寿命长短，是不是有天意?

我该怎么做，才能让百姓安乐，国家风调雨顺、长治久安下去?

看得出，这位少年天子心中的困惑还真不少。而现在，考题已经下发了，就看大伙儿怎么答了。

在这众多的答卷中，有一个人的答案引起了刘彻的兴趣。这个人正是前面介绍过的学术大咖董仲舒。

董仲舒是这样答的:

众所周知，我的主业是读《春秋》。我研究了春秋记载的历史，也研究了天人之间的关系，结果惊人的准确:如果国家“失道”了，老天会发个黄牌，给你提个醒儿。你要是假装看不见，老天就会发个红牌，搞些灵异现象出来。如果老天爷接二连三地发下警告，统治者还不悔改的话，老天爷就真生气了，大灾大难就全降下来了。

你看，老天爷还是很讲道理的。

天子治国，关键在于弘扬“道”。老百姓就像是草，风往哪边吹，草就往哪边倒。只要好好教育，他们就可以被塑造成你想要的形状。

问题在于，这“道”到底是个什么玩意儿呢？

董仲舒不玩虚的，直截了当地说，所谓“道”，就是通往理想政治的道路。这可是一条真正的康庄大道，路上每隔三五里就有仁义礼乐，比今天高速公路上的收费站还多。

最好的治国方法就是沿着这条大道一直开下去，只要把路认准了，再加上驾驶技术过硬，距离目的地就会越来越近。要是你半路上开车玩手机，或者酒后驾车，不好意思，那就要翻车了，这就是“失道”。

紧接着，董仲舒继续拿《春秋》说事儿。

《春秋》开篇的第一句话就是“春王正月”。你以为这仅仅是记载时间，就像2019年5月吗？其实可没这么简单，这四个字里蕴涵着非常深刻的意义，待我一点一点挖出来。

“春王正月”，王道之端就在“正”，而“正”次于“王”，“王”次于“春”。你看这四个字的排列顺序，难道不是这样吗？“春”是什么，是季节呀，是老天的所作所为；“正”是什么，是“王”的所作所为。这就是说，君王向上要效法老天，在人间要端正自己，走上正大光明的王道。

看到这里，有没有被董仲舒的神逻辑绕晕？

别急，后面还有。

你知道《春秋》里的“一”和“元”是怎么回事吗？所谓“一”，就是万物的开始；所谓“元”，就是“大”。《春秋》纪年，把第一年称为“元年”，意思是说这是个重要的开始。

这里可暗示着《春秋》的核心思想，一切的根源都从最尊贵的那个人开始，君主端正了才能正万民，用仁来教育人民，用义来感化人民，用礼来节制人民，然后才会风调雨顺，祥瑞接二连三，这才是王道该有的样子。

秦朝已经把天下祸害成这样了，咱们汉朝怎么想办法治理，都是抱薪救火，越救越糟糕。那怎么办呢？正如琴弦走音了，你得拆下来重新修一下。

政治也一样，如果损坏得太严重，必须破旧立新，才能治理。汉朝开国也有六十多年了，应该与时俱进，搞一次真正意义上的改革了。

这是“天人三策”的第一策，原文太长，我在这里只是归纳总结一下。

对于董仲舒的答案，刘彻非常满意，紧接着又抛出了第二个问题：

我听说，舜的时候无为而治，他经常在宫殿的走廊上瞎溜达，天下也太平无事。可是大圣人周公搞的是另外一套，天天忙得不可开交，连吃饭的空儿都没有，天下一样也太平无事。

我又听说，上古时礼仪简朴，朝廷没有玄黄旌旗之类的陈设，那些勤俭的领导们说美玉不需要雕琢，出门也没排场。而到了周朝，朝堂就装修得富丽堂皇，说是没有华丽的排场就不足以辅德政。

还有刑法，商朝是严刑峻法，起到了良好的效果；周朝宽刑简律，社会也挺安定，路不拾遗；而到了秦朝再用严刑峻法，结果就不行了。

我一直想不通，这些圣王们治理国家的方法怎么都是矛盾的啊，治国难道就没有什么规律可循吗？

你说我也天天学，天天干，怎么就不见效果呢？看看现在这世道，甭提了，阴阳不调不说，到处都是寡廉鲜耻之人，所以就问问你们这些来自五湖四海的书生们，我到底该怎么做才好？

董仲舒轻咳一声：别着急，听我慢慢道来。

舜接的是尧的班，按照前人的路子继续走就行了，因为尧打的底子太好了。周公就不一样了，商纣王留下来的烂摊子，任谁也没有办法垂拱而治。正因为如此，领导人才不得不风风火火、废寝忘食。

至于周朝是不是奢靡，那肯定不是。周朝礼仪器物比上古更多，是为了明尊卑等级，加强制度建设，不是为了君王个人享乐，所以不叫奢靡。而刑罚轻重的问题，历代的实践已经证明，光有严刑峻法是没有用的。刑罚是社会的底线，道德才是社会的理想。要导之以德，齐之以礼，天下才能大治。

具体到咱们大汉朝，我认为，要想求得天下大治，有一点很重要：人才！

汉朝这么大，光靠您一个人没日没夜地干，显然是不行的，只有培养一批人才，让他们帮助您治理天下。

可问题在于，人才从哪儿来？总不会从天上掉下来吧？人才是需要培养的，而培养人才的关键，就在于教育。

太学是产生贤士的地方，希望陛下能兴办太学培养人才，加大师资力量的投入，聘请优秀的老师培养学生。

眼下，帝国的官僚侵夺百姓的事情时有发生，致使贫穷孤弱的人含冤受苦，流离失所。我建议让各地郡守推荐本地的人才到朝廷来，由朝廷考核任用。如果真是人才，那就重点培养；如果达不到标准，适当惩戒一下。

对于现任官员，朝廷要建立绩效考核制度，不能让他们混吃等死熬资历，一定要考核合格后再授予官职。

这是“天人三策”的第二策。

董仲舒洋洋洒洒，长篇大论，可刘彻显然还不满足，他又提出了第三个问题：

天人感应到底是怎么回事儿？

前两天你们和朕说天人感应的问题，可是没有说清楚，是我太笨了，还是你们有什么顾虑？

上古三王的教化，最初各不相同，又都有不足，似乎“道”是可以改变的。但又有人说，“道”从来都是一成不变的，究竟哪种说法是对的？希望大家积极举手，踊跃发言。

董仲舒一看，小皇帝的求知欲很旺盛嘛，不行，得使出撒手锏了！

孔子作《春秋》，上察天道，下验人情，网罗古事，考察现实。所以《春秋》所讥讽的，也就是灾害所侵犯的；《春秋》所憎恶的，也就是灾异所降临的。

孔子把国家的过失与灾异现象写在一块儿，目的是彰显善恶，因为人的行为是和天地相通，并且互相感应的。

古代掌管文教的官员致力于以道德感化万民，百姓被感化后，监狱自然也就空了。而如今，古风不存，百姓得不到教育感化，心里已经没有仁义了，为了赚钱可以连命都不要，所以犯法的人才这么多，一年里摊上官司的人成千上万。这样看来，古法还是很有用的，所以《春秋》对改变古代制度的事情总是大加讥讽。

至于上古三王的教化，似乎一代代都在不断调整，给人的感觉似乎“道”是改变的。但其实，变的不是道，而是教化、制度，正所谓：天不变，道亦不变！三位圣人继承的都是同一个道！

如今汉朝意识形态领域很混乱，诸子百家的研究方向各有不同，法令和制度变来变去，老百姓不知道该遵守哪个。这些问题该如何解决？

三个字：大一统！

在此，我呼吁大家以孔夫子儒家学说为准则，统一思想，废黜其他乱七八糟的学术。只有这样，国家才有可能走上强盛之路。

“大一统”三个字，仿佛有一种神奇的魔力，一下子就吸引了少年天子刘彻的目光。

毕竟，统一对于一个帝王而言，简直太有诱惑力了，这是所有帝王的终极目标。

所谓统一，不仅仅是指国家版图的统一，人心的统一也相当重要。

董仲舒的“天人三策”彻底征服了少年刘彻的心，董仲舒本以为，自己即将走上人生的巅峰，却不料，这已是他人生中最高光的时刻。刘彻最终没有将董仲舒留在身边，以备时时询问讨教，而是把他发配到了江都，让他去辅助江都王。

之所以说是发配，是因为这位江都王可不是什么好人，仗着自己是刘彻的哥哥，在自己的地盘上为所欲为，《汉书》对他的评价是“素骄好勇”。董仲舒到他的地盘上任，显然是入了狼穴。

更出乎意料的是，刘彻却聘用了参加此次策问的另外一个儒生为博士。

他叫公孙弘。

不过此时历史的舞台上还没有公孙弘的位置，你只需要知道他比较腹黑就行了。

宫闱角逐

刘彻雄心勃勃，立志要做一番大事业。可眼下，朝中却是一片死气沉沉，大臣们尸位素餐、饱食终日的大有人在，最显眼的是丞相卫绾和御史大夫直不疑。

这二人正是景帝的忠实大臣，妥妥的老好人。想当初，景帝将自己的儿子和江山托付给他俩，是希望将无为而治的治国理念继续贯彻执行下去。

不过很可惜，这两人唯唯诺诺、老实本分的做事风格显然不合刘彻的胃口。刘彻一即位，就找了个借口，把这两人给贬职了。

朝廷三公的位子空了出来，大伙儿跃跃欲试，都等着竞聘。然而刘彻根本没给他们公平竞争的机会，他直接宣布了人选。

丞相：窦婴；

太尉：田蚡；

御史大夫：赵绾。

除此之外，刘彻还任命了新一任的郎中令：王臧。

在这里，有必要翻一下这几个人的简历。

窦婴前面已经介绍过，他是窦太后的侄子，不过他推崇儒学，跟崇尚黄老学说的老太太不是一路人，好几次跟老太太起了冲突。

田蚡是汉景帝皇后的弟弟、刘彻的娘舅。窦婴当上大将军之后，声势很旺，彼时的田蚡只能靠外戚关系混了个普通的郎官，由于他本人个子矮小，颜值又低，所以在朝中默默无闻。

为了巴结窦婴，田蚡没事儿就到窦婴的府中晃悠，只为了在他面前混个脸熟。在窦婴家的酒宴上，田蚡主动充当服务员的角色，端茶倒水传菜，一会儿跪，一会儿立，就像窦婴的儿孙辈。

虽然颜值差了点儿，但田蚡也不是一无是处，他最大的优势是口齿伶俐，嘴皮子比较厉害，很得王太后的赏识。景帝晚年，田蚡终于熬出了头，当上了中大夫。

赵绾和王臧背景相似，两人有一个共同的老师：大儒申公。

想必你已经看出来了，这几个人有一个共同点：都是儒学的忠实拥护者。刘彻这么做，很显然是想打造一套属于自己的儒学班子。

领导班子组建好了，下一步就该干点正事儿了。经过讨论，刘彻定了一个初步的目标：设明堂，巡天下，改历法，易服色。

有没有感觉很眼熟？

当初汉文帝在位时，就曾想过改历法、易服色，可惜一腔热情却被新垣平的案子给浇灭了。从那以后，汉文帝就对这些事情不太上心了。

巡天下，明显是刘彻少年心性作祟，天下那么大，他想出去看看。

设明堂是眼下的头等大事，要知道，这明堂乃周天子接受诸侯朝见的场所。刘彻大搞土木工程，除了重申上下尊卑之礼，还因为明堂乃儒家之周礼，这么搞明显是想提高儒学的地位。

为了更好地开展工作，赵绾给刘彻提了个建议，请他的老师申公出山，主持明堂。

在当时，儒学虽然还没有取代黄老之学，在民间却有着广泛的基础，也出了不少大师级的人物。济南伏生，以研究《尚书》而闻名，想当初，中央派晁错到齐国留学，学的就是伏生的学问。齐人辕固生，以研究《诗经》而闻名。鲁人申公，“鲁诗学”之开创者，同时也是荀子的再传弟子。这三人都是国宝级的人物。

对于这个提议，刘彻很快就给了答复，他派了赵绾和王臧，带着厚礼，驾着豪车去迎接他们的老师。

刘彻盼星星、盼月亮，好不容易盼来了申公，结果一看，这老头已经八十多岁了，须发皆白，走路都需要人搀扶，这让刘彻大失所望。

年龄这么大，还能干活吗？

不过，既然把人家请来了，总得聊聊吧。

刘彻向申公请教治乱之策，结果申公翻来覆去就一句话：治国其实没那么复杂，空谈误国，实干兴邦！

刘彻很失望，这就是你给的答案？

你看看人家董仲舒，一个“天人三策”，洋洋洒洒数千字的论文，你怎么就不能多说几句，提点有建设性的方案呢？

申公一摊手：我要说的就这些，没了。

刘彻或许不会明白，申公活了八十多岁，阅世较深，空谈误国，实干兴邦看似简单而又朴素，实际上是他一生的经验总结。

解决一切问题的关键就是实践，如果你不去做，那么一切都是枉然，比方法更关键的是行动。离开实干，再漂亮的口号也是空中楼阁，再有分量的担当也难以落地生根。

然而，年少的刘彻并没有领会申公的意思，他对这老头很失望。不过，人都来了，总不能马上轰走吧？于是，刘彻只好给了申公一个太中大夫的头衔，安排在鲁国“驻京办”居住。

刘彻虽然很想有一番作为，可他很清楚，他虽然是皇帝，但他身后还坐着一位深爱黄老之治且高寿的老祖母。

可别小看这位老太太，她历经三朝，是黄老之治的坚定拥护者，又位居权力核心。刘彻要以儒家取代黄老，窦太后就是最大的难关。

转眼就到了建元二年（公元前 139 年）。

新年伊始，赵绾就烧了上任后的第一把火，他建议刘彻以后乾纲独断，大事不必向东宫汇报。

东宫，也就是长乐宫，位于未央宫的东边，简称东宫。刘彻平时就在未央宫办公，窦太后住在长乐宫。不向东宫汇报，指的就是不必向窦太后汇报工作。

丞相窦婴和太尉田蚡听完，倒吸了一口冷气。这么大的事，怎么也不提前跟我们商量一下？窦太后历经三朝，她的权威是那么能轻易撼动的吗？赵绾这个小年轻，把政治斗争想得太简单了！

一石激起千层浪，果然，老太太得知这个消息后大怒！

她虽然老了，眼睛也看不见，可头脑依旧很清醒。你这么搞，不就是想剥夺我参与朝政的权力吗？怒不可遏的老太太当即斥责道：你是想当第二个新垣平吗？

这话一出，大家都害怕了，毕竟，谁都知道，新垣平已经被打成了一个反面人物，老太太拿新垣平举例子，明显是要深入追查下去！

老太太不出手则已，一出手则必须一针见血。很快，在老太太的授意下，有关部门立即行动，严查赵绾、王臧等人贪赃枉法的罪行，在得到确实证据之后，将两人下了狱。

作为班子成员，丞相窦婴和太尉田蚡也受到了牵连，两人被罢免了官职。申公一看情况不对，主动称病告老还乡了。

赵绾和王臧绝望了，深知得罪了窦太后，绝对没有好果子吃，两人最后在狱中自杀。

不仅如此，老太太为了进一步掌握军队，任命李广、程不识二人为宫中卫戍司令，提拔柏至侯许昌为丞相，武强侯庄青翟为御史大夫，并废除了一切改革事项。

面对这个不争气、不听话的孙子，老太太一度有废黜刘彻另立新君的想法。

第一次改革就这样哑了火，刘彻内心的失落可想而知。经此打击，他变得萎靡不振、提心吊胆，这种情绪带到了家庭中，与皇后陈阿娇的关系也不如以前了。

刘彻与陈阿娇的婚姻，是从“金屋藏娇”开始的。

阿娇集万千宠爱于一身，窦太后宠爱她，汉景帝宠爱她，骄纵跋扈的馆陶公主宠爱她，年幼的胶东王刘彻也宠爱她。

然而，当两个人的地位发生转变时，情况就不一样了。

在馆陶公主的扶持下，刘彻登上了帝位，阿娇做了皇后，一切心愿达成。然而，悲剧才刚刚开始。

首先，陈阿娇骄横任性。

她从小没有吃过苦，是在蜜罐里长大的，她母亲是馆陶公主（以前叫长公主，现在称为窦太主），是景帝时朝中炙手可热的皇亲国戚，其人泼辣大胆。陈阿娇继承了母亲的基因，和母亲一样泼辣，要什么就会有什么，连要皇后之位都轻易得到了。

其次，陈阿娇没有生育能力。

陈阿娇虽然当了皇后，可她的肚子却一直没有动静。刘彻本就是一位好色之人，眼看后宫的妃子越来越多，陈阿娇又心急又吃醋，却毫无办法。母亲馆陶公主也坐不住了，到处给阿娇寻良医觅好药，前前后后总共花了九千万钱。可是大夫找了一大堆，补品补药吃了一大堆，阿娇的肚子却是半点反应都没有。

看过宫斗剧的人一定知道，要想在后宫中站稳脚跟，除了皇帝的宠爱，还需要能生孩子。母凭子贵，如果没有孩子，在后宫中将会备受冷落，甚至地位不保。

然而，面对这种不利的局面，陈阿娇也拿不出什么好办法，她不懂如何维护一份感情，每一次只能跟刘彻大吵大闹，最后闹得不欢而散。

除此之外，馆陶公主的掺和也加速了刘彻对阿娇的反感。

帮过女婿的丈母娘很容易插手女婿的家事，当女婿的表现不尽如人意时，丈母娘就会忍不住提醒：你小子有今天，可都是我们家帮的，没有我，你还在胶东玩泥巴呢，做人可不能没有良心！

不过很可惜，这种提醒让刘彻很恼火，一方面是自尊心受到了打击，另一方面是有被限制自由的感觉。

面对骄纵的陈阿娇和丈母娘，刘彻感觉自己压力山大。

刘彻有时候会问自己，如果自己不是皇帝，阿娇会嫁给他吗？

想来是不会的，刘彻与陈阿娇属于政治婚姻，他俩能走到一起，不过是各有所图而已。馆陶公主需要与皇帝联姻来维持自己的权力和地位，而刘彻也需要馆陶公主的大力扶持，以便在皇位争夺战中逆袭。

每一次，刘彻受了气，总会到母亲王太后那里倾诉。这个时候，母亲总会耐心劝他：你现在刚刚即位，羽翼未丰，大臣人心不服，太皇太后那边怒气未消，还需要长公主协助，所以还得笼络她们。

没办法，刘彻回去后只能继续哄阿娇。

这种家庭生活让刘彻感觉透不过气来，为了逃离，刘彻经常打着除灾求福的幌子，到外面驰骋游猎，放松放松。偶尔，他也会到自己的姐姐平阳公主府上坐一会儿。有一次，刘彻打猎归来，又去了姐姐家。

对于弟弟的驾临，平阳公主早有准备，当即盛宴款待。酒至半酣，平阳公主双掌一拍，但见无数俏佳人恍如天仙突降，翩翩起舞。一时室内香风四动，春色无边。

刘彻身边不乏美女，早已是阅女无数。不过这次，一位舞姿曼妙、容貌清秀的女子还是引起了他的注意。

眼前的这位女子，明眸皓齿，婀娜多姿，何止是倾国倾城，她的一笑一颦，都牵动着刘彻的神经。刘彻正当欲火熊熊之年，顿时欣喜若狂，只看得骨酥筋软，鼻血如注。

平阳公主见状，轻声说道：她叫卫子夫，陛下若是喜欢，我将她送你可好？

刘彻高兴得直点头：还是姐姐最懂我。

就这样，卫子夫离开平阳公主府，成了刘彻的女人。就在她即将登上车辇时，平阳公主抚着她的背说，将来你若是富贵了，可别把我给忘了呀！

你没有看错，即便是一母同胞的姐弟，平阳公主还是要设法攀附和讨好刘彻的。

在这里，有必要介绍一下卫子夫。她是河东平阳（今山西临汾）人，出身卑微，年少时就被送进平阳侯曹府当了一名歌女。她与刘彻的相遇，完全是平阳公主精心策划的结果。

两人有了鱼水之欢，卫子夫原本以为，自己终于等来了出头之日。然而，后宫中美丽的女子何其之多，她就像隐藏在森林中的一片树叶，根本得不到刘彻的注意。那一日的临幸，成了她一生中最为珍贵的记忆。当她在灯下独自神伤，为自己的命运流泪之时，可曾有人留意这个可怜的女人，哪怕轻微的一瞥？

整整一年时间，刘彻都没有来看过她一次，陪伴她的只有空荡荡的房间。

没有爱情滋润的女人，犹如没有雨水浇灌的花朵，时间一长就会枯萎。一年后，宫中按照惯例，要清退一批久不承欢的宫女。卫子夫得知消息后，托各种关系，终于见到了刘彻。

一见到刘彻，卫子夫哭得梨花带雨。既然不喜欢自己，当初为何要带自己入宫？如果真的不爱了，不如放手，还自己自由吧！

对于男人而言，女人的眼泪是温柔的武器，何况又是这样一位楚楚可怜的女子。刘彻一时动了怜香惜玉之心，再次临幸了她。

不久，卫子夫怀孕了。

自从卫子夫怀孕之后，刘彻对她更是宠爱有加，以至于冷落了陈阿娇。

事实已经很明显了，皇帝没有问题，那么问题自然是出在陈阿娇身上了。为这事儿，陈阿娇又哭又闹，不过明眼人都看出来了，陈阿娇已经有点控制不住局面了。

为了挽回局面，陈阿娇只能向她的母亲馆陶公主求援，请她给自己出个主意。

面对女儿的哭诉，馆陶公主自然也很着急。不过眼下，卫子夫有孕在身，受到了严密的保护，要想从她身上下手，难度有点大。因此，她把目光投向了卫子夫的弟弟卫青。

卫青是卫子夫的弟弟，他们的母亲叫卫媪，是平阳侯上的一个佣人。卫青的父亲叫郑季，是个县级小吏，因为工作关系，经常出入平阳侯，认识了卫媪。两人你情我愿，一番干柴烈火后，卫媪怀孕了。

有了身孕的卫媪只得将孩子生下来。因为母亲姓卫，所以这个私生子就叫卫青。

由于生活艰苦，卫青稍微长大一点后，就被送到了生父郑季家里。可想而知，卫青的私生子身份在郑家是得不到认可的，处处受到排挤打压。

在郑家，卫青干的永远是最苦最累的活儿，放羊、种地、劈柴、挑水，几个兄弟也从来不拿他当自己人看待。他如同一个无父无母的孤儿一般，在郑家默默忍受着这一切。

有一次，卫青到甘泉宫里办事，一个在宫里做苦力的犯人看见卫青身材魁梧、相貌不凡，称赞道：兄弟，我看你面相，将来注定是个贵人啊，相信我，你将来肯定能被封侯。

卫青却谦虚地说：你说笑了，我就一奴才命，每天不挨打就不错了，哪里敢想封侯。

历史书在提到一些大人物的少年时，总会有类似的记载。不过在我看来，这种称赞实在不足为奇，在我们成长的过程中，总会有长辈们当面夸赞：这孩子长得眉清目秀，将来一定有出息！

在屈辱、孤寂、无助中长大的卫青，学会了一样本事，那就是忍！忍常人之所不能忍，才能得常人之所不能得，这份忍耐对他以后的发展起到了至关重要的作用。

懂事后的卫青不愿再受郑家的奴役，回到了母亲身边，做了平阳府的一名骑奴。

卫子夫和卫青姐弟俩非常要好，馆陶公主的计划是，派人抓住卫青，暗地里杀掉他，以此来激怒卫子夫，进而致其流产失宠。

计划很顺利，卫青在半路上被一伙儿不法分子绑架，带到了一处偏僻的地方。如果不出意外，这里将是卫青的丧命之处，大汉帝国也将失去一位卓越的将领。

就在这时，转机出现了。

卫青虽然地位低下，但是平时人缘极好，结交了不少朋友，其中有一个叫公孙敖。得知卫青被绑架后，公孙敖二话不说，立即带了一帮兄弟四处查访，在找到绑匪的藏身之所后，直接杀进牢房把卫青救走了。

公孙敖用实际行动证明了兄弟情谊，他对卫青没的说，赴汤蹈火，无所畏惧。将来，他们还会共同走向战场，并肩战斗。

此时的卫青十五六岁，小小年纪就已历经人间疾苦、生死磨难。

刘彻知道这件事后，勃然大怒，他一眼就看出来这是陈皇后在针对卫子夫，索性一不做二不休，封了卫子夫为夫人，提拔卫青为建章宫总管，后来又封为太中大夫。

从公元前138年到前129年，近十年间，卫青一直陪在刘彻左右。

他待人和气，从不与人争论计较，在官场上也不追求出风头。在相当长的时间内，卫青在朝中并没有引起任何人的注意，在众人眼里，他只是一个靠外戚身份吃闲饭的人而已。

然而，只有卫青自己知道，这绝不是他想要的生活。

闲暇的时候，他会一个人到郊外纵马驰骋，心如满月弓，志似穿云箭，他在向往着天下，而天下也在等待着他。

很多时候，悲剧的开端，往往也是荣耀的起点。

来吧，伟大的事业正在召唤你！

狂生东方朔

不过，在作为未来的名将出场之前，卫青还要再等九年时间，所以让我们把镜头转回刘彻身上。

十八九岁，正是叛逆的年纪，刘彻也不例外。这两年，他感觉自己过得很压抑，做任何事都被窦太后束缚住了手脚，家庭生活也不和谐。

十九岁那一年，郁闷的刘彻作出了一个重要决定——离宫出走！

为此，刘彻约了一帮年轻的玩伴，穿上普通富家子弟的衣服，约定在城门口集合，趁夜出发。

几个年轻人出了城，在迷离的夜色中一路纵马驰骋，天快亮时，一行抵达了南山。刘彻看着身后一个个精神抖擞的小伙伴儿，不禁喜上眉梢，还是年轻好啊，跑了一夜，竟然毫无倦意。

好不容易离开了气氛压抑的长安城，看着不远处的巍巍青山，再看看眼前的一汪碧水，刘彻顿觉神清气爽，胸襟宽广了许多。这趟出门，刘彻打的是平阳侯的名号，平阳侯就是刘彻的姐夫，平阳公主的老公。

此刻的刘彻宛如刚出笼的野兽，带着自己的小弟纵马驰骋，追逐猎物。马蹄翻滚之处，践踏了不少田野庄稼。对于刘彻而言，他根本不在意地里的这些禾苗，可对于面朝黄土背朝天的农民而言，庄稼就是他们的命根子，容不得任何人肆意践踏！

很快，刘彻的举动就引发众怒。

不断有人向县衙报告，说有一群公子哥儿肆意践踏百姓的庄稼，恳求县令派人抓捕。县令不敢大意，经过缜密摸查，终于将刘彻一行人给围住了。

眼见脱身不得，刘彻只得拿出皇帝的印信，向众人表明自己的身份。堂堂国家元首竟然被百姓围住，场面一度相当尴尬，刘彻趁着大伙儿愣神的工夫，一溜烟就跑了。

虽然闹得很不愉快，但刘彻并没有就此收手的意思。他没有折回长安，而是继续四处溜达，一行人离开了陕西境内，向着河南方向漫游而去。

很快，刘彻带着一群小弟到了柏谷。

眼看着天色渐黑，一行人决定找个宾馆住一晚。好不容易找到了一家民宿，结果老板一看这些人，一个个趾高气扬的样子，凭借多年的经验，判断这些人不是什么好人，态度自然就不一样了。

一群人在大厅大呼小叫，嚷嚷着要喝茶。老板没好气地说：茶是没有的，我这人只有尿！

刘彻大怒，小弟们早已按捺不住，将老板揍了一顿。老板娘一看情况不对，赶紧出来赔礼道歉，并给大伙儿安排了房间。她早看出这些人一个个锦衣华服，非富即贵，绝不是普通人能招惹的。

好不容易安顿好了刘彻一行人，店老板回来了，身后还跟着一帮持棍拿刀的少年。他吃了亏，外出招呼了一帮人，准备等刘彻一行人睡着后，来个突然袭击。

如果真闹出人命官司，那可不是玩的。老板娘赶紧拦住了自己的老公，搬出一坛好酒，既然你想学一回替天行道的绿林好汉，那就先喝几碗酒吧，壮壮胆。

几碗酒下去，店老板眼睛就开始迷离了，老板娘趁势将他绑了起来，告诉门口那群持棍拿刀的少年，没啥事儿，大家都散了吧！

大厅中发生的这一幕，刘彻在楼上看得清清楚楚，还没等他回过味儿来，老板娘亲自下厨，准备了一桌丰盛的宴席，将刘彻一行人再次请出来喝酒道歉，并将内情一一道出。

大伙儿一听，暗道一声好险，如果真和这些人发生冲突，伤到了刘彻，那他们可就百身莫赎了。

刘彻内心有点复杂，都说江湖险恶，一不小心就会挨刀，果然如此啊！这江湖还真不是什么人都能闯荡的，没意思！

第二天，他就带着一帮玩伴回了长安。回去后刘彻做的第一件事，就是将救他的老板娘召来，赐之千金，并封她老公为羽林郎。

刘彻乘兴出猎，败兴而归。经历了这件事，他总结出一条经验，那就是，以后出门，绝对不能住那种私人旅店了，保不准就是个黑店啊！

为了做好安保工作，刘彻在自己常去玩的地方都修建了简易行宫。

即便如此，刘彻仍觉得有些担心，偷偷摸摸出去，万一被老太太知道了，自己可就吃不了兜着走了。

既想出门打猎，又不想跑太远，怎么办?

那就只能去上林苑了。

然而，刘彻在上林苑逛了一圈儿，总觉得上林苑太小了，根本跑不开。为此，他突发奇想，想要扩建上林苑，打通沿路的阻隔，一直通到终南山。

这是一项规模浩大的工程，要想连接终南山，势必要对区域内的居民实行整体搬迁工作，绝对要征发民夫，劳民伤财。不过，刘彻对此很有信心，他将这项工作交给了吾丘寿王。

吾丘寿王，今河北邯郸人。年少时，因善于下棋而被召为待诏，跟随董仲舒学习过《春秋》，因聪明好学，任侍中中郎。

吾丘寿王接下这份重任后，深入调查走访，写了一篇可行性研究报告，认为扩建上林苑可行。

刘彻一听，大为高兴，既然论证没问题，那就开工吧！

就在这时，有一个人站了出来，投了一张反对票。

这个人，叫东方朔。

东方朔据理力谏：听说谦虚谨慎，天将降福；骄傲奢侈，天将降灾。现在陛下嫌宫殿不高大，苑林不宽广，要扩建上林苑。试想，关中一带土地肥美，物产丰饶，国家赖以太平，小民赖以富足，划地为苑，将上乏国家，下亏小民。为建造乐园而毁人坟墓，拆人房屋，将使小民无家可归，伤心流泪，怨恨朝廷。昔日殷纣王建九市而诸侯叛乱，楚灵王造章华台而楚民离心，秦始皇修阿房宫而天下大乱。这些都是惨痛的历史教训，希望陛下能三思而后行！

不过很可惜，东方朔这番肺腑之言并没能打动刘彻。在刘彻的眼里，东方朔只是一个相声演员，靠自夸当官，靠幽默得宠，他哪懂什么治国之道？

对于东方朔的谏言，刘彻只是赏了些钱财给他，上林苑的扩建项目还是提上了日程。

为什么东方朔得不到刘彻的重视？

关于这个问题，我们得从东方朔的简历说起。

东方朔是今山东人，自小父母双亡，靠兄嫂抚养长大。不过他才学渊博，酷爱旁征博引，在历史上的名气很大。

刘彻即位不久，向天下访求贤良方正之士。各地士人、儒生纷纷上书自荐，东方朔也是自荐中的一人。

我们都知道，简历是求职者与面试官沟通的第一步。在求职面试时，一份漂亮的简历总能迅速吸引面试官的注意。

为了准备这封自荐信，东方朔洋洋洒洒地写了三千片竹简！

他在自荐书中这样吹嘘自己：

我，东方朔，少年时就失去了父母，在兄嫂的抚养下长大成人。我十三岁开始读书，经过三年的刻苦学习，读的书籍已经够用。十五岁时学习击剑，十六岁学《诗》《书》，阅读量达到二十二万字。十九岁又开始学习兵法，懂得各种兵器的用法，以及作战时士兵进退的钲鼓，这方面的书也读了二十二万字，总共四十四万字。我欣赏子路直爽的性格和言行。

我今年二十二岁，身高一米八（九尺三寸，古代尺寸比现在短），双目炯炯有神，像明亮的珠子，牙齿洁白整齐得像编排的贝壳。除此之外，我身上还有很多闪光点，勇若孟贲，捷若庆忌，廉若鲍叔，信若尾生。我这样的人，应该能够做天子的大臣了吧？

简单总结一下就是，我太有才了！我太帅了！我太完美了！像我这么英俊潇洒风流倜傥美貌与智慧并存的天才，皇上你不用我，简直没天理啊！

这篇自荐信，刘彻日日读，夜夜读，坐着读，站着读，睡觉也读。每次阅读，需要两个人才能撑起，足足花了两个月才读完。

好不容易看完了自荐信，刘彻对这位求职者产生了浓厚的兴趣，一个“待诏公车”就把东方朔给打发了。

什么叫“待诏公车”？就是你被看上了，先到招待所等信儿吧！

时间一长，或许是刘彻公务繁忙，把东方朔给忘了。

我们经常说一句话，是金子总会发光的。话当然没错，可是这个“总”字是漫长的，漫长的……

东方朔很着急，怎么才能见到皇帝呢？

一次，他发现有几个给皇帝赶马车的侏儒，眉头一皱，计上心来。

这一天，他找到那几个侏儒，故意吓唬他们：陛下说了，像你们这样的人，干啥啥不行，吃啥啥不剩，工资不少拿，没有一点用，打算砍了你们。

侏儒们一听，吓坏了，一个个都急得哭了起来。东方朔叹了口气，给他们出了个主意：皇上一会儿要从这里经过，你们要想活命的话，赶紧找皇上求情吧！

侏儒们听后，哭着拦在了刘彻的必经之路上。刘彻一头雾水，这些人要干什么啊？

听说陛下嫌我们没用，要砍了我们？

刘彻一脸蒙：我没有，别瞎说！谁告诉你们的？

东方朔啊！

刘彻大骂道：别听那个浑蛋的，赶紧把他给我叫过来。

东方朔终于见到了皇帝，有了一次与刘彻面对面的机会。

老实交代，为何要借朕的名义去骗人？

东方朔解释道：陛下啊，我是不得已才这样做的。侏儒们身高三尺，每月工资是一袋米，二百四十钱。我身长九尺余，是他们的三倍，工资竟然和他们一样。这些粮和钱，根本就不够我吃，能不被饿死就不错了。

这话我很早就想对陛下言说了，只是一直没逮着机会。既然今天来了，索性就打开天窗说亮话。陛下如果觉得我能为您所用，就请给我涨工资；陛下如果不愿意重用我，就干脆放我回家，我也不愿在长安城里浪费粮食。

刘彻听后捧腹大笑，于是命令他在金马门待诏。

金马门，官署名，因门旁有铜马，得此名。

当时，宫里流行一种“射覆”的游戏，就是将一件东西放进器具中，扣过来放桌上，给一些很少的线索，让大家猜里面是什么，其实就是猜东西。《西游记》里，师徒四人就曾在车迟国与三个道士斗法，玩过隔板猜物的游戏。

刘彻很喜欢玩这种游戏，他经常把东西放在器皿下面，让大臣们来猜，以此取乐。

有一次，刘彻在器皿下放了一只壁虎，大臣们都没有猜对。

这时，东方朔开口了：我通晓《易经》，不妨让我来试一试。

你行吗？

试试不就知道了？

东方朔摆出各种卦象，口中神神道道，一番故弄玄虚。

随后，他说道：我认为是龙但没有角，说它是蛇但又有脚，善于爬墙，这东西不是壁虎就是蜥蜴。

还真神了！刘彻大为惊讶，当即赐给他十匹帛。

刘彻又问他，东方朔，你还敢再玩吗？

东方朔笑嘻嘻地说，只要陛下有赏，臣就敢再猜。

随后的游戏里，东方朔每猜必中，刘彻连连称奇，对其赞赏有加，赏了不少好东西。

东方朔在皇帝面前大出风头，引起了宠臣郭舍人的妒忌。

老郭对此大为不满，我才是皇帝身边最受信任的人，你东方朔在皇帝面前出尽了风头，这不是来和我竞争吗？

不行，得把他赶走。

于是，老郭逮着机会就在刘彻面前抱怨，说东方朔狂言，他每次是侥幸猜中的，并没有真本事。我想跟东方朔赌一把，如果他能猜中，我愿受挨一百下鞭子。如果他猜不中，他挨打，我受赏！

刘彻有心看热闹，准了。

这一天，猜谜比赛隆重举行，老郭在盆下藏了一个谁也想不到的东西，喜滋滋地看着东方朔，你就等着挨打吧。

东方朔不慌不忙算了一卦，然后看着郭舍人说：这里面是窭薮。

郭舍人顿时蹦了起来：陛下您看，东方朔果然猜不中，快打他屁股！

话音未落，就听东方朔继续说道：生肉叫脍，干肉叫脯，附在树上叫寄生，盖在盆子下面就叫窭薮。

打开一看，果然！

有人要问了，这窭薮到底是个什么东西？

据推断，所谓窭薮，应该是芝菌一类的东西。

刘彻毫不客气，让人剥了郭舍人的裤子开始打屁股，直打得郭舍人鬼哭狼嚎。

东方朔在一旁讥笑他：小屁孩嘴上没毛，叫声嗷嗷，屁股越来越高。

郭舍人又哭了，向皇帝告状：东方朔竟敢随便诋毁欺侮天子的侍从官，按大汉律法，应该判处死刑。

刘彻责问东方朔：你为何侮辱他？

东方朔：我没有诋毁侮辱他，只是跟他说个谜语而已。

刘彻：什么谜语？

东方朔：你看，嘴上没毛，叫起来嗷嗷的，屁股撅得高高的，这不就是一只鹤吗？

郭舍人不服气：也希望问东方朔一个谜语，如果他答不上来，也得被打屁股。

紧接着，老郭胡编了个谐音谜语：令壶龃，老柏涂，伊优亚，标畔牙，你来猜猜看！

东方朔侃侃而谈：令是命令；壶是用来盛放东西的；龃是牙齿不整齐；老是老人；柏是鬼的廷府；涂是浸湿的路；伊优亚是言语含糊不清；标畔牙是两条狗打架。

讲真的，以东方朔的智商，完全可以把老郭按在地上摩擦摩擦再摩擦。跟他玩猜谜游戏，简直就是自取其辱。

刘彻大为赞赏，更加佩服东方朔的才华。

有一次，刘彻发通知让官员到宫里来领肉。等了好久，分肉的官员还没来，东方朔等不及，拔剑自己割了一大块肉，并对同事们说：天太热，肉容易腐烂，大家快快拿回去吧！

第二天，刘彻对东方朔说：昨天赐肉，你擅自割肉归家，胆子挺大啊！

东方朔脱帽跪地请罪，开始自我批评：东方朔啊东方朔，你太鲁莽；诏令没下，擅自领赏；拔剑割肉，气势豪壮；割肉不多，廉洁礼让；拿给妻子，仁爱无双。

听到东方朔如此“自责”，刘彻又好气又好笑，你这家伙，要你自我批评，倒是表扬起自己了。

好在刘彻也没有为难他的意思，反而又赐给他一石酒、一百斤肉，让他拿回家去交给妻子。

刘彻好大喜功，喜欢臣下歌功颂德。

一次，刘彻问东方朔：在你眼里，朕是一位什么样的君主？

东方朔：圣上功德，超过三皇五帝，要不众多贤人怎么都辅佐您呢？譬如周公旦、召公都来做丞相，孔丘来做御史大夫，姜子牙来做大将军……

东方朔一口气将古代三十二个治世能臣都说成了刘彻的大臣，他语带讽刺，但又装出一副滑稽相，把刘彻给逗乐了。

又有一次，建章宫后阁，有一只动物跑了出来。消息传到宫中，刘彻亲自去看，问了身边一群人，结果没一个人知道这是什么动物。

刘彻心里一阵无语，叫东方朔来看看吧。

东方朔看了一眼就说，我知道这是什么动物，不过在说之前，我得先吃一顿大餐。

刘彻准了。

吃过酒饭，东方朔又说，某处有公田、鱼池和苇塘好几顷，陛下赐给我，我才愿意说。

刘彻又准了。

愿望达成，东方朔这才说道，这动物叫驺牙，只有远方有人来投诚，驺牙才会出现。它的牙齿前后一样，大小相等而没有大牙，所以叫它驺牙。

后来过了一年，匈奴浑邪王果然带领十万人来归降汉朝。刘彻很高兴，赐了东方朔很多钱财。

关于东方朔的故事很多，大多属于传说。很多志怪类小说里，都记载了东方朔的故事。

有一次，刘彻在上林苑中见到一棵形状很奇怪的树，就问大家这是棵什么树。众人纷纷摇头，表示不知道。

东方朔上前，陛下，我知道，这棵树叫善哉。

紧接着，东方朔给大家科普了一大堆这种树的特性。

刘彻命人暗暗标记了这棵树。

几年后，刘彻又一次路过这棵树，问东方朔这棵树的名字。东方朔早就忘了前面那回事，随口糊弄刘彻说：陛下，这棵树叫瞿所。

这下可被刘彻抓住了：好你个东方朔，看来你是经常欺骗朕啊！几年前你不是说这棵树叫“善哉”吗，怎么现在又改名了？

东方朔脑子转得很快，马上补救：陛下，这很正常啊，您看，马小的时候称“驹”，大了称“马”；牛小的时候称“犊”，大了称“牛”；鸡小的时候称“雏”，大了称“鸡”。人也是如此啊，小的时候称“小儿”，老了以后称“长者”。前几年的小“善哉”，现在已经长成了大“瞿所”，这不是很正常吗？

刘彻原想借此揭他一次老底，谁知这个妙语如珠的东方朔具有难不倒的辩才，心中暗自佩服。

东方朔有个独特的爱好，娶媳妇儿。

和一般人不同，他娶媳妇儿，有“三要三不要”原则：一要娶首都长安城的妹子，外地的不要；二要娶年轻貌美的，没有姿色的不要；三要一年一换，超过年限的不要。刘彻赏给他的钱财，他全都用来换媳妇儿了。

东方朔这样做，只能招来他人的羡慕嫉妒恨，被不少人称为“疯子”。刘彻听说后，感慨道：假如东方朔当官行事没有这些荒唐行为，你们哪能比得上他呢？

这几年，东方朔虽然如愿以偿，留在了皇帝身边，可是他并不开心。他之所以来长安求职，不是为了追求荣华富贵，而是为了一展胸中抱负，不负平生所学。这和以后唐朝的李白一样。

然而，由于当初那封“另类”的求职书，刘彻虽然多次向他请教问题，他的官职也逐步由待诏公车、待诏金马门直至太中大夫，但始终没有成为刘彻的股肱重臣。在刘彻眼里，东方朔就是个段子手，自己心情不好时，陪自己逗乐的。

这种人哪有资格谈论军国大事？

我只需要你带给我快乐！

对于这种尴尬的处境，东方朔也很无奈，他只能继续装疯卖傻，一次次用无厘头的滑稽表演来发泄自己心中的苦闷。

李白一生狂得不行，看不起很多人，但对东方朔不一样，他太崇拜东方朔了，甚至自比为东方朔，诗曰：

朝天数换飞龙马，敕赐珊瑚白玉鞭。
世人不识东方朔，大隐金门是谪仙。

人生如戏，全靠演技

眼见东方朔劝阻不成，司马相如出场了。

他写了一篇《谏猎书》，劝刘彻不要没事儿就到上林苑打猎。

刘彻读完这篇文章，非常喜欢他的文笔，给他点了个赞，然后继续到上林苑打猎去了。

作为汉朝文章写得最好的两个人之一，司马相如值得隆重介绍一下。

司马相如是蜀郡成都人，长得一表人才，又乖巧伶俐，颇讨人喜欢，父母更是视若心肝宝贝，给他取了个小名叫“犬子”，放在今天的农村就是狗蛋儿。他的父母显然认为，取一个贱名，比较好养活。

长大后，他实在忍不了这个小名，于是自己改了个名字——司马相如。

为什么要起这个名字？说来也简单，因为他的偶像是战国时的名臣蔺相如。

蔺相如的故事我们都知道，他敢于当廷斥责秦王，最后使秦王不得不屈服，是一个雄辩多才的无双国士，也是一个为国争利的股肱大臣。司马相如改名字，很显然是想向自己的偶像看齐。

司马相如善作赋，通音律，可谓才高八斗，诗情横溢，尤其擅长写散文和赋。

虽然司马相如身上有很多优点，但他也有自己的短板，那就是口吃。

早在景帝年间，司马相如花钱买了个官，成了景帝身边的一个武骑常侍，也就是陪皇帝打猎。很显然，这不是他的专长。

司马相如的特长是写文章，可是景帝不好文学，一直得不到青睐的司马相如很是郁闷。

职场上最痛苦的事，就是你在领导面前卖力表现，领导却对你视而不见。

很快，他生命中的第一个贵人出现了。

这一年，景帝的弟弟梁王带着一帮文人来朝述职，正好梁王也是一位文学爱好者，司马相如跟这帮人一聊，顿时有一种遇到知音的感觉，内心就有了跳槽的想法。他索性辞去了工作，跟着梁王回到了梁地。

在梁地，他和邹阳、枚乘等文人切磋交流，饮酒作赋，日子过得滋润而洒脱。在此期间，他写下了名震古今的《子虚赋》。

在《子虚赋》中，司马相如充分展示了他的雄辩之风。后世的班固、刘勰称司马相如为“辞宗”，王应麟、王世贞等学者称他为“赋圣”。鲁迅在《汉文学史纲要》评价:“武帝时文人，赋莫若司马相如，文莫若司马迁。”

不过，这样的好日子并没有过多久。梁王死后，身边的文人没了依靠，作鸟兽散，司马相如也失业了，只好回到老家成都，投奔了好友:临邛县令王吉。

都说救急不救穷，王吉虽然暂时帮司马相如安顿了住处，可在家当个待业青年也不是长久之计。怎么才能混出头呢?

得有钱!

怎么才能有钱?

最直接的办法是，娶个有钱人家的女儿，后半生就不用奋斗了。

两人一合计，最终选定了一个目标人物:临邛首富卓王孙的女儿，寡居在家的卓文君。

为了娶到卓文君，县令王吉和司马相如二人制订了一份详细的行动计划。

计划第一步:造势。

为了提高司马相如的知名度，两人自编自导自演了一场戏。

司马相如拿出全部家当，买了一辆最新款的马车，给自己置办了一身靓丽光鲜的行头，并雇用了四个干练的随从，高调入城。

紧接着，临邛县令王吉主动出城迎接，先是将司马相如安排到临邛县一家高档旅店，然后以县令的身份，天天前来探望。司马相如见过王吉几次后，就对外宣称，我身体不好，叫王县令别来打搅我了。而王吉却更显恭敬，每天照样登门拜访，即便吃了闭门羹，也没有丝毫怨气。

临邛县震动了。

前些日子就听说这儿来了个了不起的人物，想不到此人竟连县令的面子都不给，更惊奇的是县令却不恼不怒，态度不是一般的好，这人绝对不一般啊!

临邛有两个土豪，一个姓卓，一个姓程，卓家号称家僮八百，程家也号称有家僮数百。

两个土豪听说本地来了个大人物，而且眼瞅着县令每天如此殷勤伺候，心中狐疑不安，便商量从王县令那儿探听点虚实。

听了两人的来意，王县令哈哈一笑：此人叫司马相如，只是我的一个朋友而已。

仅仅是朋友吗？

看到王县令遮遮掩掩之状，两位土豪心中更是好奇，对王吉说道，本县来了贵客，不如咱就尽地主之谊，设宴款待，也好见识一下这位大人物，还请王县令帮忙牵个线。

哎呀，我这位朋友不喜欢凑热闹，这套俗礼就免了吧！

这哪成，贵客肯莅临我们临邛县，我们面上也有光，还望王县令代为问候。

王吉被两人缠得无奈，只好答应出面去请。

到了设宴这天，为了显示排场和诚意，两位土豪邀约了本县有头有脸的一百多人来捧场。眼看着客人差不多到齐了，这位传说中的贵客呢？

一会儿，派去请客的人回来了，告诉大家，贵客说他身体不舒服，就不来了，对大家的热情表示歉意。

好不容易凑了这么多人，总不能说不来就不来啊，卓、程两家急得直冒汗，只得哀求王县令辛苦跑一趟。

好吧，那我亲自跑一趟！

宾馆里，两人经过一番合计，声势已经造足了，接下来主角该出场了！

经过漫长的等待，司马相如这才带着歉意姗姗来迟。大伙儿一看，果然是风度翩翩，气宇不凡啊！

大伙儿齐刷刷站起来，一起鼓掌欢迎，场面十分热烈。司马相如口吃，不敢张嘴害怕露馅，只能保持微笑，频频挥手示意，就像登台演出的明星一般。

酒过三巡，菜过五味，王县令捧着一把古琴，恭敬地放到司马相如面前：听说您喜欢弹琴，希望您能演奏一曲，哪怕我们不配欣赏您的音乐，您自己娱乐一下也好啊！

此刻的司马相如却一脸不高兴，直怪王县令多事。不过，经不住大伙儿的恳求，只好答应给大家随便弹一曲。

司马相如轻抚琴身，深吸了一口气，修长而优雅的双手抚过琴弦，抚起了层层泛着涟漪的乐音。

那音色初如一汪清水，清清泠泠，似夏夜湖面上的一阵清风，引人心中松弛而清新，继而又如鸟儿缠绵，动人心弦，众人都听得如醉如痴。

凤兮凤兮归故乡，遨游四海求其凰。

时未遇兮无所将，何悟今兮升斯堂！
有艳淑女在闺房，室迩人遐毒我肠。
何缘交颈为鸳鸯，胡颉颃兮共翱翔！
凰兮凰兮从我栖，得托孳尾永为妃。
交情通意心和谐，中夜相从知者谁？
双翼俱起翻高飞，无感我思使余悲。

一曲抚罢，众人更是惊叹，又添了几分拜服之情。

外行听热闹，内行听门道。绝大多数宾客只是来凑热闹，唯有隔壁厢房中的卓文君听出了曲中真意。

这一曲，正是《凤求凰》。

卓文君对司马相如一见倾心，尤其听到他弹奏的曲子《凤求凰》后，心中爱慕之意更盛。

宴会结束后，司马相如偷偷买通侍女，转达他对卓文君的仰慕之情。恋爱中的女人都是盲目的，卓文君听完，认定他就是自己苦苦等待的心上人，当天晚上就去找司马相如了。

司马相如大喜，带着卓文君决定私奔！

未来风里雨里，我都陪着你。

两人一路奔波，终于回到了司马相如的老家成都。一进家门，卓文君就呆住了，风流才子家里只有四面墙，破破烂烂的，连点像样的家具都没有。米缸里是空的，灶台上结满了蜘蛛网，显然很久没有生过火了。

其实，司马相如家世原本还不错，不然也不可能买个官做。不过他在长安做官时，工资很低，此后父母去世，家道中落，司马相如不是一个善于营生的人，也不屑于在这方面倾注精力，除了写文章外，更无他长，所以最后只能混成这样。

司马相如虽然文采斐然，相貌也很出众，可是帅也不能当饭吃啊！

到了这一步，后悔已经没有用了，路是自己选的，含泪也要继续走下去。

好在新婚宴尔，你侬我侬，有情饮水饱，卓文君和丈夫一起变卖了车马，过起了节衣缩食的生活。

不过，贫贱夫妻百事哀，没过多久，家里穷得实在揭不开锅了。卓文君只得跟丈夫说，要不，咱们还是回临邛吧！到了那边，哪怕我向家里借点钱，都比在这里受苦强。

司马相如如释重负，等的就是你这句话！

两人变卖了所有家当，回到了临邛。老丈人卓王孙气还没有消，你个龟儿瓜娃子，拐了我的女儿还想拐我的钱，你当我脑壳坏掉了！

卓王孙恼怒司马相如计骗爱女，坚决不认这个女婿，对小夫妻实施经济制裁，不给一分钱！

不给就不给！

两人一合计，索性开了个小酒馆，卓文君站柜台，当街吆喝；司马相如当起了店小二，忙里忙外。

一夜之间，临邛县震动了。

大伙儿议论纷纷，老丈人不认自家女儿和女婿，小夫妻只能开个小酒馆艰难度日，真是奇闻趣事啊！

这些话像长了翅膀，一夜之间传遍了临邛县，当然也传到了卓王孙的耳朵里。卓王孙那个气啊，索性把自己关在家里，眼不见心不烦。

这时候，一些乡亲找上门了：卓老啊，这么僵持下去，不是个事儿！你们家有一男二女，人也不算多吧？再说了，钱财对你而言根本不算个事儿，何必那么固执呢？

你那女婿司马相如虽然拐跑了文君，可他毕竟是个人才啊，人家还是王县长的朋友，你这么做影响很不好，外面都已经传开了，何苦让文君出丑呢？再说了，他俩早已私订终身，你也没法追究。我看那司马相如很有潜力，你要是能在钱财上帮他一把，他将来绝对可以翻身！

卓王孙一听，沉默不语。算了，自己面皮终究没那么厚，只能将二人叫回来，一家人吃了顿饭，分了百万钱财和家僮数百人，让他俩关了那小酒馆，不要再丢人现眼了，好好过日子去吧！

司马相如空手套白狼，转眼之间，从一个穷光蛋变成了百万富翁，美人在怀，简直是飘飘欲仙！

财务自由的司马相如，在官场上的好运也随之而来。

景帝驾崩后，刘彻上台。偶然一次，刘彻读到了《子虚赋》，立刻被深深吸引住了，不由得感叹：可惜了，这么优秀的作者，我竟然没和他生在同一时代！

有没有觉得这句话似曾相识？

时间倒退到秦朝，嬴政在读到韩非的文章时，也曾发出如此感叹：寡人得见此人与之游，死不恨矣！

正在身边侍奉的杨得意是司马相如的同乡，趁机推荐了他：这是蜀人司马相如的作品，司马相如还活着！

刘彻大喜，马上命司马相如进京。

时隔多年，再次看到长安城，司马相如有一种恍若隔世的感觉。

长安城，我司马相如又回来了。

一见面，刘彻就问司马相如，《子虚赋》到底是不是你写的？

司马相如立即抓住机会，答道，是我写的，但《子虚赋》写的是诸侯游猎，不足以呈现天子气象，我其实一直想写一篇天子游猎赋，等写好了就呈送陛下。

这样的回答，可以说是情商很高了。

几天后，司马相如上交了一篇文章，这就是《上林赋》。

《上林赋》是《子虚赋》的姊妹篇，也是司马相如的代表作，代表了汉赋的最高成就。这篇文章以夸耀的笔调写了上林苑的壮丽及天子游猎的盛大规模，歌颂了统一王朝的声威和气势，也指出皇帝终日纵情田猎的危害。全篇气势磅礴，铺张扬厉，读来极是畅快！

刘彻非常欣赏司马相如的文采，封他为郎，做了身边一名侍从官。

几年以后，司马相如以天子使臣、中郎将的身份回到蜀郡。

今时不同往日，老家出了这么个大人物，蜀郡的人全都引以为豪，所有官员全到城外列队迎接。

卓王孙也改变了之前的态度，给司马相如送了一大堆礼，又分给女儿卓文君大笔财产，使之与儿子等同。

与此同时，卓文君也成为姐妹们艳羡的对象。

司马相如凭借写得一手好文章，很快混进了上流社会圈，在一群咬文嚼字的文人中崭露头角。春风得意之际，他认识了一个茂陵女子，那女子能歌善舞，又柔情似水，司马相如的一颗心开始不安分起来。

他想纳这个茂陵女子为妾，可是又不好直说，只得给妻子写了一封加密了的数字信：一二三四五六七八九十百千万。

卓文君见信后，一眼就看出了谜底：这一列数字中，唯独没有亿。言外之意是，对于咱俩的过去，我已经失去记“忆”了。

卓文君知道丈夫已经变心，她不哭不闹，摊开笔墨，平静地给丈夫回了一封信：

皑如山上雪，皎若云间月。
闻君有两意，故来相决绝。
今日斗酒会，明旦沟水头。
躞蹀御沟上，沟水东西流。
凄凄复凄凄，嫁娶不须啼。
愿得一心人，白头不相离。

竹竿何袅袅，鱼尾何簁簁！
男儿重意气，何用钱刀为！

这就是大名鼎鼎的《白头吟》！

诗的大致意思是，爱情应该像山上的雪一般纯洁，像云间月亮一样光明。听说你心里有了别人，我特来与你分手。今日犹如最后的聚会，明日便将站在沟头。我移动脚步沿水沟走去，过去的生活宛如沟水一般，一去不返。当初我毅然离家随君远去，以为嫁了个一心一意的郎君，没想到最后却是这样一个结果。大丈夫应当重情重义，要那些钱财作甚？

整首诗中，丝毫不见弃妇的哀怨，反而有一股决绝之情。

司马相如被打动了，他想起了与卓文君同甘共苦的日子。没有卓文君，哪有自己如今的生活？

可惜，她留住的，仅仅是一副躯壳，司马相如的那颗心早已离她而去，再也唤不回来了。

小试牛刀

司马相如的故事先告一段落，咱们言归汉朝正传。

公元前 138 年，一封紧急军情从帝国的东南边境送至长安。

刘彻打开一看，原来闽越国大军出动，要揍东瓯国，东瓯国不扛揍，节节败退，只能向汉朝皇帝求救。

很多人看到这里，会觉得迷糊，闽越国为什么要揍东瓯国？

翻开地图，东瓯国就在今天的浙江南部，闽越国就在今天的福建福州。

事情的经过是这样的：想当初，吴王刘濞挑起了七国之乱，兵败后逃到东瓯国，结果被东瓯王跟弟弟夷鸟将军合伙给干掉了。事后东瓯王被封为彭泽王，弟弟被封为平都王。

刘濞有个儿子叫刘驹，幸免于这场劫难，战败后独自一人逃到了闽越国。在这里，刘驹哭得那叫一个稀里哗啦，请求闽越王出兵给自己报仇，事成之后少不了他们的好处。

而当时，汉景帝刚打赢了诸侯，周亚夫正带着部队秋后算账，无论刘驹怎么忽悠，闽越王是绝对不敢在这个时候去招惹汉朝的。

少年天子刘彻即位后，闽越王感觉这是个不错的时机，决定对东瓯国发动偷袭。东瓯国不扛揍，向汉朝求援。

消息传到长安城，刘彻犯起了难。

对于打仗，刘彻是极有兴趣的，自己登基两年多，一直没有机会证明自己。如果这一战胜了，汉帝国的威望自然会提升一个档次，这可不就是自己的功劳吗？

然而，打仗这种事，光刘彻一个人说了是不算的，还得听听大家的意见，问问大家支不支持。于是，刘彻组织朝中大臣召开了一次专题会议，讨论要不要出兵援救东瓯国。

国舅田蚡首先发言，说越人之间互相看不顺眼，出门都带砍刀，见面就掏板砖，再正常不过了。再说了，那一带是蛮荒之地，穷山恶水，秦朝的时候就把那块地方放弃了，咱们何必为他们劳民伤财呢？

此时的田蚡已被窦太后撤了职，不过凭借着国舅爷的地位以及与王太后（与田蚡同母异父）亲密的关系，他在朝中依然极有权势。他的意见代表了很大一部分人的想法，刘彻不能不重视。

很显然，刘彻对这个答案不满意，不过他没有急着表态，而是想看看其他人的反应。

很快，队伍中有一个人站了出来，我反对！

这个人叫庄助。后人为避汉明帝刘庄讳，又称他为庄助。

庄助这人很有水平，是文学家庄忌的儿子，精通辞赋，文笔极佳，在贤良对策中独占鳌头，被破格任命为中大夫。

他是这样反驳田蚡的：要不要救，不是看别的什么，而是看自己有没有这个能力。如果自己有能力救人，为什么不救？秦朝放弃了越地，那是他们没本事。他们连自己的首都咸阳都守不住，哪有精力去管别人的事？今时不同往日了，小国东瓯向我们求救，我们不救它，那谁来救？如果不救，我们将来又凭什么让万国臣服？

庄助这一番话说得慷慨激昂，也让刘彻有一种遇到了知音的感觉。援救东瓯国不仅仅是一场战争，更关系到树立负责任的大国形象，事关国家利益。如果能够打赢这一战，必定可以对南方的那些小国形成一种威慑。

趁着众人还没反应过来，刘彻赶紧抓住机会定了调子：太尉不足与计！

田蚡只能尴尬地退到一边。

仗必定是要打的，但是刘彻有自己的顾虑。他告诉庄助，我刚刚登基，不想动用虎符调兵。

其实，所谓的不想动用虎符调兵，是一种委婉的说法，当时窦老太太总揽全局，她是黄老思想的坚实信徒，绝对不会答应发动一场战争的。

不过，刘彻还是给予了庄助力所能及的帮助：为了方便开展工作，我赐你一支天子节杖，你拿着这节杖到会稽，借助当地的武装力量处理这次危机。我对你很有信心，不要让我失望！

此时此刻，庄助的心有多大，阴影面积就有多大。

不过，皇帝已经发话了，这活儿必须接，谁让自己站出来主战了呢？

想到这里，庄助深吸一口气，躬身施礼：保证不辱使命！

庄助带着一支天子节杖出发了，一路跋山涉水，终于到了会稽郡。

果然，这事儿没那么容易。庄助磨破了嘴皮，会稽太守始终把头摇得像拨浪鼓一般，不见虎符不调兵，这是原则问题。

庄助只得把目光投向一旁的司马，太守不肯调兵，那么你呢？

司马好整以暇地看着他，没有虎符，你就是说破了天，我也不可能给你调一兵一卒的。

庄助冷哼一声，我乃钦差，手中持的是天子节杖，你不给我面子，就是不给皇帝面子。你连皇帝的面子都不给，留你何用？说完一招呼，身边的几个大内高手一拥而上，将司马给斩了。

随后，庄助又看向会稽太守：不发兵，司马的下场，就是你的下场！

太守害怕了：算你狠，兵借你了！

庄助如愿以偿拿到了兵权，接下来就是如何打好这一仗的问题了。

翻开地图不难发现：会稽跟东瓯，其实都在今天的江浙一带，只不过，会稽郡在北边，东瓯国在南边。

然而在当时，从会稽到东瓯，一路上群山阻隔，道路很不好走。汉军是客场作战，本就没有地利的优势，如果按照原计划翻山越岭，耗时又耗力，后续的物资补给根本跟不上。等到了东瓯国，自己人恐怕也折腾得没力气了。

更何况，汉朝大军来攻，闽越王必定会有所准备，万一他在沿途设下埋伏，汉军必定会遭受重大损失。

怎么办？

庄助陷入了深深的思索。

如果再仔细看一下地图，不难发现，会稽和东瓯都有一个相同的地理优势，它们都靠近大海。既然陆路行不通，何不试试水路？

想到这里，庄助叫来部下，开始论证这套方案。

大伙儿听完，都觉得可行。毕竟，吴越之地本就临海，百姓以善于凫水驾船闻名，从海路进攻，完全没有问题！

既然如此，那就这么干！

计划很快付诸实施，庄助在当地征调大船，带着大军从水路南下，登陆后又一路急行军，气喘吁吁赶到了东瓯国。

然而，让大伙儿愕然的是，东瓯国的都城外空空如也，根本没有闽越军的影子。

人呢？不是说闽越国大军压境吗？

东瓯王从城里出来迎接大部队，告诉庄助：听说汉军要来助攻，闽越王自知不是对手，早就带着大军跑了。

跑了？庄助内心一阵失落，自己好不容易带着大军赶来，结果仗还没打，东瓯国就被解放了？

东瓯王见他有点懊恼，又告诉他一个消息：闽越军虽然跑了，但是贼心不死。据可靠消息，等汉军一走，他们还会来的。

这下子，庄助几乎要抓狂了，这闽越军是铁了心要跟他玩猫捉老鼠的游戏，可问题在于，汉朝大军不可能在东瓯国一直待下去。一旦撤退，闽越军就会卷土重来，那么这场劳师远征还有何意义？

如果自己搞不定闽越国，皇帝那边怎么交代？

东瓯王看出了他的心思，说出了自己的想法：其实，我有个想法，闽越国常来骚扰，我们东瓯国是小国，根本打不过。汉朝是大国，地大物博，所以我代表东瓯百姓，正式向将军提出内附申请，希望将军代为向皇帝转达。

这个结果倒是大大超出庄助的意料，不过内附事关重大，远不是他能决定的。庄助立即写了一封信，向远在长安的皇帝汇报此事。

刘彻组织大臣召开了一次专题会议，经通盘考虑之后，最终决定，同意东瓯国的内附申请，并在江淮一带划拨了一块土地，给东瓯国的百姓定居，让他们享有汉朝百姓的待遇。

不过，东瓯国地处偏远，汉军不好驻守，这地盘我们汉朝就不要了，只要把人迁过来就行。

就这样，东瓯国全体百姓换了国籍，集体搬家北上，从此正式成了汉朝的国民。东瓯王降封为广武侯，四万多名百姓被安置在江淮流域的庐江郡居住，也就是今天的安徽舒城地区。

这种事情，翻遍古今中外的历史，恐怕也找不出第二个来。东瓯国集体申请内附，彰显的是汉帝国强大的军事、经济和文化影响力，这种影响力随着刘彻的开疆拓土，也将得到进一步扩大。

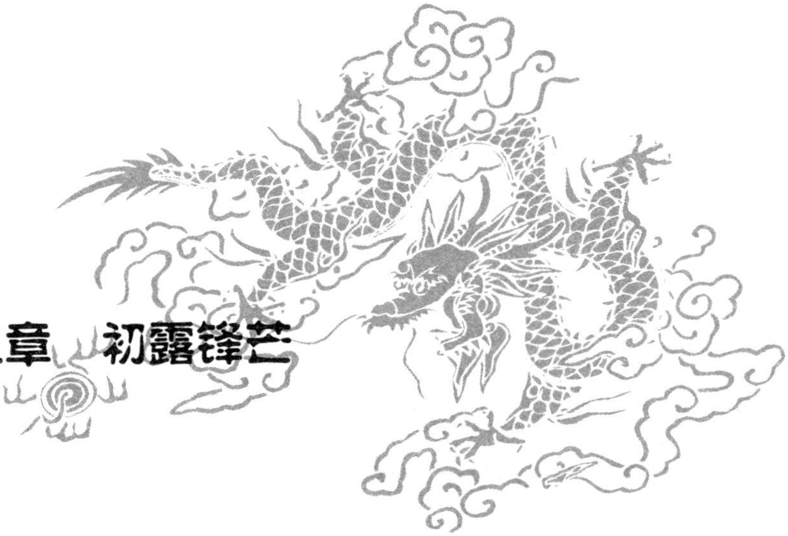

第二章　初露锋芒

凿空西域

在武侠小说中，西域有天山飞雪、峰顶雪莲，还有茫茫大漠。凡是写到无救的剧毒、不可思议的事件、突然出现的绝世高手，都会推给西域，什么乾坤大挪移、龙象般若功、蛤蟆功等皆来自西域。

不过，这些毕竟是小说家言，不足为信。

在很长一段时间内，西域一直是一个谜。

对当时的汉朝而言，西域这片土地离中原太遥远了，中原才是他们施展抱负的舞台。始皇帝平定天下，最西也不过甘肃临洮。倒是西周的周穆王曾向西远行，找到了昆仑山的西王母，但那只是传说而已，如何当真？

然而，一个匈奴俘虏的口供，改变了汉朝对于西域的认知。

这个匈奴俘虏告诉汉朝，在匈奴的西边，还有一个游牧民族叫月氏（yuè zhī），跟匈奴人是世仇。当年老上单于打败月氏后，斩杀月氏王，将月氏王的头盖骨做成了酒器。月氏人自知不是对手，只能被迫西迁。

这个消息让刘彻的心思开始活络起来，汉朝跟匈奴是敌人，匈奴跟月氏也是敌人，敌人的敌人就是朋友，按照这个推论，月氏就是自己的朋友。如果能联系上这个盟友，双方同时出兵夹击匈奴，必定可以给予匈奴人重创！

就这么干！

刘彻很兴奋，召集大臣开了个内部讨论会，然而与会的大部分人都不看好这个方案。

西域那么大，谁知道月氏到底在哪儿？祁连山以西的土地，汉人未曾涉足，只知道那里沙漠广袤，戈壁遍布。就算历经千辛万苦找到了月氏，当年那档子事儿都过去这么久了，人家月氏还愿意复仇吗？

总而言之，不确定因素太多了。

反对的声音一浪高过一浪，然而刘彻却不为所动，他坚信自己的理想必能得到回应。为了寻找愿意出使的人选，他发布了一则面向全国的招聘公告，前前后后共有一百多人来应聘。经过笔试、面试、政审一系列流程，一个叫张骞的人脱颖而出。

张骞是汉中郡城固人，早期履历不详，被征召时是一个郎官，不仅身体素质好，而且极富人格魅力。这样的人，无疑是最适合的。

为了配合张骞，刘彻还给他配了一名叫甘父的匈奴人作为向导。事实证明，在此次出使中，甘父的确至关重要，只有他，陪着张骞走到了最后。

这是一次探险。

出使西域，必须通过匈奴人控制的河西走廊，穿越莽莽沙漠与戈壁，克服变幻莫测的天气，面对随时可能出现的土匪和强盗，以及怀有敌意的国度。

然而，危险并不能阻止冒险家前行的步伐。

晨光熹微，一支由一百多人组成的使团离开长安城，踏上了西行之路。

让我们记住公元前 138 年这个年份。

这是注定要载入史册的一年。这一年，刘彻十九岁，张骞二十七岁。

他们都很年轻。

张骞一定知道，西去的路上，必定充满艰辛和不测。

他不知道的是，当转身的那一刻，他的这次出行注定要被载入史册。

而祁连山北侧的河西走廊，从此也将进入刘彻的视野。

虽然西行路线经过细心筹划，可是他们仍然难逃厄运。刚出了玉门关，使团就遇到了匈奴人，被绑到了匈奴大营。

匈奴单于知道了他们的目的后，暴跳如雷：什么？还想和月氏国联手对付我？想得美！月氏在我们的北边，你不经允许就跑到我的地盘上，岂有此理？我要是派人出使南越，从长安借个道，你们汉朝给不给过？

先把你关起来，看你还怎么折腾！

匈奴是个崇武的民族，对勇士很崇敬。单于十分欣赏张骞的勇气，没有处决他，而是将他扣了下来。

这一扣，就是十年。

十年啊，人生有多少个十年？在塞外一望无际的大草原上，张骞望着南归的大雁，任滚烫的泪水肆意地流。大汉，我的故乡，我今生还有机会回去吗？

匈奴人似乎也看出了他的心思，对于这种意志坚强如铁的人，靠威慑是没有用的。为了让他断绝念想，单于给他配了个匈奴妻子。

几年后，匈奴老婆给他生了个儿子，有了汉匈混血的骨肉，匈奴人这才渐渐放松了警惕。家人的陪伴，固然给张骞的生活带来快乐，可是他内心深知，这里绝非自己久留之地。

这十年，他那一百多人的使团早已逃的逃，亡的亡，身边只剩下甘父为伴。

这十年，他默默学会了西域语言和诸多荒野求生技能，并把自己的所见所学记录下来。

这十年，张骞身在匈奴心在汉，始终惦记着自己的使命。

十年后，趁着匈奴人放松警惕，张骞终于瞅准了一次机会。他抛下妻儿，带着甘父及其他几人，一起踏上了西行之路。

匈奴人发觉张骞逃跑了，派骑兵拼命追赶。从草原穿越戈壁再到大漠，这是一场意志的追逐赛。生存的本能支撑着张骞等人死地求生，一路上，他们靠着甘父精湛的箭术猎杀飞禽走兽得以充饥。

就这样，张骞等人风餐露宿，经过数十天的艰难跋涉后，终于抵达了西域的第一个国家——姑师，大致位置就在今天的新疆吐鲁番西北。

姑师国王听说汉使来了，大吃一惊。

眼下，汉朝与匈奴的战争正如火如荼地进行，双方打得不可开交，汉朝与西域的交通线完全中断，怎么凭空冒出个汉使来呢？

张骞把来龙去脉说了一遍，国王听后非常钦佩，告诉他：月氏国距离姑师尚有数千里，道路极为艰险，葱岭（今帕米尔高原）就是一道难以逾越的难关。要想到达月氏，只能绕道而行。

为了让你们少走冤枉路，我给你们派个向导，你们先一路西行到大宛，然后从大宛一路南下，便可抵达月氏。

在姑师向导的指引下，一行人沿着天山南麓向西行进，途经龟兹国、疏勒国，翻越白雪皑皑的帕米尔高原。经过数月的艰难跋涉后，张骞一行人终于抵达了大宛。

大宛的位置就在今天的吉尔吉斯斯坦、乌兹别克斯坦、塔吉克斯坦等国交界地带，首都就在费尔干纳盆地，这是西域的一块风水宝地。

虽然双方相隔十万八千里，但大宛也听闻过汉朝的富庶。大宛国王听闻大汉使节不远万里前来，非常高兴，热情款待了张骞一行。

张骞向大宛国王许诺：我是代表汉朝皇帝出使月氏国的，倘若大王愿意帮助我完成出使月氏的任务，将来等我回去，必定会向皇帝汇报，转达贵国通好之意。到时候汉朝用丝绸换贵国的宝马，让两国经济互惠互利。

通商一事过于遥远，毕竟两国相隔万里，不太实际。不过，对于张骞的请求，大宛国王表示乐意帮忙。

他告诉张骞，大宛虽与月氏相邻，但受阻于高山，道路很不好走。为了帮助张骞，大宛国王派了向导和翻译与张骞同行，先是绕道西北的康居国，然后再从康居南下，进入月氏。

就这样，张骞一行人经过短暂的休整后，再一次踏上了西行之路。

当张骞一行人终于踏上月氏的土地时，他忍不住热泪盈眶！

十年了，我终于找到你了。

为了这一天，他付出了太多太多。

然而，当张骞说明自己的来意后，月氏人却对他联合抗击匈奴的建议毫无兴趣。西迁之后，月氏人磨平了血气，他们早已把国破家亡的旧事忘得一干二净。

当年，老国王的头颅被匈奴砍下来，当作喝酒的酒器后，大部分月氏人被迫一路西迁。他们征服了居住在阿姆河北岸（今阿富汗和塔吉克斯坦交界处）的大夏人，重新建立了一个全新的月氏国。

这里土地肥沃，气候湿润，远离匈奴，大夏也很听话，日子过得很舒服，自己又何必去跟匈奴人抢地盘呢？

没道理嘛！

月氏国王虽对张骞客客气气，却绝口不提报仇雪恨的事。

张骞在月氏待了一年多。在此期间，他去了很多地方，对中亚地区的地理、政治、经济、文化做了详尽的考察，并绘制了完整的西域地图。

眼见月氏无意与汉帝国合作夹击匈奴，张骞最后决定启程回国。

这一次回程，为了避开匈奴人，张骞没有走老路，而是走南道归国，准备从羌人的领地中穿过。不过很可惜，此时的羌人早已归顺了匈奴人，张骞一行人又给擒获了，辗转送到了匈奴的王庭。

单于以诧异的眼神看着他：张骞，别来无恙乎？

张骞……

没啥可说的，继续扣着吧！

张骞绝望了，历经千辛万苦，任务没有完成不说，反而再次落入狼窝，难道这就是自己的宿命吗？

不战而胜

在张骞失联后的那些日子里，刘彻依然过着不咸不淡的生活。在窦太后的严密监管下，刘彻无所事事，只能等待时机。

在熬过了漫长的等待后，机会终于出现了。

公元前 135 年，历经三朝的太皇太后窦漪房逝世。

刘彻长舒了一口气，熬了这么多年，总算熬出头了。

下面，该我放开手脚，大干一场了。

丧礼一过，刘彻立刻找了个借口，撤掉了老太太选定的丞相许昌和御史大夫庄青翟，改任自己的舅舅田蚡为相、韩安国为御史大夫。

田蚡这个人前面介绍过，他虽然身材矮小，颜值不高，但仗着外戚的身份，在朝中身份日益尊贵。

在田蚡看来，诸侯王们普遍年事已高，刘彻刚刚登基，年纪还小，自己既是至亲心腹，又是大汉丞相，正是自己大显身手的时候。

田蚡的豪宅在长安城，除了皇宫，就属他家最豪华；田地庄园都是最肥沃的地块；他家到各地去采购的人员，有如现在的外卖小哥，在大道上络绎不绝；他养在后院的美女，数都数不过来；诸侯王孝敬他的好东西更是无可计数。

每次入朝汇报工作，田蚡往往一待就是大半天。他的方案刘彻全部点头通过，他推荐的人，昨天还闲居在家，今天一下子就成了高官。

终于有一天，刘彻实在忍不住了，说：我的亲娘舅啊，你的人安排完了没有？要是安排完了，给我的人留几个位置行不？

还有一次，田蚡要求把兵工厂的地盘划给自己扩建住宅，刘彻当时就怒了，说：你干脆把武器库也占了算了！

话说到这个份儿上，田蚡发现，自己这个外甥似乎也不是软柿子，这才略加收敛。

就在刘彻磨刀霍霍，准备一展身手之际，有一个人跳了出来，要欺负汉朝的小弟：南越国。

这又是怎么一回事呢？

先说南越国。

前面说过，南越国最早是由秦朝的将领任嚣经营，后来天下大乱，赵佗依照任嚣的临终嘱咐，封关、绝道，筑起了三道防线，关门当起了土皇帝。

这个赵佗特别能活，从刘邦时期一直活到汉武帝建元四年，享年一百多岁，不仅熬死了几任汉朝皇帝，甚至把儿子们都熬死了。他死后，只好让孙子赵胡继承南越王位。

再说闽越国。

闽越国老大叫郢，在赶走东瓯后，闽越王野心膨胀，猥琐发育了三四年，自恃兵强马壮，又盯上了自己的另一个邻居南越国，想把这片土地也占为己有。

赵胡好不容易登上了王位，屁股还没坐热呢，就遇到了闽越王率兵侵犯。他掂量了下自己的实力，觉得不是闽越国的对手，迫于无奈，只得一边坚守不出，一边向汉朝皇帝写了一封求救信：南越国替汉朝守卫边疆，一直都是汉朝的臣子，现在闽越国却发兵侵犯，您可得替南越做主啊！

刘彻接到求救信后，十分兴奋，对于军事，刘彻一直有着极大的兴趣。既然南越国向自己表了忠心，那么自己也该有点表示了。

刘彻立刻下令，派出两位将军兵分两路前去救援南越。

这两位将军，一个叫韩安国，早年在梁王刘武手下做事。刘武死后，韩安国因为犯事丢了官，回家宅着去了。

刘彻上位后，田蚡担任汉朝太尉，受宠幸而掌大权。为了复出，韩安国开始四处活动，给田蚡送了五百金的礼品。

拿人钱财，替人办事。

田蚡很有契约精神，经常在王太后面前说到韩安国，说他如何如何能干。久而久之，刘彻也听说韩安国这个人不一般，于是把他召来担任北地都尉一职。不久，又调他到首都长安做了大司农。

让一名武将负责三农问题，明显是放错了地方。不过韩安国也不用灰心，因为很快，他就得到了出征的机会。

再说另一位，名叫王恢，长期在北方边境任职，官居大行令，专门负责处理少数民族事务。

这次救援南越，王恢从豫章郡（今江西南昌）出兵，韩安国从会稽郡郡治出兵，准备与南越合力，正面迎击闽越王。

但这时，有一个人上书反对。

此人正是淮南王刘安。

刘安写了一封长长的信，列举了汉朝讨伐闽越的种种困难，例如路途遥远、地形不熟、粮草不济等。如果汉军进入闽越国的境内，越人必定震惊恐惧，认为汉军要去消灭他们，必然像惊鸟脱兔一样飞蹿，进入深山密林之中。汉军一旦离去，他们又会重新聚集；如果汉军长期驻留镇守，长年累月，则士卒疲惫，粮食匮乏，百姓因战事而困苦，绝非长久之计。

在信中，刘安还说了一句话：天子之兵，有征而无战。

什么意思呢？

就是说，汉军兵锋所指，敌人就理当自动投降。如果发生了战斗，就算汉军斩下了越王的首级，也不算什么光彩的事儿。

陛下以四海为境，溥天之下莫非王土，率土之滨莫非王臣。陛下要以民为本，光大王道，只有这样，远方之民才会来归顺。朝廷与其派出十万大军，还不如派去一个使者。

刘安为什么要极力反对汉军征伐闽越呢？

原因也不难猜测，汉军一旦出发，必定需要沿途供给粮草物资，这对刘安而言绝对是一笔不小的开支。

不过，刘彻显然没有理会刘安的奏疏，他坚持能动手绝不吵吵的原则，让两位将军直捣闽越老窝。

听说汉帝国派了军队来助攻，闽越王这次倒是硬气了一把，没有认怂撤兵，而是坚守在险要之地，决心死磕到底。

可问题在于，汉帝国的军力雄厚，要想负隅顽抗，谈何容易？闽越内部因此发生了严重分歧。

闽越王的弟弟名叫馀善，他把族人召集过来商量道：我们国王糊涂啊！竟然不向汉朝皇帝请示，就擅自发兵攻打南越。如今汉朝军队兵多将广，就算我们一时得胜，无非也就是招来更多的汉军，打一场更加惨烈的战争而已，终究改变不了亡国的命运。

与其最后国破家亡，还不如杀掉国王，向汉朝皇帝谢罪。如果汉朝皇帝原谅我们，停止战争，我们国家就得救了；如果汉朝皇帝不理睬我们，坚持要战，那么我们再奋力抵抗不迟，大不了到海上讨生活嘛！

经过举手表决，大伙儿都没有异议。馀善最后拍了板：就这么干！

有了族人的支持，馀善亲自带刀来见哥哥闽越王郢，趁其不备，将其杀死。

除掉闽越王后，馀善将郢的头颅火速送往王恢处，代表闽越国向汉朝道歉。

这个结果实在出人意料，王恢闻讯非常高兴，自己来这儿就是为了诛杀闽越王郢，现在人已经死了，闽越国也谢罪了。既然都认输了，咱们就不打了。

王恢立即停止前进，一边派人把情况告知韩安国，一边派人携带闽越王的人头急驰长安，报告刘彻。

既然人家都服输了，再打下去就没意义了，刘彻于是下诏撤军。

闽越王郢一死，国王的位子空了出来，该扶持谁当国王呢？

按说馀善在这次事件中立有大功，国王的位子非他莫属，不过刘彻却有其他想法。

馀善在闽越国内颇得民心，如果他当了闽越国的国王，不出数年，又会变成一个隐患，这是汉朝不愿意看到的。为此，刘彻封了闽越国创始人的孙子丑当国王，而诛杀郢的首功馀善却没捞到任何好处。

得知这个结果，馀善气坏了，他暗中拉拢了一批人，自立为王，决定与闽越王丑对着干。

闽越王丑知道自己镇不住这个地头蛇，也懒得和他较劲，给汉朝皇帝写信，请求汉朝出面主持公道。

刘彻收到信息，也很无奈。部队刚从前线拉回来，再打仗是不太可能了，如何才能平息馀善的不满情绪呢？

前面说过，东瓯王率领族人去了江淮之地讨生活，东瓯那块地盘正好空了出来，成了无主之地。刘彻思前想后，决定加封馀善为东瓯王，把东瓯那块地盘划给了他。

馀善这才勉强受命。

解决了南越和闽越的矛盾，刘彻派了庄助去安抚南越王赵胡。汉朝帮了你这么大的忙，你是不是得有所表示啊？

双方举行了深入、坦诚、建设性的会谈，取得了一系列丰硕成果。赵胡高度赞扬了汉朝为反对霸权主义、维护地区和平稳定做出的突出贡献，为了表忠心，他承诺让太子赵婴齐到长安去当质子。

庄助看赵胡是真心诚意，住了几天便准备回长安复命。临走时，南越王又表示，自己将在适当的时候去长安城拜见汉朝皇帝。

事后，赵婴齐如约来到长安，而赵胡则害怕自己被扣，以生病为由，最终也没去长安城。

不过刘彻也没有计较，毕竟有南越太子在长安做人质，不怕南越王兴风作浪。直到十多年后，南越王赵胡病死，南越太子才回到南越主持工作。

再说庄助，他从南越回来时，途径淮南国。

想当初，淮南王刘安曾上书反对过朝廷派兵救援南越，如今事实证明，救援南越是完全正确的决策。刘彻故意让庄助路过淮南国，就是想告诉他，怎么样？被现实打脸了吧？

淮南王自然惶恐不安，热烈欢迎庄助，殷勤招待，并作了一番深刻的自我检讨，这事儿才算翻篇了。

不好惹的谏臣

话题回到田蚡身上。

田蚡自从当了丞相后，感觉自己已经登上了人生的巅峰，对谁都是爱答不理的样子，出门恨不得横着走。一般人想要见他，都得预约。

曾经那些不可一世、高高在上的上司，如今都被他踩在脚下，这种感觉很美妙，让田蚡通体舒坦。每次有人带着礼物来拜见，田蚡都是稳稳地坐在那儿，轻轻"哦"一声，连屁股都不抬一下。

不过，有一个人却不买他的账。

这个人是汲黯。

每次汲黯来找田蚡，都是空着手进相府，草草作个揖。谈完事儿，不等田蚡有何反应，就大摇大摆地离开。

每当这个时候，田蚡只能摇摇头。这汲黯是朝中出了名的倔老头，跟这种人没法较真，只能任由他去吧！

为了满足大家的好奇心，我来给大家扒一扒汲黯的简历。

汲黯是河南濮阳人，往上推七辈都是卿大夫。这个人倨傲严正，忠直敢言，从不屈从权贵，平时老是板着面孔，一副凶巴巴的样子，大伙儿都不敢招惹他。

早在景帝时，汲黯就陪在太子刘彻身边，当了他的老师。不过，汲黯喜欢的是黄老之道，而刘彻显然对儒家文化更感兴趣，不知道这两人上课时是个什么场景。

刘彻登基后，汲黯被提拔为皇家礼宾官。

有一次，东瓯族人搞内讧，刘彻派汲黯前去调停。结果汲黯去倒是去了，走到半路却又回来了。

刘彻脸色很不好看，问他为什么不去处理，汲黯说东瓯民风好斗，打架斗殴是常事。这种芝麻大点的小事，哪用得着天子派使者去处理？去了就是小题大做，是对天子使者的侮辱。

刘彻很无语：您老说得有理，是我多管闲事，行了吧？

还有一次，河内郡发生特大火灾事故，千余户居民房屋被烧，财产损失不计其数。刘彻派汲黯前往一线慰问群众，不料汲黯又是象征性地到事发地转了一圈，就打道回府。

回去的路上路过河南郡，汲黯看见这儿正遭受百年不遇的旱灾，波及万余人家，甚至到了父子相食的地步。汲黯冒着杀头的危险，假传圣旨，命令当地官员开仓放粮。

回到长安后，汲黯主动向皇帝请罪，他说：河内郡的火已经被扑灭了，房屋烧毁了，再盖就是，我去看了又能做什么呢？相反，河南郡的旱情正在蔓延，如果不及时赈济，死亡就会加剧，甚至可能发生民变，所以我才斗胆假传圣旨，让当地官员开仓放粮。现在我人回来了，符节交还陛下，陛下怎么处罚，您看着办吧！

遇到这种下属，刘彻也很为难，不过汲黯这次做得确实有点道理，没有治他的罪，只是将他踢出长安城，贬为荥阳县令。

接到调令，汲黯很生气，自己的祖辈从来都是高官，什么时候干过小县令？索性写了一封辞职信，回家养老去了。

刘彻很无奈，之后又将汲黯召回长安，提拔为中大夫。

那么汲黯的工作能力到底咋样呢？

我们来看一个例子。

汲黯曾经在东海郡做过太守，他那时候身体不好，挑选了几个副手，让他们放心大胆地去干，出了事儿他兜着。而他自己则整天躺在屋子里不出门。

结果到底咋样呢？

一年后，东海郡被治理得井井有条，百姓们交口称赞，把汲黯当作东海郡的青天。

一次朝会，刘彻说了一些场面话，如我们要带领人民创造幸福生活云云。

按照常理说，这种时候，做下属的就应该配合，拍马屁表忠心。

汲黯是个例外。

眼看着刘彻在台上讲得唾沫横飞，牛皮越吹越大，汲黯实在听不下去了，站出来反驳：陛下嘴上说要施行仁义，内心的欲望却很多，怎么可能效法尧舜那样治理天下呢？

刘彻的脸色唰的一下就变了，怒气冲冲地宣布退朝。

回到内宫，刘彻余怒未消，对身边的侍从说：汲黯这个人，憨厚而刚直，这次也太过分了！

其他人也批评汲黯，有什么话不能私下里说，非要在大庭广众之下驳皇帝的面子？

汲黯却满不在乎：天子设公卿百官来辅佐他，难道是让你们天天来给他歌功颂德拍马屁的吗？只知道爱惜自己的羽毛，朝廷怎么办？

虽然汲黯脾气倨傲，心直口快，不过也正因为如此，皇帝才对他另眼相看。毕竟，很多时候，皇帝还是希望能听到一点真话的。

汲黯身体不好，有一次，庄助帮汲黯请假，刘彻就问他：你觉得汲黯是一个什么样的人？

庄助说：汲黯做官为人，初看似乎没有过人之处。但如果让他辅佐幼主，或者交给他一座城池让他坚守，那可是金石难摧。威逼不得，利诱不动，难以撼动他的意志。

刘彻点点头：朕也是这么想的，古人常说社稷之臣，想来，也应该是汲黯这样的吧？

汲黯是个眼里揉不得沙子的人，只要是他看不惯的人，一准儿会当面斥责。刘彻见他时，都特别紧张。

刘彻这个人工作当中有些随意，不太尊重下属。比如有一次，刘彻在厕所接见卫青，一边如厕一边听他汇报；接见丞相公孙弘时，他有时连帽子都不戴。

但如果听说汲黯来了，刘彻会立即把自己收拾得整整齐齐，不戴帽子绝不见他。

有一回，汲黯求见，刘彻恰好没戴帽子。

刘彻远远看见汲黯就要进来了，情急之下找不到帽子，竟然躲了起来，让手下人接待汲黯。

做大臣做到连皇帝都怕他，汲黯也不枉直臣的名声了。

刘彻用人唯才，可对这些人又相当残酷，动不动就人头落地。汲黯劝谏说：陛下不辞辛劳地求贤，可未尽其用又把他们杀了。我怕这样下去，人才都被杀光了，还有谁能帮陛下治理天下呢？

刘彻却很淡定，笑着说：何世无才？就怕不识货的。只要能识货，还怕没人才为我所用？

汲黯脾气臭，在朝中混了很多年，可这官却一直升不上去。

想当初，汲黯享受副部级待遇时，公孙弘、张汤这些人都还在基层默默无闻。后来，公孙弘发迹当了丞相，张汤做了御史大夫，汲黯却还在原地踏步。

这样一来，汲黯心里就不平衡了，他对这些人打心眼里瞧不起，可人家职位都比他高，当年的属下如今混成了他的上级，这让汲黯有些恼火，想和刘彻说道说道。

有一天上朝时，汲黯对刘彻说：陛下任用群臣，就好像堆木柴一样。

刘彻有点蒙：此话怎讲？

汲黯黑着脸说：后来者居上啊！

言语之间，透着一股牢骚和醋意。

刘彻又被呛了，半天没说话。等汲黯走了，才缓了口气说：这老家伙，说话越来越过分了。

卫青做了大将军后，一时风头无两。群臣见了卫青，都行跪拜礼，唯独汲黯每次见了卫青，草草拱拱手了事。有人劝汲黯行跪拜礼，汲黯反驳道：难道我拱手行礼，就是不敬重大将军吗？

卫青听了这话，不由得感慨：这才是直臣啊！此后愈加敬重汲黯，遇到什么难事都向他请教，待他胜过平素所结交的人。

公孙弘为相多年，位列三公，盖的被子却是用麻布缝的，一顿饭不吃两种肉菜。

汲黯就对刘彻说：朝廷每年给公孙弘发那么高的工资，他却还用麻布当被子，摆明了是做给陛下看。

有这样的事？

刘彻回头就把汲黯的原话告诉了公孙弘，公孙弘承认确有此事，不过他是这样解释的：我跟汲黯私下里关系最好了，他的话确实切中了我的要害。我这样做，表面看的确有矫饰做作、沽名钓誉的嫌疑，也就是有汲黯，陛下才能听到这些话。

说这话的时候，公孙弘的表情无比真诚。

刘彻果然被打动了，开始怀疑汲黯的人品。

其实，汲黯与公孙弘的矛盾不仅是个人之间的矛盾，也是世家贵族与平民精英之间的矛盾。汲黯代表了世家贵族，公孙弘代表了平民精英。

这是一个大变革时代，世家贵族开始没落，平民精英快速崛起，两者之间不可避免地发生了激烈的碰撞，平民精英动摇了世家贵族对政治资源的垄断，两者间的矛盾是难以调和的。汲黯与公孙弘及后来张汤的矛盾正是这一时代大背景的生动反映。

三个男人一台戏

时光荏苒，转眼已是刘彻登基的第九年。这一年，国内发生了一件大事：黄河决堤。

黄河决堤是一件大事，沿岸十六个郡泛滥成灾，百姓流离失所，苦不堪言。刘彻立即命汲黯、郑当时两人率十万军队赴前线抗洪救灾，可是水势太大，刚刚堵好的堤坝很快又被冲开。抗洪官兵前前后后忙碌了好几个月，总是不见效果。

丞相田蚡因为自己的地盘没有受灾的危险，便说：长江黄河决堤都是天意，既然是天意示警，靠人力岂能阻止？就算好不容易堵上了，也是违背了天意。

那怎么办？

很简单，什么都不做。

此时的刘彻正在为救灾一事忧心忡忡，听田蚡这么一说，再联想到董仲舒的天人感应理论，最终下令停止救灾，让黄河自己泛滥去，流到哪里是哪里。

直到二十多年后，刘彻去泰山封禅，路过一看，发现情况比自己想象的严重多了，这才派人将决口处堵好。

对于这样的结果，老百姓自然不满意，大伙儿开始在背地里埋怨田蚡。

在众多对田蚡不满的人当中，有一个人叫窦婴。

前面说过，窦婴是窦太后的侄子，原本也是皇帝身边的红人，在七国之乱中立有战功，级别比田蚡高好几个档次。然而，自从窦太后去世后，窦婴便没了靠山，此后越来越不得刘彻的赏识和任用。反观田蚡，仗着是刘彻的舅舅，地位水涨船高，很快就盖过了窦婴的风头。

对于这种政治风向，朝中大臣自然看得清清楚楚，大伙儿很快就做出了选择，纷纷跟田蚡套近乎。而当年位极人臣的窦婴因为没什么权势，此刻已是门庭冷落车马稀，门客纷纷离开，甚至对他很怠慢。

窦婴过惯了发号施令、定夺国是的日子，他已患上了权力依赖症。如今退居二线，空闲下来，再也没有人向他汇报工作，再也没有人等待他的决定。他顿时失了目标，没了寄托，于是心境蛮荒，日夜漫长。

窦婴被甩出了政治旋涡，成了一个孤家寡人。

在长安城独居的日子里，只有一个叫灌夫的朋友，一有空就过来看望他，让窦婴极为感动。

灌夫是颍阴（今河南许昌）人，名将灌婴的老乡。灌夫本不姓灌，而姓张。父亲叫张孟，曾是灌婴的家臣，因在工作中表现突出，被推荐当上了二千石的高官，改姓为灌。

灌夫是个猛人，吴楚七国之乱时，灌夫带着一千人跟随父亲灌孟从军。灌孟年纪大了，在战场上渐渐力不从心，在一次冲锋战中不幸身亡。

按照当时的军法规定，父子一起从军参战，有一个为国战死，活着的人可以护送灵柩回去。但灌夫不肯随同父亲的灵柩回去，他在阵前发誓：不杀吴王刘濞，不报杀父之仇，决不回去！

说完，灌夫披甲上马，对属下吼道：不怕死的跟我来！

当下便有几十个人站了出来，表示愿意跟他同去，结果刚出了大营，一看对面杀声震天，不少人开始腿肚子发软，打起了退堂鼓。

好在灌夫还有两个兄弟和自家十来个骑奴愿意出战，他带着这十多个人一路狂奔，直指吴王刘濞的军帐，杀死杀伤敌军几十人。由于吴军太多，灌夫等人有被包围的危险，这才撤退。

经过一番激烈的冲杀，最后飞奔回营的，只剩灌夫一个人，还受了重伤。军医立即为他救治，总算捡回了一条命。

刚包扎完伤口，灌夫再一次向主将请命，要出去继续杀敌。主将有点蒙，见过怕死的，没见过这么不怕死的，他赶紧拦住了灌夫，并向太尉周亚夫报告。周亚夫将灌夫叫过去狠狠训了一顿，灌夫这才头脑冷静下来。

这一战后，灌夫成了全军知名的战斗英雄，名声大震，先后任中郎将、淮阳太守、燕相等要职。

不过很可惜，灌夫只是一个粗人，没啥文化，而且酗酒，酒后总是闹事。虽然此后两任皇帝都很照顾他，给了他不算小的官，但他还是动不动耍酒疯。没过多久，他就因为触犯法律，被开除公职。

虽然被罢免了官职，但灌夫家里非常有钱，养了几百名食客，不愁吃不愁穿。他在老家的宗族兄弟也仗着他的名声横行乡里。当地百姓深受其害，给他编了一首歌谣：颍水清，灌氏宁；颍水浊，灌氏族。

什么意思呢？就是说，如果颍水清澈，灌氏家族就平安无事；如果颍水浑浊，灌氏家族恐怕就要被灭族了。

灌夫和窦婴同是官场失意人，在关键时刻，窦婴清楚地看到了灌夫的为人，对他更加器重。两个人相见恨晚，一见如故，引为至交。

一日，灌夫的亲人去世，灌夫居家服丧，在家里闷了几天，想着出门透透气，就到丞相田蚡家里去串门。

此时的田蚡正红得发紫，讨好他的人不少，只是跟灌夫却很少打交道。不过，人家既然主动上门来了，自己也得表示欢迎。毕竟像灌夫这样黑白两道通吃的猛人，一般人还真惹不起。

三两杯酒下肚，两人逐渐热络起来。灌夫聊到了自己的好朋友窦婴，田蚡随口说道：我本来想和你一起去拜访窦婴的，没想到你正在服丧，真是遗憾啊！

正常人都能看出来，田蚡这么说，不过是敷衍而已，可是灌夫性格直率，从不考虑太多，一听就来劲了。本来他就为窦婴遭受的冷遇而抱不平，听说田丞相想去拜访窦婴，就想极力促成此事。

灌夫当即拍着胸脯保证：您要是想去窦婴家里，我服丧算个什么事呀？我这就去通知窦婴，让他准备好酒好菜，咱们明天中午不见不散哈！

呃……

田蚡有点尴尬，抿着唇沉默了半天，用关爱智障的眼神盯着灌夫，可灌夫此刻还处于激动之中，完全没有体会到田蚡的眼神。他一拱手，风风火火就出了门。

等灌夫消失在视野尽头，田蚡立马就后悔了，自己明明是随口那么一说，这傻大个怎么就真信了呢？这可咋整？

灌夫出了门，跑到窦婴家里，告诉窦婴说田蚡明天一早要过来拜访。窦婴有点激动，作为一个过气已久的权贵，如果丞相能大驾光临，是不是意味着自己也将迎来出头的机会？

他赶紧全家总动员，买酒买肉，打扫庭院，准备酒宴，忙碌了整整一夜。天一亮，就派人去打探，看田丞相什么时候过来，结果一家人等啊等，一直等到中午，还没看到田蚡的影子。

这就让人尴尬了。

窦婴脸上有点挂不住了，问灌夫：你小子不会耍我吧？你看看这都什么时候了，田丞相怎么还没来？

灌夫也觉得有点尴尬：不应该啊，我昨天去他府上听他亲口说的。这样吧，我去看看他在搞什么鬼。

灌夫坐着马车来到田府，结果底下的人告诉他，田丞相还没起床。

都这个点了还没起床？

灌夫当时就火了，直接闯了进去，找到田蚡，劈头盖脸地数落起来：你昨天答应我要一起去拜访窦婴，结果人家忙活一整夜，就为了等你大驾光临，你还好意思在家里睡大觉！

田蚡猛然醒悟，怎么把这事儿给忘了？只好带着歉意说道：不好意思哈，昨晚喝多了，早上没起来。

灌夫压着一肚子火，那就赶紧换衣服准备走吧！

田蚡本来就不愿意去，被灌夫在一旁催促着，心里自然是老大不爽，动作也是慢吞吞的，看得灌夫那叫一个着急。

好不容易出了门，灌夫心急火燎地在前面赶路，田蚡依然一副云淡风轻的样子，不紧不慢地跟在后面。灌夫只得掉过头继续催促，像赶鸭子一样，硬把田蚡赶到了窦婴家。

窦婴盼星星盼月亮，好不容易看到田蚡晃晃悠悠的车队，赶紧挤出笑容，邀请田蚡进来。

前面说过，灌夫的酒风不好，喝多了就开始闹事。这不，气鼓鼓的他三两杯酒下肚，本性就露出来了，他提着酒壶，一个劲地劝田蚡喝酒。

田蚡看着脸红脖子粗的灌夫，笑着摆了摆手：实在喝不了了，你就饶过我吧！

灌夫却不依不饶，他离席起舞，用酒场上的最高礼仪向田蚡施压，感情深，一口闷；感情浅，舔一舔。这酒你喝还是不喝？

一般来讲，遇到这样的敬酒，被敬的人不仅要把杯中酒喝完，还要陪敬酒者一起甩甩袖子。

田蚡心里已经有点不爽了，他看着灌夫，愣是没反应。

场面一度陷入了尴尬。

灌夫感觉自己折了面子，嘴里开始不干不净起来。一旁的窦婴看情况不对，赶紧让人把灌夫扶下去休息，总算控制住了局面。两人继续把酒言欢，直到月上柳梢头，宴会才结束。

这场宴会，窦婴与田蚡虽然表面上其乐融融，其实裂痕已经显露。

一波未平，一波又起。

有一次，田蚡看中了城南的一块田产，找人一打听，原来是窦婴的。田蚡于是让门客籍福去窦婴府上说这事。

按理来说，田蚡要买窦婴的地，如果窦婴不愿意，好好说清楚就行了。不料，窦婴一听，被迫害妄想症发作了：老夫现在虽然遭到弃置不用，没有田丞相这么显贵，可你们也不能这么欺负人呐！

这就属于反应过激了。

籍福只得灰溜溜地出了门，不料他刚走到半路，迎面撞上了灌夫。灌夫得知此事，又把籍福劈头盖脸骂了一顿。

籍福心里那叫一个憋屈，我招谁惹谁了？

不得不说，籍福真是一个厚道人，他回去后，没有在田蚡面前挑拨是非，反而劝田蚡：窦婴老了，活不了几年了，咱不必和他争一时的短长，田产终究是我们的。

籍福虽然只是田蚡的门客，能力却很不一般。想当初，窦婴正红的时候，田蚡为了压制窦婴的势力，处心积虑想要压他一头，但籍福给他的主子泼了一盆冷水。

籍福准确分析了当时局势：窦婴已经显贵很久了，天下有才之士一向依附他，你只是刚刚起步，和窦婴没法比。从资历上来说，你比不过窦婴，从朝中的人脉来说，你也比不过窦婴。

田蚡一脸无奈：那怎么办？

籍福给出了自己的建议：你要是能推荐窦婴当上丞相，你自然就能当上太尉，丞相和太尉都是一个级别，你还能捞个让贤的好名声，一举两得。

田蚡觉得这话有理，决定去找姐姐王太后。在王太后的提议下，刘彻最终任命窦婴为丞相、田蚡为太尉。

田蚡后来得知了事情的真相，生气地说：窦婴的儿子过去杀了人，是我出手相救的。我田蚡帮窦婴做事，有问过事情的大小吗？而他竟舍不得几顷田地！再说这事跟灌夫有什么关系？他来瞎搅和什么？这块地我不要也罢！

从这之后，田蚡就把窦婴和灌夫拉入了黑名单。

双方矛盾越积越深，最终彻底爆发。

这一年，田蚡展开了报复行动，他在收集到足够的证据后，向刘彻检举灌夫，说他在老家颍川横行霸道，百姓深受其害，请求朝廷严查此事。

刘彻让田蚡自行处理。与此同时，灌夫也不甘示弱，搜寻到了田蚡的一些丑事，开始威胁田蚡。

双方手上都有证据，谁也奈何不了谁。好在籍福等众门客从中劝和，双方暂时和解。

表面上讲和了，两边的仇恨却越结越深，都在找机会给对方致命一击。

这年夏天，田蚡迎娶燕王的女儿。王太后下诏，要列侯和宗室前去祝贺。

窦婴也接到了邀请函，他找到好朋友灌夫，想和他一起去。

灌夫不想去，推辞说：我好几次因喝醉酒而得罪丞相，况且丞相近来又跟我有些嫌隙，我就不去了吧。

窦婴说：那事儿不都已经和解了嘛，不要紧的，同去同去。

拗不过窦婴的强烈要求，灌夫只好跟着一起去。

酒宴上觥筹交错，推杯换盏，大家喝得很痛快。田蚡身为主人，起身为客人们敬酒，宾客们也都离开座席，伏在地上答礼。

轮到窦婴坐庄时，他也起身向大伙儿敬酒，这时候就看出人情淡薄了，只有几位过去跟他有交情的人离席回礼，而其他人只是在位子上欠了欠身，略表意思而已。

见到这种情形，灌夫很不高兴，他起身向来宾一个个敬酒。轮到田蚡时，灌夫倒了一大杯酒，道：请丞相满饮此杯！

田蚡只在位子上直了直身子，说：我喝不了这么多。

灌夫心里老大不爽，执意道：丞相是贵人，怎么好随意呢？这杯酒必须喝完！

田蚡摇摇头，还是不肯喝。

一般来说，酒局喝的不是酒，是面子。

灌夫感觉自己折了面子，胸中憋着一口气，又不好发作，于是又晃到临汝侯灌贤，也就是灌婴的孙子面前，拿起一杯酒，要给灌贤敬酒。不料灌贤此时正在与程不识将军说悄悄话，压根儿就没理他。

灌夫憋了一肚子的气没处发，田丞相我惹不起，在他那儿吃了瘪也就算了，你灌贤算个什么东西，也敢对我无理？

想到这里，灌夫索性破口大骂起来：灌贤你平时批评程不识不值一钱，如今长辈到你面前敬酒，你却像个娘儿们一样在那里说悄悄话，真恶心人！

这话一出来，全场都安静了，大伙儿的目光齐刷刷看向灌夫，不知道这个莽夫又在闹什么。

场面一度陷入尴尬中。

田蚡只得站出来好言相劝：程不识和李广是同事，你这样当众羞辱程将军，李将军的面子上恐怕也不好看吧？

当时，李广在军中的威望很高，深受各方推崇。田蚡以为借由程不识把李广牵扯进来，能压压灌夫，不料灌夫牛脾气上来，根本不吃这一套。

灌夫说：你少来这一套！今天就算砍我的头，用刀剑穿我的胸，我也不在乎，什么程将军、李将军，老子才不管呢！

田蚡无语了，脸上青一阵红一阵。

在场的吃瓜群众看事情越闹越大，借口上厕所，纷纷离去。

窦婴一看情况不对，也起身准备离去，同时挥手示意，叫灌夫跟着离开。

自己辛辛苦苦准备的婚礼被灌夫给搅和了，田蚡气炸了，你当这里是什么地方？想来就来，想走就走？都怪我平时把灌夫惯坏了，才让他这么骄纵！

田蚡一挥手，下令把灌夫拿下。

一旁的门客籍福看情况不对，又出来打圆场，先是替灌夫道了歉，然后又按着灌夫的脖子，让他跟田蚡道歉。

灌夫是一个耿直的人，说什么也不肯低头道歉。

死到临头都不知悔改，那就别怪我不客气了！

田蚡叫来了在场的长史：今天在这里招待宗室贵宾，是太后特意下的诏。灌夫侮辱宾客，违逆了太后的诏令，是对太后的大不敬！

说罢，田蚡命人以寻衅滋事罪将灌夫抓了起来。

这下子，灌夫成了田蚡案板上的肉，想怎么割就怎么割。为了彻底打倒灌夫，田蚡又上纲上线，组织人搜罗灌夫的劣迹，派人分头追捕灌氏家族所有的直系亲属，全部判处死刑。

窦婴与田蚡

判决结果下来后，窦婴坐不住了。

灌夫本来就不愿意参加田蚡的婚礼酒宴，要不是窦婴硬要拉着灌夫同去，灌夫就不会酒醉闹事，也就不会闹成今天这个局面。而如今，灌氏族人早就不知逃往何处，只有灌夫一人囚在狱中，能为灌夫申冤的，只有自己了！

营救灌夫，自己责无旁贷！

可问题在于，眼下的田蚡背后有王太后支持，正是炙手可热的时候，窦婴一个落魄的外戚，人脉和资源早已大不如前，如何救？

窦婴的老婆劝他，灌夫得罪的是当朝丞相，又和太后家过不去，这样的人你怎么救？根本没得救！

窦婴不以为然：灌夫是我的知己好友，救不得也得救！大不了就是削爵为民而已。这魏其侯是我一个人挣来的，就算救不出人，把这个爵位丢了，也没什么可惜的。反正，只要我还有一口气，必定要救出灌夫！

为了营救好朋友，窦婴背着家人，给刘彻写了一封奏书。

窦婴虽然失了势，但毕竟也当过大佬，积累起来的名望还是起作用的。接到奏书，刘彻立即召见了窦婴，让他当面陈词。窦婴于是将灌夫如何因酒醉失言、如何引发冲突的情况详细说了一遍，认为灌夫不过是酒后闹事而已，他是什么样的人，大伙儿都清楚，没必要斤斤计较。丞相判他死刑，有点过了。

对于窦婴的陈述，刘彻也表示认可。自己的那个舅舅是个什么人，他太清楚不过了，眼下不过是借题发挥而已。

不过，这事儿毕竟自己一个人说了不算，还得听听大家的意见。这样吧，咱们先吃饭，明天我会在宫里组织召开专题研讨会，希望你准时参加，争取说服大伙儿。

窦婴一拍胸脯：保证完成任务！

第二天，研讨会如期召开。窦婴极力夸赞灌夫的长处，说他明明是酗酒闹事，就算有错，那也应该按照大汉的治安管理处罚条例来处罚，可丞相却以别的罪名诬陷，非要判他死刑，不知丞相到底是何居心？

田蚡站了出来，说灌夫骄横放纵，纵容其宗族在老家为非作歹，利用职务便利，为家乡的族人谋取利益，是黑恶势力的保护伞，这种人必须铲除！

这个……

窦婴有点心虚，灌夫的宗族在地方上巧取豪夺的事迹，大伙儿都有所耳闻，这一点没法洗白。

窦婴感觉自己说不过田蚡，开始转移攻击目标，将矛头对准了田蚡，攻击他的短处。

田蚡也不是吃素的，他能混到今天的位置，绝不仅仅是因为外戚身份，对于整人，自己也有一套办法。他使出了自己的撒手锏：

天下幸而太平无事，我才得以成为皇上心腹，平常没啥爱好，就喜欢音乐、狗马和田宅而已。我所喜欢的不过是歌姬艺人、能工巧匠，不像你和灌夫那样，招集天下豪杰壮士，不分昼夜商讨，对朝廷心怀不满，不是夜观天象，就是在地上筹划，窥测于东西宫之间，希望天下发生变故，你们好做大事！

这话说得就有点诛心了，窦婴说不过田蚡，只得向皇帝求救：我窦婴是个什么样的人，皇帝您是最清楚的，您可得为我做主啊！

刘彻只得把皮球踢给大家：你们说说，他俩谁说的对？

大伙儿个个敛声屏气，不吭声了。

刘彻把目光投向韩安国：你是御史大夫，你先起个头吧！

韩安国只得硬着头皮发言：

窦婴说灌夫的父亲为国而死，灌夫手持戈戟冲入到强大的吴军中，身受创伤几十处，声名在全军排第一，这可是勇士啊！如今因发一次酒疯就要砍头，确实是有些过分了。

可是，田丞相的话也没错，丞相说灌夫与奸商勾结，发黑心财，积累家产巨万，灌夫还横行乡里，所以我认为窦婴有理，田蚡也没错。至于怎么处理此事，只有陛下才能英明决断了。

刘彻很无语，原本指望着你能说句公道话的，没想到你却是来和稀泥的。

下一个，汲黯！

此时的汲黯正担任主爵都尉一职，相当于诸侯接待处处长。他素来直言不讳，站出来表态：这事儿我挺窦婴！

果然是那个硬脾气的倔老头，一点都没变。

刘彻又点名：郑当时！

郑当时时任内史一职，这哥们儿一向没啥主见，他先是说灌夫混到今天不容易，杀了可惜；然而一看到田蚡拉下了脸来，又改口说，其实田丞相说的也没错。

支支吾吾了半天，还是没把话说清楚。

得了，又一个和稀泥的。

这下子，刘彻更生气了。

你平日不是经常对田蚡和窦婴说长道短的吗？今天当廷辩论，怎么在关键时刻掉链子？我真想连你一起斩了。

刘彻气鼓鼓地一甩袖子：今天的会议就到这里，散会！

刚回到寝宫，还没来得及换衣服，刘彻就接到通知，要他去见母亲王太后。

对于今天朝堂上发生的一切，王太后也在密切关注。一场辩论没有得出结果，王太后的心里很不爽。刘彻一看到她的脸色，赶紧坐下来陪她吃饭。

不料，王太后根本没有心思吃饭，她指着刘彻的鼻子就骂开了：你老娘我还没死呢，就有人敢在朝堂之上欺负你舅舅；哪天要是我死了，是不是随便一个人也能欺负到我们王家头上来了？你这个皇帝难道是石头吗？做事怎么没一点主见？

老娘发火了，刘彻只得赶紧道歉：怎么会呢？田蚡是外戚，窦婴也是外戚，我一时不好作决定啊，所以才搞了这么一场辩论会。不然的话，我找一个狱吏就能搞定了，何须我亲自出马。这样吧，您不了解情况，我找个人来给你说说。

郎中令石建，你给太后说说具体情况吧！

石建于是把二人的恩怨纠葛仔细说了一遍，王太后这才听了个大概，既然是这样子，那你自己看着办吧！

另一边，田蚡下朝后，招呼韩安国，两人上了同一辆车。

一上车，田蚡就埋怨开了：咱们说好了联手对付窦婴那老不死的，刚才你为什么模棱两可，犹豫不定？

韩安国听田丞相骂完了，才慢条斯理地解释道：丞相怎么不多动动脑子呢？窦婴急赤白脸地和皇帝争来争去，你当时该立即承认自己的错误，请求辞职啊。你俩现在争来争去，像个泼妇一样骂大街，哪里像个大臣该有的样子？

田蚡一听这话，赶紧向韩安国作揖拜谢：我不是争糊涂了嘛，姜还是老的辣，多亏您老人家提醒。

与此同时，刘彻派御史按照文簿上所记载的罪状，对灌夫进行调查，结果发现窦婴的供词中许多关键性的内容都查无实据，倒是田蚡所列举的灌氏家族的罪状，都有根有据。

好嘛，原来欺君的人是你窦婴！

窦婴被逮捕下狱，一夜之间沦为阶下囚。

灌夫的判决结果只有一个字：族！

在这场新旧外戚的政治斗争中，窦婴完败！

事情就这样结束了吗？

当然没有！

窦婴虽然身在狱中，但他还有最后一张免死金牌：密诏。

这封密诏是几年前景帝在弥留之际留给他的，内容是：事有缓急，可便宜论上。也就是说，在刘氏江山面临危机的时候，景帝授权窦婴可以持密诏面君，以匡扶汉室。

在窦婴看来，此刻就是公布诏书的最佳时机！

听闻窦婴手上有先帝密诏，刘彻心里咯噔了一下。很快，窦婴就接到了皇帝召见的通知，正当窦婴信心满满迈入未央宫时，刘彻问他的第一句话却是：你这诏书究竟是怎么来的？

窦婴有点蒙，他将诏书的来龙去脉仔细讲了一遍，刘彻仍是将信将疑：可是宫中并没有这封诏书留档。

这……

窦婴欲哭无泪，这种密诏，没有副本也是很正常的啊！

刘彻摇摇头：既然没有存档，那就是伪诏无疑了。

很快，窦婴因涉嫌矫诏，被弹劾下狱。

窦婴和灌夫，这对难兄难弟，终于殊途同归。

灌夫及其族人很快被斩首弃市。窦婴过了很久才得知灌夫的死讯，悲伤之余，他知道自己离死亡也不远了，于是开始绝食，并拒绝配合治病。

就在这个时候，一些对他有利的消息又通过各种途径传到了窦婴的耳朵里，说皇帝虽然很生气，但是并不想杀他，事情还有转机。窦婴的求生欲又被撩拨起来，他在狱中强打起精神，等待皇帝开恩。

然而就在这时，一些对窦婴极其不利的流言蜚语迅速在市井中流传开来。这些谣言查不到来源，不过我们用脚趾头都能猜到，此事跟田蚡绝对脱不开关系。

刘彻最终下定决心，将窦婴斩首弃市。

在这场政治斗争中，田蚡用他的智谋与策略击败了灌夫和窦婴，成了最后的赢家。然而，田蚡并没有因此走上人生的巅峰。

自从窦婴死后，田蚡就生了一场大病，以致神智昏聩。在昏乱中，田蚡就像被恶鬼缠身，神神道道，总是含糊不清地说认罪的话。家里人只得找来一个巫师，让他看看究竟。

巫师做完法后，告诉田蚡家属，他在田蚡的身后看见了两个人，一个是窦婴，另一个是灌夫，这两个冤鬼正在向田蚡索命！

没过多久，田蚡就在忧惧中离开了人世。

在这场旷日持久的外戚之争中，窦婴和田蚡都是输家。如果一定要挑一个赢家，那就是皇帝刘彻！经历了这件事后，以窦氏为代表的旧外戚势力彻底退出了历史舞台，以田蚡为核心的新外戚势力也受到了打压。从此，刘彻在朝廷中少了许多掣肘，彻底取得了政治主导地位。

这一年，刘彻二十六岁，是他即位的第十年。

属于刘彻的时代终于到来了。

失宠的阿娇

朝堂上的外戚终于下台了，刘彻活动了下筋骨，准备一展宏图。只是，这治理天下，该从何处着手呢？

这个问题在刘彻的脑海中徘徊已久。事实上，他早就选好了一个目标：自己的姑姑，刘嫖。

刘嫖曾是西汉时期的风云人物，是刘彻的姑妈，因为女儿陈阿娇嫁给刘彻当了皇后，所以她还是刘彻的丈母娘。汉文帝时，刘嫖被封为馆陶长公主，后升为馆陶大长公主，尊称窦太主。

刘彻之所以要挑窦太主下手，是因为她干了一件不知羞耻的事：豢养男宠。

事情的经过还得从头说起。

一次家庭宴会中，刘彻看见窦太主身边有一个小鲜肉，长得眉清目秀，两人举止亲密，如同热恋中的情侣。细问之下才知道，这个小鲜肉原来是窦太主的男宠，名叫董偃。

自从丈夫去世后，窦太主倍感孤单。这时，一个叫董偃的小鲜肉闯进了她的生活。

董偃的母亲以卖珠为业，经常带他出入窦太主所住的驸马府。他虽然只有十三岁，却长得英姿帅气，无人不喜。

常年守寡的窦太主一眼就看中了这位小帅哥，厚着脸皮对董偃的母亲说：这孩子一看就是个有出息的人，我来帮你养着吧！

董偃家境贫困，如今有人帮忙抚养自己的儿子，而且还是一位公主，母亲立马就答应了，董偃自此便住在了窦太主府中。

为了培养他，窦太主重金请名师教董偃骑射，同时也注重在文学方面的培养。一晃五年过去了，董偃已经出落成一个英俊潇洒的美男子，对窦太主更是百依百顺。董偃帅气的样子让窦太主着迷，这一着迷，就把董偃发展为情侣。

这一年，窦太主已经六十岁了。

董偃由此成为窦太主的男宠，还被人们风趣地称为"董君"。

得知窦太主有了新的男朋友，刘彻的恶趣味一下子被调动了起来。嘿嘿，真是看不出来，姑妈都这把年纪了，居然还好这一口！

有一次，窦太主请了病假，没来上班，刘彻亲自到府上去探望她。进门后，刘彻开门见山告诉姑妈：我是来拜访主人翁的。

主人翁？谁是主人翁？

自然是你的男朋友董君呀！

窦太主一听，万分羞愧，却又不敢隐瞒，忙跪伏在地叩头请罪，让人把董偃叫出来见驾。

刘彻也喜欢小鲜肉，不但没有怪罪董偃，还赏赐给他一些东西。不仅如此，刘彻此后不直呼董偃的名字，一个劲地叫他主人翁。很快，主人翁的名号在长安城不胫而走，董偃因此声名鹊起，成了京城交际圈中的红人。

刘彻虽然默认了窦太主和董偃的不伦恋，可是朝堂之上很多人早就看不下去了。有一次，刘彻在宫中设宴，请窦太主和董偃喝酒，正好赶上东方朔在门口值班。东方朔拦住了董偃，跑到刘彻面前弹劾董偃的罪行。

东方朔说：董偃有三条罪状，不得入内！

刘彻问：这话从何说起？

东方朔说：仆人和主人私通，其罪一也；败坏男女风化，而乱婚姻之礼，伤王制，其罪二也；整天逗引陛下去玩一些声色犬马的东西，其罪三也。

这……

刘彻有点尴尬，在他的印象中，东方朔平时挺幽默的，今天怎么突然一本正经讲起大道理来了呢？刘彻只得改用商量的口气对东方朔说：那啥，酒席都摆好了，现在赶人家回去多不合适，要不就下不为例？

东方朔不依不饶：不可。

宣室是先王的正殿，是君臣共商国是的地方，是国家权力的象征，不是议论正当的国事就不能进去。今天陛下若把这个规矩破坏了，就开了一个恶劣的先例，淫乱会逐渐演变为篡逆大祸，竖刁、易牙、庆父之类的人会层出不穷，国家恐怕也会衰弱。

有这么严重？

礼不可废！

刘彻只得虚心接受批评，将宴会地点改在了北宫，让董偃从司马门进宫。这事儿过后，刘彻就很少把董偃叫到宫中来了。

而如今，刘彻想起当初东方朔的谏言，觉得他的话不无道理。窦太主和董偃的不伦恋已经传遍了长安城，如果再这样下去，皇家的颜面何在？

必须要整治这种不正之风了。

问题在于，该从何处着手呢？

窦太主的女儿正是陈阿娇，婚后多年无子，而且动不动就要小性子，发脾气，让刘彻很不爽。随着卫子夫生下皇子，阿娇的失势是迟早的事。既然如此，那就从阿娇入手吧！

召张汤进宫！

张汤是长安郊区杜陵县人，西汉时期著名的酷吏，主张严刑峻法，是刘彻手中打击豪强势力的一把利剑，令无数人闻风丧胆，成为后世酷吏的代名词。

张汤最著名的故事是审鼠。

话说，张汤的父亲有一次出门，让张汤看家，回来后发现家里的猪肉被老鼠偷吃了。老张大怒，拿鞭子把儿子暴揍了一顿。

没来由被老爹揍一顿，张汤自然气得牙痒痒。不行，必须出这口气！他挖地三尺，找到了老鼠洞，抓住偷肉的老鼠，还取回了老鼠偷窃的证据——没吃完的一块肉。

紧接着，张汤将老鼠立案审查，揭发并历数了老鼠偷肉的罪行，当堂出示起获的赃物，验明确属张家丢失无误后，对老鼠严刑拷打，记好问讯笔录，然后撰写判决报告。

最后，他开始宣判：被告老鼠，犯盗窃罪，根据大汉律法，判处磔刑（分尸），就地正法，立即执行！

老张看了儿子的判决书，大吃一惊，这份判决书语言凝练，文笔老到，绝不输于职业狱吏，自己的儿子是个律法人才啊！

老张由此决定，要让儿子继承自己的事业。

成年后的张汤果然没有辜负父亲的期望，他接过父亲的衣钵，成了一名狱吏。

张汤常年跟在父亲身边，耳濡目染，让他对官场生态谙熟通透，要想往上爬，除了本事，还需要一点关系。该怎么办呢？

有一次，田蚡的弟弟田胜因为一点小错被拘押，正好落在了张汤手里。张汤不仅没有落井下石，反而对他照顾有加。田胜出狱后，为张汤多方引荐，张汤也由此开始了自己的权力之路。

刘彻罢黜百家独尊儒术，张汤瞅准时机，一边上书请求选派儒家博士为廷尉史，协助自己办案，一边将重大案件直接上报皇帝，请刘彻拍板。只要是皇帝认可的大案，那就往大了办；如果皇帝不认可，那就主动承认错误，大事化小，小事化了。

除此之外，张汤也摸准了皇帝的脾气，刘彻若是想办某个人，张汤就把案子交给心狠手辣的下属；若是皇帝想放过某个人，张汤就把案子交给好好先生去处理。

这样办事牢靠又贴心的下属，皇帝能不喜欢吗？

凭借着出色的业务能力和对人心的洞察力，张汤的仕途顺风顺水，先后晋升为太中大夫、廷尉、御史大夫，成了帝国政界的三把手。

这一次，刘彻给他安排了一项重要任务：调查皇后！

阿娇有什么问题呢？

刘彻告诉他，陈皇后最近和一个叫楚服的老巫婆走得比较近，我怀疑她在背后搞一些小动作，你帮朕查一查。

张汤没有辜负皇帝的期望，很快，他就查到了一起恶性事件：扎小人。

这是非常严重的罪行，简单来说就是把写有对方姓名、生辰八字的木偶人埋在地下加以诅咒的巫术。

陈阿娇为什么要这么做?

很简单，卫子夫得宠，陈阿娇受不了。她多次大吵大闹，寻死觅活，令刘彻非常恼怒。出于嫉妒、怨恨、焦虑、无奈，阿娇偷偷找了一个巫师，以巫蛊诅咒卫子夫等得宠的嫔妃。

这种事情已经触碰了后宫的高压线，刘彻得知后，勃然大怒，要求张汤彻查此事。在皇帝的授意下，张汤顺藤摸瓜继续往下查，前后牵连出三百多人，大部分人被斩首示众。

这是汉代后宫非常严重的一次巫蛊案，那么多冤死的生命，只是殉葬了一个女人绝望的爱情。

可怜的阿娇被废，被打发到了长门宫。

得知皇后被废，窦太主害怕了，她独自一人到宫门前长跪不起，希望皇帝能饶过自己的女儿。

看在丈母娘的份儿上，刘彻信誓旦旦地表示：阿娇虽然被废，但她毕竟是我的妻子，待遇不会减，住在长门宫里也不会让她吃苦的。

陈皇后被废后，卫子夫被册立为皇后，儿子刘据也顺理成章地被立为太子。

陈阿娇退居长门宫后，孤独寂寞，终日在长门宫愁闷悲思，以泪洗面。为了挽回这份感情，母亲窦太主找到了当时正红得发紫的文学大咖司马相如，给了他一笔丰厚的润笔费，请他为阿娇写一篇文章，以打动刘彻。

司马相如不负众望，洋洋洒洒写下了长篇诗赋《长门赋》，以阿娇的口吻诉说一位深宫永巷女子的愁苦悲思之情，这也是阿娇生前最后的美人心计。

夫何一佳人兮，步逍遥以自虞。魂逾佚而不反兮，形枯槁而独居。言我朝往而暮来兮，饮食乐而忘人。心慊移而不省故兮，交得意而相亲。

伊予志之慢愚兮，怀贞悫之懽（同欢）心。愿赐问而自进兮，得尚君之玉音。奉虚言而望诚兮，期城南之离宫。修薄具而自设兮，君曾不肯乎幸临。

这篇文章写的是一位女子在深宫翘首盼望，久候情人不来的失落，塑造了一个美丽而哀愁的女子形象，红颜憔悴，我见犹怜。

然而，人心终非如初见，帝王心肠不可挽，倒是让司马相如又火了一把，以史上最贵的言情文稿费，留下一篇著名的怨妇文。

刘彻最终没有迎回阿娇。

殿外绿肥红瘦，阿娇独自坐在长门宫中，忆及少年时，他意气风发地说要为她盖一间金屋，要她做自己的皇后。

可是如今呢？

这个世上真有忠贞不渝的爱情吗？如果你拿这个问题去问司马相如，恐怕他也有些心虚。

在帝王眼里，所谓的白头到老，不过是一时冲动发下的誓言，色衰爱弛才是残酷的真相。

婚姻生活，总会遇到各种挑战和诱惑，之所以能共同走下去，无非是男方不肯始乱终弃，女方能知分寸进退，双方约束情感和欲望，共同完成一场终生的契约罢了。

不过很可惜，对于陈阿娇而言，这样一份美满的婚姻注定只是奢望。

第三章　汉匈交兵

马邑之谋

公元前135年，就在刘彻登基的第六个年头，汉帝国的朝堂上来了一位匈奴人。

他此行的目的只有一个：和亲。

汉朝自开国以来，最大的敌人便是北方的匈奴。彼时，汉帝国还处于百废待兴的阶段，面对匈奴的不断骚扰，刘邦一开始想硬气一把，以武力解决边疆问题，结果却在白登山被围困了七天七夜。

这之后，刘邦意识到敌强我弱，不宜力拼，于是马上改变战略，采取了怀柔之术，以和亲政策笼络匈奴，来维护边境安宁。

由此，汉帝国开启了无奈的和亲外交时代。

然而，都说欲壑难填，这种乞求来的和平注定无法长久。得了好处的匈奴依然时不时地来打个秋风，屡兴事端，边疆百姓深受其害。

朝廷忍了这么多年，这一次，轮到刘彻坐庄了。

与前几任皇帝不同，刘彻是个不安分的人，他做梦都想驰骋疆场，与北方的匈奴人正面打一仗。可问题在于，他即位没多久，这种军国大事不是他一人能决定的。

围绕要不要继续和亲，帝国的朝堂上爆发了一场激烈的辩论。

大行令王恢第一个发言。他是燕国人，长期在边境生活，熟悉匈奴的风俗习惯。

大殿之上，王恢侃侃而谈：所谓的和亲，一直以来就是个笑话。汉匈和亲几十年，匈奴人从来不讲信用，每次和亲之后少则两三年，多则四五年，他们又会卷土重来。如今我大汉国力强盛，何不硬气一把，跟他们真刀真枪干上一架？

说得好！

刘彻很激动，对王恢投以赞许的目光。

其他人还有要补充的吗？

底下的人开始窃窃私语。

就在这时，韩安国站了出来：我反对！

我们都知道，匈奴人逐水草而居，居无定所，他们的马匹耐力好、速度快，我军很难追上。在茫茫大草原上，我军最大的难题不是打不过，而是根本找不到他们。就算找到了，我军早已精疲力竭，匈奴人正好以逸待劳，这仗还怎么打？

就算我军侥幸取得了胜利，占领了匈奴人的荒凉之地，又有什么意义？我汉帝国幅员辽阔、人口众多，就算俘获了匈奴的人口，也不能因此变得更强大。以我之见，与其跟他们开战，还不如继续跟他们和亲。

还和亲？

刘彻的内心很郁闷，有没有搞错呀？

不料，韩安国的看法，却得到了朝廷中大多数人的支持。

刘彻无奈，只得同意继续和亲。

匈奴使者目的达成，心满意足地离开了。

望着匈奴人远去的背影，刘彻暗暗下定决心：君子报仇十年不晚，咱们走着瞧！

对于这个结果，王恢心有不甘。

他虽然很想跟匈奴人开战，在战场上真刀真枪干一架，不过他也清楚，韩安国的担忧不是没有道理。匈奴人来去如风，他们可以随时来打秋风，可汉军要想主动出击，出了长城以北，只有挨打的份儿。

怎么才能扭转这种被动局面？

想睡觉就有人送来枕头。就在王恢为此发愁的当儿，一封从北方边境发出的密信，送到了王恢手中。

写信的人是雁门郡马邑县的一位豪门，名叫聂壹。

这哥们是个爱国人士，在边境生活了很多年，深受匈奴人的肆虐，立志要驱逐匈奴。在经过多年的观察与思索后，聂壹的头脑中逐渐形成了一个大胆的战略构想。

既然主动出击不可行，何不把匈奴人放进来，关门打狗？

为了论证这个方案的可行性，聂壹详细分析了北方边境的地缘情况，做出了一份详细的可行性研究报告，寄到了王恢这里。

王恢仔细看完，深吸一口气，然后吩咐车夫：备车，我要入宫！

朝堂之上，围绕要不要与匈奴开战的问题，王恢与韩安国又开始了一场激烈的辩论。

王恢首先发言：臣闻，战国时代，北方有个代国，北有强胡之患，南有中原列强之忧。就是在这样的形势下，代国还能抗击匈奴，让匈奴不敢轻易南下。而如今陛下四海为一，国富兵强，匈奴却时常大举入侵，这是为何？

很简单，他们的入侵没有付出过代价，对大汉毫无敬畏之心。所以这个仗一定要打，要打出国威，让他们知道害怕两个字怎么写！

韩安国还是老主意：和亲，不能打。

当年高皇帝北伐匈奴，三十万大军气势如山，可结果又如何？高皇帝身陷平城七天七夜，差点没命。高皇帝突围之后，对匈奴没有记恨，也没有采取下一步报复行动。这是为何？因为高皇帝明白，治理国家不能掺杂个人恩怨，必须以天下为重。

高皇帝这么做，为我们换来了绵延几代人的和平，国家的生产力得到进一步发展，这有什么不好呢？

韩安国的说辞很巧妙，他没有说汉帝国打不过的问题，毕竟你要说开国皇帝无能，打不过匈奴，是很犯忌讳的事。

王恢反驳：看来韩大夫还是没有真正理解高皇帝。高皇帝当年为什么不雪白登之耻？不是实力不够，而是因为他不想在七年的战争之后，让百姓受二茬罪，故而选择了隐忍。

可如今，经过七十余年的韬光养晦，汉帝国早已积攒了足够的实力。这个时候，我们怎么还能忍见北方人民陷于匈奴的铁蹄之中，忍见北方尸横遍野而无动于衷？

这一仗，必须打！

韩安国说：你说得倒是轻巧，与匈奴开战，我方没有明显优势。如果长驱直入劳师远征，所耗费粮草辎重不计其数，就算侥幸打赢了，也是得不偿失。以最高的代价获得最小的胜利，依我看，这种仗根本就不该打！

王恢自信地笑了。

绕了这么大一圈子，韩安国终于入坑了。

王恢说：韩大夫的言论我完全赞同，可谁说我方要劳师远征了？

韩安国有点蒙，什么意思？

我所说的进攻，并非是深入匈奴境内的长途奔袭，而是在国内打一场伏击战。匈奴单于贪得无厌，我方正好可以诱敌深入，具体而言，我方挑选精兵强将，埋伏于险要之地。等匈奴进入包围圈，我方断其后路，四面出击，必定可以全歼敌军，一劳永逸解决北方边患。请问韩大夫，你觉得这个计划咋样？

韩安国很尴尬，这是不按套路出牌啊！

刘彻大喜，当即拍板，通过了王恢提交的诱敌方案。紧接着，帝国的军队被迅速动员起来，战争机器开始高速运转，兵员、战车、马匹、武器、军粮等源源不断地送往前线。

伏击的地点选择在雁门郡的马邑，也就是今天的山西朔州。

马邑位于大同盆地西南端，三面环山，一面临水，遥控长城，毗邻大漠，是中原通往塞外的必经之处，地理位置得天独厚。汉初，匈奴与汉朝就曾因争夺马邑进行过一场激战，匈奴先得后失，一直耿耿于怀。

为了打赢这一仗，汉军兵分五路，指挥分别是：护军将军韩安国、材官将军李息、骁骑将军李广、轻车将军公孙贺、将屯将军王恢。五路大军合计兵力约三十万人，在马邑外围设下了一个伏击圈。

一张大网徐徐铺开，随即又遇到了一个难题：三十万人埋伏在马邑外围，如何才能保证不走漏消息呢？

为了解决泄密问题，汉军采用了一个笨办法，他们把马邑城外方圆数十里的百姓全部迁走，人为制造了一个无人区。

准备工作已就绪，现在就等将匈奴主力诱引到伏击圈内了。

谁来做这个引子呢？

马邑豪强聂壹站了出来：我愿往！

聂壹能在马邑扎根多年，想来是有不少人脉资源的。他伪装成叛逃者，求见军臣单于。

一见单于，聂壹立刻开始忽悠：马邑县防守薄弱，我手下有几百个人，可以找个机会把县令杀了，咱们里应外合，搞一把大的。事成之后，所得财物五五分账。

军臣单于一听：有这等好事？

聂壹小鸡啄米似的点头：千真万确！

幸福来得太突然，军臣单于乐得合不拢嘴，天上掉馅饼的好事儿啊！这单生意我接了！

六月，正是水草丰美的季节，碧绿的草原仿佛一条地毯，洁白的羊群就是地毯上移动的白云。远远望去，那份壮美，绝对是中原人难以想象的。

汉帝国的长城边境，匈奴铁骑如期而至。军臣单于带着十万大军一路南下，越过长城边境后，在武州塞驻扎下来。

在发起正式进攻之前，他要等待聂壹的消息。

聂壹回到马邑，演了一出戏。

他从死牢里提出一个倒霉蛋，一刀砍了，拿人头冒充县令挂到城外，随后给单于发了条消息：事已办成，速速发兵！

军臣单于按捺不住欣喜，全军尽出，直扑马邑。

汉军在外围设下口袋阵，眼看着匈奴人逐渐接近，内心欣喜而又紧张。

成败在此一举！

匈奴铁骑长驱直入，一路如入无人之境。然而，随着匈奴人深入汉朝境内，单于却觉得气氛与以往有些不一样。

以往南下打秋风的时候，只要匈奴大军一出现，汉人百姓必定哭爹喊娘四处奔逃。可是这一次，匈奴大军一路南下，竟然没有遇上一个汉人。放眼望去，四周的山谷草地中，只有成群的牛羊在悠闲地吃着草，放牧的人却一个都看不见。

不对劲！

匈奴人虽然脑子转得慢，可并不是傻子。只有牛羊没有人，这里面绝对有问题！

单于马上下令停止前进，派出一支小分队，到周围搜索。

很快，匈奴的搜索部队就攻下了一个小哨所，俘虏了一名小军官。在单于的威胁下，小军官将汉军的围歼计划和盘托出。

单于听完，惊出了一身冷汗。竟然有这种事？这些汉人的良心真是坏透了！幸亏自己多留了个心眼，要不然可真要被汉军包围了。

单于立刻调转马头，下令大军迅速撤退！

得知匈奴大军跑了，王恢一颗心沉到了海底。

此次伏击，他的任务是斩断匈奴的后勤补给，封住口袋。可如今，匈奴人还没进入包围圈，就开始往回跑。怎么办？

如果对匈奴大军发起攻击，王恢是有可能追上匈奴主力的。可问题在于，他手上只有三万人马，而匈奴却有十几万骑兵，一旦发起攻击，谁揍谁还不一定呢！

经过一番痛苦的抉择，王恢放弃了对匈奴的攻击。

等韩安国、李广、李息、公孙贺四路大军赶到时，匈奴骑兵早已出了长城，消失在茫茫大漠。

消息传回长安城，刘彻大为震怒！

几十万人花了几个月，耗费钱粮无数，结果让敌人跑了！马邑合围是你王恢提出来的，结果事到临头，你却当起了缩头乌龟，白白浪费了大好机会，你还有什么脸面回来见我？

一到长安，王恢就被判了死刑。

王恢不服气，上书辩解，匈奴人没进包围圈就撤了军，自己手上只有三万人马，这仗根本没法打。自己之所以不出击，是为了保存有生力量。

除此之外，王恢托家人给丞相田蚡送了一份大礼，希望田蚡能救他一命。

田蚡收了人家的好处，开始动起了心思。眼下自己那外甥正在气头上，就算自己去求情，刘彻也未必给面子。要想捞人，只能找个更有分量的人去劝。

谁是那个更有分量的人呢？

刘彻的母亲，王太后！

想到这里，田蚡立刻去找王太后，让她出面劝劝刘彻。

王太后对刘彻说：马邑这一战是王恢一手策划的，没有功劳也有苦劳。你现在将他下狱，恐怕不妥吧？

不料，刘彻的态度很坚决：话不能这么说。马邑合围确实是王恢提出来的，但是我们也动员了数十万兵力，最后徒劳无功，这责任他不担，谁来担？

他但凡有点责任意识，就应该拼死拖住匈奴，这样方能不负大家的期盼。可他却贪生怕死，裹足不进，白白丧失了大好机会。不严惩他，不足以向天下人谢罪！

说白了，马邑之围以失败收场，刘彻必然要面对朝中的汹汹之口。毕竟，当初大伙儿都不同意跟匈奴开战，只有刘彻一意孤行，动员全国数十万军队，耗费了无数物资，想搞一场伏击战。可结果呢？

大家陪你玩了这么久，结果还失败了，你刘彻怎么向天下人解释？

面对朝中大臣们的诘难，刘彻只能找个人背锅。而王恢在战场上的糟糕表现，注定这口锅只能由他来背。

谁让你在关键时刻趴窝了呢？

王恢无奈，在狱中自杀身亡。

平心而论，王恢罪不至死，毕竟，这一战的失败并非偶然。汉帝国想靠一场守株待兔式的军事冒险，解决汉匈两个民族数百年的宿怨，怎么可能？

更何况，像马邑之围这种大规模的伏击战，数十万大军同时调动，极易泄露机密，战场上也充满变数，失败的种子从一开始就已种下。

这之后，双方就算是彻底撕破脸皮了，匈奴开始肆无忌惮地骚扰汉朝边境。

汉朝在马邑之谋失败后，整整五年的时间里，没有再组织过大规模的反击。也就是说，随后的五年里，汉朝北方边境的百姓时刻活在恐惧之中，朝不保夕。

打通西南

转眼到了刘彻登基的第十一个年头。

这一年的新年伊始，朝堂上举行了一场讨论会，会议的议题只有一个：要不要对西南用兵？

这又是怎么回事？

事情的起因还得从几年前说起。

想当初，闽越国对南越国大打出手，南越国不扛揍，向汉朝发出了求救信号。出于维护地区稳定和平的愿望，刘彻派出大军，摆平了闽越国。

这之后，汉朝派出使者唐蒙出访南越，告知他们此次用兵的结果。意思很明显，我们帮你摆平了闽越国，你是不是得有所表示了？

有了老大给自己撑腰，南越国君非常高兴，特意拿出了一罐珍藏已久的枸杞酱请唐蒙品尝。唐蒙觉得口感很独特，问他们这枸杞酱是从何而来的？

南越人告诉他，是商人们从牂牁（zāng kē）江上运来的。

牂牁江？

对，就是城外那条大河。牂牁江与西江相通，从牂牁江出发，船只可以一直到达番禺城。

唐蒙回到长安，进一步向长安的蜀商打探枸杞酱的消息。蜀商告诉唐蒙，你说的这种枸杞酱，只有蜀郡能生产。蜀郡南边有一个国家叫夜郎国（今贵州西北部），夜郎国有一条江，江面很广，可以行船，很多商人偷偷把枸杞酱卖到夜郎国。南越国一直想吞并夜郎国，不过由于路途遥远，这个念头也只是想想而已。

综合以上信息，唐蒙得出一个结论：夜郎国与南越国必定有一条水路相通！

想到这里，唐蒙立即上书刘彻，提出了他的战略计划：

南越虽然名为汉朝的小弟，他出使南越时，南越王却当着他的面在仪仗中使用“黄屋左纛”，这是十分严重的违制行为，可见南越王只是表面上服从，内心并不认同汉朝。一旦南方有事，汉朝要想对南越用兵，只有从最南端的长沙郡出兵，翻山越岭与之交战，这种打法对我们很不利。

我听说夜郎国有精兵十万，如果我们控制了夜郎国，就可以沿着牂牁江顺流而下，出其不意，直抵南越首都番禺，那么南越指日可定。以汉帝国的强大和巴蜀两郡的富庶，打通一条通往夜郎国的道路，就很容易控制这一地区了。

经过一番激烈的内部讨论，刘彻最终认可了唐蒙的计划。

唐蒙被任命为中郎将，带领一个千余人的军事外交使团，踏上了前往夜郎国的路。虽然出访的使团只有千余人，可是一路上搬运粮秣辎重的脚夫民工却多达万人。为了打通西南的道路，刘彻可谓下了血本。

一行人费了九牛二虎之劲，翻山越岭，终于抵达了夜郎国。

夜郎国的老大叫多同，得知汉帝国派了外交使团来访，不敢怠慢，亲自接见唐蒙。

双方进行了深入友好的会谈，多同表示，夜郎国虽然和汉帝国山川阻隔，但自己早就想跟汉帝国加强沟通交流了。唐蒙表示，自己这一次出访，就是代表汉帝国政府加深与夜郎国的友谊。

不仅如此，唐蒙还带来了大量的金银帛物，把夜郎王的眼睛都看直了。

唐蒙趁机向夜郎王宣扬汉帝国的强大，并且表示，汉帝国将向夜郎国委派官吏，准备将夜郎国纳入汉朝管辖。

夜郎王脸上的笑容有点僵硬：这个……有点早了吧？

唐蒙说：不早，这么做也是为了促进两国关系进一步发展嘛！

夜郎王想了半天，也没找到合适的借口，只得说：要不这样吧，我让儿子当汉朝的官吧！

夜郎王的儿子当了汉朝的官，又从汉朝这儿得了一大笔财富。周边的小国见夜郎国捞到了好处，十分眼红，一个个都和唐蒙签了协议。反正这儿和汉帝国隔着崇山峻岭，山高皇帝远，汉朝根本管不了他们，这便宜不占白不占。

唐蒙很清楚这些小国心里在打什么主意。他返回长安后，向刘彻汇报了情况，开始部署下一步计划：修路！

很快，唐蒙征发了数万当地的民众，一场浩大的筑路工程在巴蜀境内开展起来。要知道，西南地区多是崇山峻岭，要想在这里修一条路，难度堪比登天。更要命的是，唐蒙对施工队的管理相当严苛，凡是干活时偷奸耍滑、开小差的，一律军法处置，这种高压做法让巴蜀两郡的百姓民怨沸腾，反抗声一浪高过一浪。

消息传到长安，刘彻很生气，他原本对唐蒙给予厚望，指望着唐蒙能够在西南开疆拓土，没想到这家伙把局面搞成了这样子！

既然唐蒙指望不上，那就换人！

这一次，刘彻选中了司马相如接替唐蒙的工作。

对于大文豪司马相如，想必大家已经很熟悉了，他最为人称道的是文学才华。不过，很多人不知道的是，司马相如在政治上的表现同样可圈可点。刘彻上位后，他担任郎官多年，各方面的能力都被刘彻所肯定，放个外任绝对没有问题。

更何况，司马相如是蜀郡成都人，对西南的情况必定了如指掌，让他去经营西南，再合适不过了。

为了平息民怨，刘彻派司马相如作为使者出使西南。

司马相如接手的是一个烫手的山芋，当务之急是传达天子的旨意，让百姓都知道唐蒙的所作所为并非皇帝授意，这样才能消除民众的恐慌情绪。

什么方式最有效？

当然是写文章了，这是他的特长。

司马相如拿起笔，写下了一篇《喻巴蜀檄》，一方面维护皇帝，斥责唐蒙；另一方面恩威并施，教育民众。

紧接着，司马相如又写了一篇《难蜀父老》。他以高屋建瓴的气势，不可辩驳的口吻说道："世有非常之人，然后有非常之事，有非常之事，然后有非常之功。"倘若巴蜀继续封闭保守，不与外界交往，不改变自己的风俗，那么巴蜀的发展与进步从何而来？

在司马相如的安抚下，蜀地百姓逐渐安定下来，筑路工程也得以继续推进下去。

一次出使，一篇文章，就让司马相如圆满地完成了任务。

后面的工作就顺利多了，先是夜郎国被纳入汉朝版图，紧接着，邛都国、筰都国、冉駹国这三个小国听说夜郎国与汉朝往来，得到不少好处，心中很是羡慕，纷纷表示愿意归附汉朝，接受中央政府的管辖。

这么大的事，司马相如不敢擅自做主，主动向刘彻汇报工作。

刘彻问他：你对西南的情况比较熟悉，你怎么看？

司马相如说：邛都国、筰都国、冉駹国与巴蜀两郡毗邻，交通便利。早在秦帝国时，政府就在那儿设立郡县，秦帝国灭亡后，那里脱离中原。如果现在重新并入中原版图，设立郡县，绝对是件好事。

刘彻正雄心勃勃地开疆拓土，于是任命司马相如为中郎将，带领使团出使西南各国。

这一次，司马相如以中郎将身份衣锦还乡，蜀郡的高级官员几乎全员出动，到城门口列队迎接。当地的富豪包括司马相如的岳父卓王孙，又是献牛，又是献酒，迎接司马相如。

司马相如的工作开展得很顺利，在与西南各国友好商谈后，他代表汉帝国政府与各国签订了友好合作协议，双方一致同意汉朝在此地设都尉一人、县级行政单位十余个，在行政区划上归蜀地管辖。这之后，汉朝在西南的领土得到了进一步扩张。

西南夷主动投靠汉朝做了附属国，主要原因是山高路远，汉朝的势力根本够不着他们。然而后来的事实证明，他们绝对低估了刘彻开疆拓土的决心。

为了打通西南的道路，汉朝继续征发民力，将四个郡的百姓全部投入到筑路工程中，不达目的决不罢休。

眼看着道路渐渐延伸到了自家地盘上，西南诸部坐不住了。当初我认你当皇帝，也就那么一说，想不到你来真的，把手伸到了我的地盘上，有没有搞错啊？

西南诸部纷纷闹独立，要跟汉朝断绝来往。

刘彻冷哼一声：小样儿，我中央政府的官印是那么好拿的吗？想赖皮，门儿都没有！

刘彻派出大军，专治各种不服，但是由于西南夷山高路远，部队行军艰难，所以这场平叛成效不大。

除了西南夷的叛变之外，筑路工程的推进也非常缓慢。我们都知道，西南地区山地和高原居多，遇山凿山，逢壑架桥，这条路修了好几年，仍然未能完工。

与此同时，朝廷内部反对的声音也逐渐兴起，其中反对最激烈的当属公孙弘。

公孙弘这个人，我在前面介绍过，他是薛县人，自幼家境贫寒，年轻时曾在薛县的监狱做过狱吏，后因为犯了错误被开除公职，最后只得靠在海边养猪为生。

眼看着自己迈入了油腻大叔的年纪，不甘平庸的公孙弘开始发愤读书，专心攻读《春秋》，很快成了一名学术大咖，深受乡人推崇。

六十岁这一年，公孙弘时来运转，被地方推选为贤良文学之士，在朝廷混了个博士。不过刘彻并不喜欢这个糟老头，他给公孙弘派了一个苦差事——出使匈奴。

可怜的公孙弘一介儒生，年纪又大了，怎么会和茹毛饮血的匈奴人打交道？结果差事果然办砸了，刘彻很不满意，公孙弘只好申请病退，回家养老去了。

六十多岁退了休，原以为自己一辈子也就这样了，但公孙弘的运气实在太好了。公元前 130 年，朝廷下诏征召贤良文学之士，七十岁的公孙弘再次被地方官推荐。

公孙弘不想再折腾，那长安城，老夫已经去过一回啦，差事没办好，你们还是选别人吧。

不想地方官选来选去，还是觉得公孙弘最合适。

公孙弘只得勉为其难，再一次向首都进发。

参加朝廷的策问考试时，对做官没抱希望的他把自己所想的全说了出来，希望皇帝能以德服众。主持策问的考官看了他的卷子，觉得这位考生太耿直了，什么都敢说，呈皇帝御览时特意把他的试卷放到了最后。

结果刘彻竟然很欣赏他的答卷，将他列为第一，并再次封他为博士。从此，公孙弘的仕途如鱼得水，短短数年，他就升迁为御史大夫，位居三公。

对于刘彻开辟道路以通西南夷，又在朝鲜设沧海郡，在北方建朔方郡等国策，公孙弘并不赞成，他说：西南夷、朝鲜和朔方对大汉都是没有用的地方。发展这些地方，而使大汉本土疲惫不堪，实在划不来，恳请陛下作罢。

刘彻说：朕不和你争，朱买臣，你来说说这些事的好处。

朱买臣就讲了兴建朔方郡的好处，连着说了十条，公孙弘一条都驳不倒。

结果，公孙弘对刘彻说：陛下，臣只是一个来自山东的鄙陋之人，不知道兴建朔方郡有这么多好处。既然如此，就请暂时放弃西南夷和沧海郡，把全部精力放在朔方郡的建设上吧！

这一步其实是以退为进，你说朔方郡好，那我们就专门兴建，其他两个停了好不好？

刘彻听了，也就不再坚持，在西南方向上有所收缩。

卫青的崛起

公元前 130 年。

这一年，沉寂多年的边疆忽然传来消息：匈奴骑兵大举入侵，百姓及牲畜被劫一空，急需朝廷支援！

刘彻看完奏报，脑子里就一个字：打！

他笃信，进攻是最好的防守。

这一年是马邑之谋后的第五年。想当初，马邑之谋功亏一篑，朝廷的主战派们心里都憋着一股火。这一次，他们终于可以扬眉吐气了！

部队很快被动员起来，只是在挑选将领时，刘彻颇费了一番心思。

刘彻首先想到了卫青，他目前担任太中大夫一职，掌管朝政议论。虽然卫青此前没有打过仗，但在刘彻看来，卫青此人善骑射，平日做事沉稳，有胆有谋，必定可以在战场上独当一面。

紧接着，刘彻又点了三个人的名字。

李广是沙场名将，也是匈奴人的老朋友了，此人打仗勇猛，让他出征是众望所归；

公孙贺是卫青的姐夫，早年也曾与匈奴死磕过，在马邑之围时曾统领一军，也是个可用之人；

公孙敖是卫青的铁哥们儿，曾营救过卫青，极有胆略，这样的人天生就适合上战场。

这一年夏季，刘彻派遣四路大军迎战匈奴。

第一兵团由卫青指挥，从上谷出发；

第二兵团由公孙敖指挥，从代郡出发；

第三兵团由公孙贺指挥，从云中出发；

第四兵团由李广指挥，从雁门出发。

每路兵团各有一万骑兵，没有统一的主帅，各军独立作战。

这一战，朝中大臣普遍看好与匈奴死磕多年的飞将军李广，普遍不看好靠外戚身份爬上去的毛头小伙子卫青。

说实话，刘彻的这份作战方略很糟糕。要知道，匈奴人此次入侵，必定是有备而来，人数定然不少，而刘彻不仅没有集结各路大军拧成一股绳，反而还分兵四路，每路只一万人，这更加剧了兵力上的不足。

刘彻为何会作这样的安排？原因也不难猜测，汉军根本摸不准匈奴骑兵的位置，只能出门撞大运了。

此时的李广已经身经百战，资格最老，名声最响亮，所以他并没有把其他三人放在眼里。大军出了雁门关后，一路上急驰轻进，寻求与匈奴决战，可是在外面绕了一大圈，连匈奴人的影子都没找见。

相比于汉军的两眼一抹黑，匈奴方面则显得胸有成竹。在匈奴人眼里，汉帝国只不过是一只温顺的小绵羊，偶尔发点小脾气。只要狼一瞪眼，根本无须发出长啸，刚才还有点小脾气的绵羊，立马就乖乖趴在脚边。所以当得知四路大军前来，匈奴人的第一反应是，小羊这次发的脾气还挺大，居然不怕瞪眼了。

匈奴人的计划是，集中优势兵力歼灭李广、公孙敖两路主力。

很快，李广就遭遇匈奴人的主力部队，滚滚的马蹄卷起漫天的飞尘，向汉军压了过来。此时汉军远离大本营，外无援兵，实力悬殊。

所有的汉骑兵都傻眼了，脸色发青。怎么办？怎么办？

李广一咬牙，事已至此，没什么好说的，只有拼命了！

一番厮杀后，汉军损失惨重，几乎全军覆没。李广在战斗中负了伤，体力难支，难以突围，最终被匈奴人擒获。

对于这位素有威名的对手，匈奴人还是很尊重的，他们将昏迷的李广放在网兜里，架在两匹马中间，准备将他带回匈奴大营。

半路上，李广醒了过来，发觉自己被俘了，心中有些失望。没能死在战场上，这是他最大的遗憾，如果落到了敌人手中，自己的一世英名岂不是要毁了？

不行，一定要逃出去！

李广略微活动了下身子，感觉自己的伤势并不重。在恢复了一点体力后，趁着旁边的匈奴人放松警惕的当儿，李广突然一跃而起，把一个匈奴人推下马去，抢了马匹后掉头狂奔。

匈奴人很快反应过来，派一队骑兵玩命追赶。从草原穿越戈壁，这是一场意志的追逐赛，长距离的奔逃，使得李广饥肠辘辘、口干唇燥，然而他依然骑在马背上，力挽强弓，击退追兵。

生存本能支撑着李广死地求生。

凭借着勇气、耐力、精湛的骑术，李广穿越蛮荒之地，单骑返回了汉军大本营。

就在李广兵败的同时，公孙敖也遭遇了匈奴人的围攻，大败而归，一万骑兵最后只剩下不到两千人。

公孙贺这一路大军在草原上逛了一圈，没有遇到匈奴的军队，只好空着手回到了大本营。

三路大军，要么惨败，要么无功而返，只剩下卫青统领的这一路大军了。他能否为汉军赢回一丝颜面呢?

卫青带着一万人马出了上谷，部队一路北上，没有遇到任何匈奴人，放眼望去，只有刺眼的阳光和满目的荒凉。视野之内皆是黄沙，阵阵热浪袭来，许多人体力近乎透支。

经过连续几日的行军，官兵早已饥渴难耐，要不要继续走下去？如果返回，自己势必是徒劳无功，皇帝那边怎么交代?

卫青拿出地图，沉思良久，最终下定决心：去龙城！

龙城位于今天的鄂尔浑河西侧的和硕柴达木湖附近，这里是匈奴人祭拜天地祖宗的地方。每年五月份，匈奴人会聚集于此，举行盛大的集会，祭祀祖先、天地、鬼神。

长城关外，连绵的大山边缘，茫茫大漠一望无际。秋风猎猎，乌云翻滚，枯草不堪劲风，发出嘶哑的哀鸣。

一队汉军骑兵正在大漠中狂奔。

领头的正是卫青，自己练习了这么多年的骑射，朝思暮想了十年，而今终于得偿所愿。

从上谷郡到龙城的距离，直线距离一千二百公里！

是的，你没有看错，卫青带着他的一万人的队伍，长途跋涉，穿越了整个腾格里沙漠和蒙古高原！

龙城内，留守的匈奴人并不多，眼下不是祭祀的时节，大部分青壮年都出去打仗了。当他们听到马蹄声，看到远处出现一支骑兵的时候，大部分人都没有戒备。毕竟在他们看来，龙城距离汉匈边境有数千里之远，不可能有敌人的。可等对面的骑兵越来越近时，他们才察觉到一丝不对劲。

驻守龙城的匈奴人眯着眼，努力地瞄着迎面奔腾而来的骑兵。

良久，他醒悟了什么，面带骇然之色：汉军！汉军！

这一声大呼，让所有人大吃一惊，这里竟会有汉军，这可是破天荒的事，龙城从来没有出现过汉军，从来没有！

呼啦啦的汉军铁骑已如旋风而至。卫青毫不犹豫，张弓、搭箭，眼眸里掠过一丝寒星。

箭矢如流星一般飞出，对面的一个匈奴人应声倒地。

座下的战马扬蹄而起，叩击着与黄土相映的草地。

身后无数铁骑纷纷张弓射箭，箭矢瞬间如雨下，一窝蜂地射向匈奴人。漫天的箭雨，足足有上千支之多，瞬间，数十上百人哀号着落马。

一轮箭雨过后，卫青舍下弓箭，抽出长刀，自喉咙里发出了一声暴喝：

杀！

身后呼啸的汉军铁骑扬起漫天的尘土，刀锋扬起，在烈日之下熠熠生辉。数不尽的人和马，浑身热汗腾腾，各自发出咆哮，朝着匈奴人冲杀而去。

一番厮杀后，匈奴人狼狈逃窜，汉军大获全胜。

龙城一战，汉军斩杀匈奴七百人，这是四路大军出征的唯一战果。

卫青一战成名！

唐朝著名的边塞诗人王昌龄有一首诗是写李广的：

秦时明月汉时关，
万里长征人未还。
但使龙城飞将在，
不教胡马度阴山。

其实，龙城一战跟李广没有什么关系，这份功劳是卫青的。古代文人有个通病，总是同情弱者和失败者，李广命运不好，老是打不赢，出于同情，王大诗人就把卫青的成名战转嫁给了李广。

与卫青的风光相比，李广则显得无比落寞。他和公孙敖因兵败，交由军法审判，最终被判处斩刑。不过不要紧张，根据汉朝的法律，只要交一笔赎金，就可以免除死刑。李广与公孙敖交了一笔赎金，免了死刑，卷铺盖回了家。

回了老家的李广一腔郁闷无处发泄，只能在打猎中寻找战场的感觉。

有一次，李广打完猎回家时，天色早已昏暗，途中突然发现前方有一只斑斓猛虎伏在草丛中。李广大惊，条件反射似的弯弓搭箭朝老虎射去。不料一箭射出，老虎却纹丝不动，次日，李广上前查看，这才发现不是什么猛虎，而是一块大青石。一支羽箭竟深深地插入石头当中，拔也拔不出来。

这一幕让李广感觉有些不可思议，他不相信自己有这么大的力气，于是想再试一试。可是，一连几箭都没有射进去。

这个故事有点夸张。一般来说，一支羽箭是不太可能射进石头中的，除非正好插到了石头缝里。司马迁特意将这个故事写在《史记》中，我们姑且就信了吧！

唐朝有个叫卢纶的诗人，在读到这个故事时，诗兴大发，挥笔写下了一首诗：

林暗草惊风，将军夜引弓。
平明寻白羽，没在石棱中。

李广虽然长期在一线工作，在匈奴人中名声很响，不过他的缺点同样也很突出，那就是气量狭小，睚眦必报。

有一次，李广和朋友出门喝酒，回来时已经是大半夜了，霸陵的城门早已关闭。李广要进城，霸陵尉问他姓甚名谁，李广大大咧咧地回答：我乃前任李将军是也！

不料，霸陵尉是个坚守原则的人，一听外面的人是李广，根本不给他这个面子，张口就说：现任将军也得遵规守纪，何况还是个前任将军！

这话就比较扎心了。

李广那颗敏感的玻璃心瞬间碎了一地，自己戎马生涯几十载，想不到到头来却被一个看门的侮辱了！

小子，你给我等着，老子迟早剁了你！

憋屈的李广只得在城外过了一宿，第二天天亮才得以入城。

话题回到卫青身上。

卫青因在战场上表现突出，被提拔为关内侯。

这种封赏并不为过。要知道，从当年的白登山之围后的七十年里，汉帝国在对匈奴的战争中一直没有占到过便宜。

龙城之战是自汉初以来，汉军对战匈奴的首次胜利，树立了汉帝国对外战争的信心。经此一战，大伙儿才醒悟过来，原来匈奴并非不可战胜，这为大汉的进一步反击打下了良好的基础。

对于卫青而言，这一战的意义同样深远。

从当年被人随意呼来喝去的奴隶，再到如今万众瞩目的将军，卫青完成了自己人生的蜕变。

为了这一天，他等待了太久！

匈奴人的报复来得很快。一年多后，匈奴人经过短暂的休整，再次南下！

边关告急！朝廷派出韩安国领兵抵御匈奴，不料韩安国在前线的表现很差劲，被匈奴人包围，以致损兵折将。

刘彻勃然大怒，派出使者问责于韩安国：仗打成了这个样子，你到底干什么吃的？一纸调令将他发配到了右北平。要知道，这里的右北平可不是北京，而是今天的内蒙古宁城县西南。

韩安国抑郁了。

本来还指望着有机会能调回京城，结果皇帝来了这么一下子，这辈子是甭指望了。

遭此挫折，韩安国郁郁寡欢，没过多久就抑郁成疾，一病不起。

韩安国下课了，前线的工作还得有人主持。选谁好呢？

刘彻挑来挑去，想起了一个人：李广。

远在家乡闲居的李广盼星星盼月亮，终于盼来了皇帝的调令，让他即刻上任，接手韩安国的工作。

李广终于等来了出头之日，出门都是鼻孔朝天，就差横着走路了。就在所有人期待李广在战场上再创辉煌时，他却做了一件让人大跌眼镜的事：派人将当年那个霸陵尉找来，然后一刀砍了了事！

不得不说，李广这事儿做得确实不地道，充分暴露了他狭隘自私的本性。不过眼下，朝廷正是用人之际，也不好深究，只好睁一只眼闭一只眼。

史书记载，自从李广到了右北平，匈奴人出门都绕着走，再也不敢到李广的地盘上打秋风。

其实，如果仔细分析当时的局势，不难看出，所谓的匈奴人不敢到右北平闹事，不是因为李广有多厉害，而是有卫青在前面顶着。换句话说，匈奴人怕的不是李广，而是卫青！

太史公显然是李广的超级粉丝，处处维护李广。他写李广的时候浓墨重彩，而写卫青的时候轻描淡写，卫青怎么作战，怎么取胜，一概很简略，不免让人遗憾。

就在李广到右北平上任前后，卫青也没闲着，他率大军两次出击匈奴，继续跟匈奴人死磕。

第一次出击，是在元朔元年（公元前 128 年）的春天。汉军兵分两路，一路由卫青统率，从雁门出击；另一路由李息统率，从代郡出击。

李息这个人在战场上没怎么露过面，是个新手。和公孙贺一样，李息带着部队在大漠中晃了一圈儿，没有找到匈奴人的部队，空手而归。

另一边，卫青带着三万人马出了雁门，深入匈奴，斩数千首级而还，取得了一个响当当的胜利。不过很可惜，这一战具体怎么打的，司马迁在《史记》中压根儿就没提。

第二次出击，是在元朔二年。这一年，匈奴再次入侵上谷、渔阳二郡，也就是今天的张家口和北京密云一带，杀死、掠走边民千余人。

很明显，这是一次报复行为！

面对匈奴人的步步紧逼，刘彻再次召见了卫青，商讨出兵一事。汉军前几次出击，虽然略有小胜，但并没有对匈奴人造成实质性伤害。在刘彻看来，匈奴人就像野草一样，野火烧不尽，春风吹又生，只有以战促谈，才能换来长久的和平。

只是，如何才能打疼匈奴人呢？

眼下，匈奴人把进攻重心完全放在了东线战场，一旦自己这边派出援军，匈奴人势必又要远遁无踪了，这种打法实在过于被动。

刘彻看着面前铺开的地图，目光沿着首都长安城一路北上，落到了河南地。

有人要问了：什么是河南地？

随便打开一幅中国地图，不难发现，黄河发源于青海三江源，经四川、甘肃进入宁夏，而后折向北，在内蒙古境内改为向东流，到内蒙古包头、呼市托克托县一带又改向南流，直至山西境内，这段黄河呈“几”字形，好像一个套子。在当时，黄河“几”字形内的地区称“河南地”，也有称“河间”。

俗话说“黄河百害，唯富一套”。河套地区包括宁夏古、内蒙古、陕西、山西的部分地区，东西两千里，河水平缓，草木丰美，土地肥沃，无论是种地还是放羊，都是绝佳之地。

河南地在战国时代长期被诸胡控制。秦灭六国后，蒙恬带着三十万虎狼之师将匈奴赶出了河南地，并在河南地的南边从东到西设置了上郡、北地郡与陇西郡。

秦朝灭亡之际，趁着中原乱成一锅粥，冒顿单于夺回了河南地，让匈奴重得挺进关中的跳板。

眼下，这块水草丰美的地方属于白羊部落和楼烦部落，而这两个部落又当了匈奴的手下，一直以来都是汉朝的心腹之患。

要知道，河南地距离首都长安非常近，景帝时，老上单于便是从河南地突进中原，兵锋直至离长安城八十里的甘泉，威胁帝国的心脏。

如果能够拔掉这颗钉子，匈奴将损失数千里牧场，综合实力大大下降。而汉朝不仅能得到肥沃的河套平原，还能扩大首都圈的防御纵深，帝国君臣晚上睡觉也会踏实很多。

面对刘彻期盼的目光，卫青没有片刻犹豫，他率领数万精兵，即刻启程！

卫青先是一路北上，至雁门击败匈奴，斩首数千，使得匈奴的攻势受到极大遏制。吃了败仗后，单于大怒，派出左贤王部死磕汉朝东北部的上谷、渔阳二郡，狠狠地抢了一票。

卫青则带着四万精兵从云中郡西出，一路打到高阙要塞，也就是今天的内蒙古航棉后旗西北，然后南渡黄河，完成了对河套地区的包围。

面对从天而降的汉军部队，楼烦部和白羊部蒙了，不是说汉军正在东北方向跟匈奴单于死磕吗？怎么一眨眼的工夫就出现在了这里？这不科学啊！

卫青抽出长刀直指天际，一声号令，千军万马亮出刀剑，齐声怒吼奔涌而来。

楼烦部和白羊部没想到汉军会冲锋得如此果决，顷刻间就像被洪水冲垮的墙屋，轰然倒塌。断气的和没有断气的在这群人马的铁蹄之下，都变成了一团肉糜，只留下一条血路。

两个部落的人开始慌乱，争相匍匐着逃命。

汉军初战告捷，斩杀敌军五千人，还俘获了牲畜百余万头。

白羊王与楼烦王被卫青打得毫无还手之力，大量车辎畜产被夺，只得带着残部逃出河南地。卫青以精锐之师，将汉匈边境北推到了阴山山脉。

消息传到长安，刘彻激动得彻夜难眠。自汉朝开国以来，汉军对匈奴从来没有取得过如此辉煌的胜利！

如此大功，一定要重赏！

刘彻大手一挥，封卫青为长平侯，追随卫青出征的将领也沾了光，苏建被封为平陵侯，张次公被封为岸头侯。

不知李广得知这个消息后会作何感想？他在前线与匈奴死磕了这么多年，结果到死也没封侯，反倒是其他人跟着卫青和霍去病，凭借着战功一个个封了侯，只能说时也命也！

河南地并入了汉帝国的版图。不过，很快刘彻就遇到了一个难题：如何将河南地牢牢掌控在自己手里？

毕竟，河南地离汉帝国的边疆重镇有点远，如果要派重兵屯守，军队的给养补充是个大问题。

第四章　汉武雄风

阳谋推恩令

就在刘彻举棋不定的时候，一个叫主父偃的人出场了。

他告诉刘彻，河南地北面有黄河作为天堑，是阻挡匈奴骑兵的天然屏障，这块地盘绝不能丢。眼下唯一的办法，就是在河套平原上修筑朔方城，打造一个军事重镇。

至于粮食供应问题，朝廷应该招募十万人，移民朔方郡，以开发这片未被开垦的处女地。

主父偃的意见遭到了众人的一致反对，御史大夫公孙弘就是反对派的代表。在他看来，要在僻远的边关建立军事重镇，需要花费巨大的人力和物力，这么做得不偿失。

反对的声音很强烈，刘彻却力排众议，力挺主父偃。

为了营建朔方城，刘彻下了血本，他搞了全国总动员，搬出国库里的钱粮物资，组织民工成立了规模庞大的运输队，将物资源源不断地送往千里之外的边关。

两年后，一座崭新的巨大城堡矗立在河套平原上，天空残阳如血，晚霞延绵千里。万里苍穹之下的朔方城，在深秋的残阳晚霞映照中、凄美里透露着苍凉。这座城从此成为匈奴人永远的噩梦。

话题扯回来，主父偃到底是什么人呢？

主父偃是齐国临淄人，家庭出身一般，属于寒门学子。早年学习纵横术，想成为苏秦、张仪一样的人物，也许是成绩不够突出，也许是齐地盛行儒学，反正主父偃在当地没有混开。

为了混口饭，主父偃又改行学习《易经》《春秋》等诸子百家学说。很快，主父偃再次出山了，不过现实依然很残酷，那些儒生们还是看不起他，合伙排挤他。

在很多人看来，主父偃换专业，一是学儒目的不纯，二是随意改志，没有骨气。

主父偃碰了一鼻子灰，真是欲哭无泪。眼看着钱包一天天消瘦下去，主父偃的物质食粮开始断档，只得到处向人借钱，到后来没有一个人愿意慷慨解囊帮他一把。

混到这个地步，也是没谁了。

被人蔑视、排挤，这就是主父偃的成长经历。

此处不留爷，自有留爷处。孤立无援的主父偃决定出门闯荡，他到北方的燕、赵、中山等诸侯国一边学习，一边周游，宣扬他的学说，不过还是没人理他。

史书记载，主父偃在外面混了几十年，结果处处碰壁，越混越惨，甚至到了亲戚朋友都不愿与他打交道的地步。

冰冷的现实与远大的抱负形成了强烈的反差，正所谓“理想很丰满，现实很骨感”。

时间一晃，主父偃已经四十岁了。不管他愿意不愿意，中年也如约而至，当年意气风发的少年，如今已成了油腻大叔。

主父偃深感时不我待，若长此下去，这一辈子就完了。

他只好收拾悲伤，重新打点行囊。这一次，他的目的地是帝国首都：长安。

元光元年（公元前 134 年），主父偃来到长安，投到了大将军卫青门下。卫青很欣赏他的才干，好几次向刘彻举荐。

不过很遗憾，刘彻对这个人并没有什么兴趣。

在长安待久了，主父偃所带的盘缠渐渐用光了，他再次挨个登门拜访京城的王公贵族，推销自己的主张，却处处碰壁，没有人愿意拿正眼瞧他。

眼见长安之行又是无功而返，主父偃心有不甘，决定再博一下。

主父偃最后决定直接给皇帝上书，阐述自己关于治国理政的思想。在这份奏章中，主父偃罗列了九件事情，其中八件谈的是帝国法律，另一件是谏伐匈奴。其中八条都被刘彻采纳，只有反对与匈奴开战的建议没有被接受。不过，司马迁却全文记录了这条没有被接受的建议，对于另外八条一个字都没提。

其中意味，不言自明。

按照《史记》的记载，主父偃一大早将上书投递入宫，结果晚上刘彻就召见了他，同时被召见的还有另外两个上书的人。

刘彻见到这三个人后，对他们非常器重，当然最受器重的是主父偃。

不仅如此，刘彻还给他封了个郎中的官职。

尝到了甜头的主父偃认为上书是他实现梦想的途径，于是隔三岔五就给皇帝上书。由于他分析问题总能切中时弊，因此很得刘彻欢心。

主父偃的春天来了，他终于等到了出人头地的机会。一年之内，主父偃的官阶连跳四级，这在当时的汉帝国是绝无仅有的！

主父偃本人确实有能力，他为汉帝国至少献上了三条百年大计，其中第一条就是营建朔方郡，第二条是“推恩令”。

所谓“推恩令”，其实就是将皇恩推广到诸侯王下一代的每个人，让大家都能沐浴皇恩。

关于地方同姓诸侯王坐大的问题，一直以来就是汉帝国的顽疾，令每一代皇帝头疼不已。一方面，分封宗室是大多数皇帝非常乐意做的事，他们相信凭借着血浓于水的关系，得到了好处的宗亲们一定会誓死保卫自家江山。

可另一方面，藩王割据却又成为皇帝内心挥之不去的阴影。如果处理得当，天下自然太平；否则，兵戎相见，生灵涂炭，甚至王朝被颠覆。从汉文帝开始，同姓诸侯王时时威胁着中央的统治，景帝朝发生的“七国之乱”就是一个活生生的例子。

想当初，贾谊和晁错就曾提出过削藩策，晁错打算利用中央的经济和军力优势，公开削减各个诸侯王的领地与权力。各位王爷们发现，今日割五城，明日割十城，何时是个头？结果吴王刘濞一招呼，几个王爷就反了，差一点让汉景帝垮台。

与“鹰派”晁错的削藩策不同，“鸽派”主父偃的推恩令则高明很多。有多高明？我们接着往下看。

主父偃分析了当时同姓诸侯王分布的政治格局：古时候的诸侯，土地不过百里，自然好管。当今之诸侯，动辄坐拥数十城，地方千里。平时在自己那里做土皇帝，一不高兴了，还会起事造反。因此，万万不能对他们姑息纵容！

如此左右为难的困境，刘彻又岂会不知？只是一直苦于没有稳妥的良策而已，于是问他：你有何良策？

主父偃说：前朝也发生过类似的问题，结果由于晁错举措不当，引发了七国之乱。如今各诸侯国均为长子继位，其他儿子一点土地也分不到，这明显不符合仁义之道啊！

如果陛下能让每个诸侯王的儿子都能得到封地，将这份恩泽推广下去，这样一来，蛋糕越分越小，而且人一多，也就无法形成统一的意见，便再也无法跟中央对抗了。

这个主意棒！

公元前127年，刘彻欣然采纳主父偃的建议，正式颁布《推恩令》。

看着领土在无形中被蚕食，地方上的王爷们犹如哑巴吃黄连，有苦说不出。本来还指望着多生几个儿子，多占点朝廷的便宜呢，结果便宜没捞着，自己的地盘反倒被分割成了七八块，向谁说理去？

一旦地盘被分割，那些王侯子弟们再想拧成一股绳便不容易了，因为人心是很难约束和强迫的，对于那些得了土地和财力的人来说，也有了更多自主做选择的权力。

悬挂在诸侯头上的达摩克利斯之剑终于落了下来，与上一次引发“七国之乱”不同，这一次，地方上的王爷们虽然内心很痛苦，但没有一个人跳出来表示抗议。

谁都能看出刘彻法令的真实目的，换句话说，这是赤裸裸的阳谋！可结果是，没有人敢站出来反对。

这又是为何？

这就得感谢汉景帝了。说白了，这是中央和地方势力此消彼长的结果。

汉景帝时，当时最具实力的诸侯，除了带头作乱的吴国外，还有一个就是梁王。一场战争打下来，所有的诸侯国被大洗牌，收回了诸多权力，势力大不如前。甚至出现了刘彻登基之初，诸侯王进京向刘彻诉苦，他们被朝臣欺凌的情况。

从七国之乱后开始，中央就逐步派遣流官到地方任职。他们取代了原本的诸侯王和地方代表，成为地方封国里的实际管理者和控制人。所以，刘彻要搞推恩令，几乎没有遇到任何阻力。

其实，刘彻敢于宣布推恩令，就是吃准了当时的诸侯们已经不敢、也无力反抗，他有足够的底气应对所能预知到的意外之变。

主父偃成了皇帝身边的红人，大臣们争相向他行贿，想给他当马仔的人可以排到长安城东门外。有人提醒他，做人不要太贪心，得学会适可而止。

主父偃却不以为然：我游学四十多年，一直都不得志，父母嫌弃我，社会不接纳我，学术界抛弃我，穷困潦倒的日子我过够了！大丈夫在世就要图个舒畅，生不能五鼎食，死也要五鼎烹！为达目的，我只能倒行逆施了！

一句话，好不容易发达了，你还让我抠抠搜搜过日子？开玩笑！

除了收受贿赂，主父偃还干了两件事，准确说，是办了两起大案：一起是燕王乱伦案，另一起是齐王乱伦案。

先说燕王刘定国。

这哥们儿品行比较差，在当地臭名昭著。他先是霸占了父亲的小妾，生了一个儿子，接着又把弟弟的媳妇强行抢来，最后甚至发展到与自己的三个女儿乱伦。

遇上这种禽兽不如的公子哥，百姓们只能自认倒霉。有一个叫郢人的县令就曾告发过刘定国，可惜被刘定国压下来了，郢人也被诬陷致死。后来，郢人的弟弟通过各种渠道，将燕王的犯罪证据交到了主父偃手里。

主父偃主动请缨，获准受理此案。经过一番调查，他将案子做成了铁案后向刘彻呈报。刘彻一看，自己家出了这么个混帐玩意儿，丢人啊，下令处死。

燕王估计也知道自己的那些龌龊事儿兜不住了，索性自杀了事。

收拾完燕王，主父偃再次上书刘彻，揭发齐王生活不检点。刘彻任命他为齐相，前去齐国查验案情。

再次回到故乡，主父偃的内心颇为复杂。想当年，自己在家孤苦伶仃，亲戚朋友无一人肯照应自己，不得不外出闯荡。如今衣锦还乡，不知那些亲戚朋友还记得自己否？

他发了很多请柬，把自己的七大姑八大姨老相识老朋友都请来，摆了一桌席，好好地吃了一顿。酒足饭饱，主父偃还拿出钱来，给每人包了五百金的大红包。

大伙儿甭提有多乐了，一个个开始吹嘘，当年我就看出来了，这主父偃将来必定是大富大贵之人，如今应验了吧？

看着众人围过来给自己戴高帽，主父偃却突然拉下脸来，说了一番话：

想当年，我穷困潦倒的时候，兄弟不接济衣食，朋友不让我进门；现在我发达了，当上了齐相，你们上赶子认亲戚，真是好一副小人嘴脸！

这话一出，场面瞬间安静了，大伙儿有点蒙：什么意思啊？

主父偃一甩袖子：我正式宣布，从今日起，我与诸君绝交，今后你们不要再入我家的大门！

尴尬，大写的尴尬！

大伙儿原以为能跟着主父偃有肉吃呢，结果没想到，反倒被他狠狠地羞辱了，丢人啊！

主父偃虽然出了一口气，但他的这种做法把所有人都得罪了。不仅如此，他还决定把齐王也搞下台，理由也是现成的：乱伦！

齐王的原配夫人叫纪氏，是文王母亲纪太后娘家的闺女。纪太后为了巩固自家的权势，推掉了与皇太后王娡的庶女金娥的联姻，费尽心思搞了个亲上加亲的婚姻。只可惜，政治婚姻基本上无法长久，齐王不喜欢纪氏，结婚后一直让她独守空房，反而经常往姐姐家跑。

一开始，大伙儿也没留意，只当是姐弟情深，可时间长了，就有流言传出，说是齐王跟他的姐姐好上了！

谣言传得满城风雨，反倒帮了主父偃一个大忙。

说起来，主父偃与齐王的恩怨由来已久。

想当初，皇太后王娡想和齐王联姻，主父偃得知消息后也动了心思，他找到在齐国出差的宦官，请他帮个忙：若是皇太后的事说成了，你也帮我美言两句，就说我女儿也愿意嫁给齐王，给他当个小老婆。

不料，齐国纪太后没脑子，连皇太后的面子也不给，还说：主父偃是什么东西，也配把女儿嫁到我家！

这下梁子结大了。

主父偃觉得面子丢大了，决心让齐王尝尝他的手段。他找到刘彻说：我本是齐国人，那地方可是富得流油，齐国的都城临淄人口众多、贸易发达，一天的税额就达上千金。况且这个齐国可是有前科的，在吕后的时候就曾发生过叛乱。吴楚七国之乱时，齐孝王也蠢蠢欲动，这么一个富庶的地方可不能掉以轻心，现在又出了乱伦之事，是到了该清查整顿的时候了！

刘彻一听有道理，就派主父偃到齐国去做国相，查查齐国的老底。

主父偃一到齐国，就开始搜集齐王乱伦的证据。为了将这案子做成铁案，主父偃抓捕了齐王的不少近臣，隔离审查，大搞刑讯逼供，将所有证词都指向齐王刘次昌，并且还故意透漏风声。

齐王慌了，这事儿本就闹得满城风雨，一旦主父偃将案子报上去，依照皇帝的性子，自己还能活命吗？燕王就是前车之鉴啊！

齐王走投无路，最终喝药自杀。朝廷最后给他定了个厉王的谥号，基本上否定了齐王。

齐王死后，朝廷顺利地接管了齐国，按老规矩，改为郡县。

接连两个王爷落马，其他诸侯王们都慌了，谁家没点破事？万一主父偃继续查下去，查到自己身上咋办？这日子还能过吗？

赵王刘彭祖反应最激烈，既然横竖都是死，何不赌一把？

他决定拼死也要啃一啃主父偃这块硬骨头。

这里插一句，这个刘彭祖可不像其他草包王爷，他是诸侯王中出了名的阴谋家，擅长诡辩及玩弄法律，为人两面三刀，表面一套，背后一套。

刘彭祖整人的办法很高明，他最擅长给别人挖坑。每当朝廷给赵国派遣高级官员时，刘彭祖便穿着黑布衣扮为奴仆，亲自出迎，主动打扫卫生，然后在聊天中故意挖坑。

这些官员们又不认识刘彭祖，只当他是个小厮，哪里会想到，每天跟在自己身边的仆人竟然就是赵王？他们回到住处，自然就会放松警惕。就算有的人警惕性强，刘彭祖也会各种挖坑，引诱这些人说一些禁忌的话，然后自己悄悄拿小本本记下来。

等到证据都搜集到了，刘彭祖就会亮出自己的身份，当这些官员跟自己过不去，他就拿出记的黑账来要挟，并以作奸犯法图谋私利之事诬陷对方。

靠着这种手段，刘彭祖在自己的地盘上当了五十多年的太平王爷，高级官员没有一个能混两年以上的，经常因罪去位，情节严重的被处死，情节较轻的判刑。

可如今，主父偃的出现，让他感到了一种压力。

问题在于，主父偃是皇帝身边的红人，怎么才能将他拉下马呢？

刘彭祖的办法是：写检举信！

这封检举信写得很有水平，其中列了主父偃的两条罪状，一是收受巨额贿赂，二是草菅人命逼死齐王。

这封信送到长安时，齐王的死讯也正好传到长安。两件事一叠加，产生了额外的效果。刘彻很生气，他认定齐王是被主父偃逼迫自杀的。让你去齐国，是敲打敲打齐王，没让你弄死人啊！你这显然是用力过猛啊！

刘彻只得将主父偃召回，关在监狱里。

面对调查人员，主父偃表示，受贿，我承认，但是离间刘氏皇宗骨肉，逼死齐王，我打死都不认。

刘彻在冷静了一段时间后，也觉得事情或许没这么简单。他再次派人到齐国调查齐王死亡一案。调查组最后的结论是：齐王不是被主父偃逼死的，而是畏罪自杀。

刘彻开始有些动摇了，主父偃虽然贪财，可办事还算利索，也颇得自己的信赖，要不要放他一条生路？

就在刘彻犹豫的当儿，主管司法的最高官员、御史大夫公孙弘站出来，临门一脚，将主父偃踹入了万劫不复的深渊。

他对刘彻说：齐王自杀，没有后代继承，封国改为郡，领地归属朝廷。这杀人灭国之事，主父偃是首恶，陛下不诛主父偃，无以谢天下！

这句话太狠了，这“天下”在哪儿？不是普通百姓，是远在千里之外的王爷们。为了收回封地，朝廷故意逼死了诸侯王，这锅必须有一个人来背。如果主父偃不背，那就只能你刘彻来背！

你看着办吧！

刘彻无奈，只得弃车保帅，同意诛杀主父偃。

其实，主父偃走到这般境地，也有他自己的原因。自从步入仕途后，他大肆贪污受贿，授人以柄，还把同事关系搞得很糟糕。最终，当他落了难后，不但没有人替他说好话，反而被人狠狠踩了一脚。

由于主父偃平日人缘混得实在太差，他死后，尸首在大街上晒了好几天，无人来为他收尸。最后，他过去的一个门客看不过去，将主父偃收殓埋葬，其仗义之举赢得世人称颂。

最后一个游侠

推恩令下发后，各地的王爷们虽然元气大伤，但他们毕竟在地方上盘踞多年，不少人与地方豪强或多或少有些利益关系。这些豪强的能量可不一般，他们本就横行一方，本身实力已不亚于一方诸侯，若再与诸侯联手，便会形成控制地方政治甚至威胁中央的存在。

主父偃在世时给刘彻出了个主意：那些地方豪强在本地能量不小，将来绝对是一个隐患。臣认为，不如将他们迁到茂陵，这样一来充实了关中的人口，二来，他们离开了自己的地盘，便不能再与地方诸侯勾结，天下必然安定祥和，何乐而不为？

茂陵，是刘彻为自己建的陵墓。

刘彻十六岁登基，第二年就开始为自己修建陵墓。

关于茂陵的选址，有这么一种说法。有一次，刘彻外出打猎，路过茂陵时，发现了一只长得非常像麒麟的动物，还有一棵长生果树。刘彻由此认定这里是一块风水宝地，于是下诏每年将全国三分之一赋税用于修建陵墓。因此地为茂乡，故称“茂陵”。

汉朝的皇帝们有一个传统，即位以后就开始修建自己的陵墓，并在陵园旁划地，迁徙一批居民到陵墓附近。

刘彻采纳了主父偃的建议。不久之后，他命人拟定了迁徙名单，下令全国资产在三百万以上的富豪都要迁到茂陵聚居。

明眼人都看出来了，这是刘彻上台后，第一次在全国范围内搞的除恶行动。

这则行政令在全国引发了不小的风波。要知道，资产在三百万以上的富豪，在自己的地盘上深耕多年，或多或少都有些关系。离开自己的地盘，那就意味着重新开始，谁都不愿意去。不少人开始频繁与政府官员接触，想将自己的名字从名单上划掉。

可问题在于，这是皇帝亲自签发的行政令，各级地方官只能执行，没有讨价还价的余地。谁要是有异议，朝廷分分钟把你打倒。

然而，就在这种高压之下，还是有人把关系托到了中央。

这天上朝时，大将军卫青找到刘彻，向他求个人情：河南人郭解家贫，不够标准，可不可以不迁？

刘彻有些讶异：一个普通百姓竟然要大将军亲自为他求情，看来这人能量不小啊，此人非迁不可！

那么问题来了：郭解是谁？

如果用一个字来形容他，那就是：侠！

有一种独特的生命美学，断剑残阳，深藏功名，令人遐想神往，这就是侠。

在中国历史上，侠是一种很独特的存在，他们来自各个阶层，各操生业，不是以亲缘、地缘为基础的，也不是以经济利益作为结交理由的。他们仅仅是基于共同的理想，彼此吸引，投入情感，又靠着侠义精神维持的一群人。他们的影响遍布社会各个阶层，《史记》和《汉书》中，有游侠、豪侠、节侠、气侠、轻侠、伉侠等。

史学家吕思勉说，好文为游士，尚武为游侠。

但其实，尚武只能说明游侠崇尚武力，不代表他们一定会武功。司马迁在《史记》中一再强调，游侠只是一种行为模式，与武艺高低没有关系。他说：这些游侠，虽然行事不符合国家的法律，但是他们言必行，行必果，舍身解救困厄，然后隐姓埋名，不肯夸耀自己的能力和品德。

侠兴起于战国，思想上多少受墨家学派的影响，贯穿千年，几经变迁，传承不绝。墨派人物为了推行其主张，皆能赴汤蹈火，不避艰危，故有“墨侠”之称。从某一种意义上讲，侠跟儒家所说的君子几乎没什么差别，只不过一个从文，一个从武。

不过，在统治者眼里，侠是法律和规则的破坏者，是难以控制的流民，对这些行走江湖的侠客，朝廷自然没有好脸色。韩非子在《五蠹》中曾经说过：儒以文乱法，侠以武犯禁。可见，侠义之士往往不为官方所容。

最著名的当属荆轲刺秦王，燕太子丹想找人刺杀秦王，慕名找到了田光，田光又推荐了荆轲。虽然荆轲刺秦失败，却震动天下，后世的帝王们无不以此为戒。

不过，侠在民间有着深厚的群众基础和号召力，他们锄强扶弱，贵不傲贱，舍生取义，自我牺牲。在法律的光芒照不到的地方，侠是公平和正义的化身。

郭解就是这样一位侠客。

他是河南轵城人。轵地这个地方不同凡响，春秋时期曾出现过一个赫赫有名的刺客聂政，可见侠义之风历史悠久。

轵城是个民风剽悍、好勇尚武的地方。郭解的外婆是著名神婆许负，成名已久；父亲是混黑道的，这样的人在官府眼里无疑是个影响稳定的“刺头”。果然，汉文帝时，郭解的父亲被地方官以涉黑为由给处决了。

郭解个头不高，自小就受到父亲的熏陶，好勇斗狠。他为人精悍，从不饮酒，别看个子小，但内心残忍，一言不合，拔刀相向，能动手的尽量不吵吵，喜欢用刀子解决问题。

年轻的时候，郭解是个狠角色，杀过人，在红色通缉令中经常排前三。至于窝藏要犯、打家劫舍、私铸钱币等作奸犯科之事，更是家常便饭。有时候手头紧了，还干一些盗墓的勾当。

虽然干了不少作奸犯科的事，但郭解还有另一面。他为人仗义，朋友有难，他慷慨相助，出钱出力，绝无二话。为朋友复仇，他甚至不惜以命相搏；在熙熙攘攘的闹市中，他敢于挥刃直取仇人首级，是那种该出手时就出手，风风火火闯九州的血性汉子。在地方上，郭解的话比官府管用，而且他还能操控官府，替人免除劳役。

按理说，郭解干了这么多坏事，早够得上砍脑袋之罪了，可为何官府一直没抓他?

主要有这么两点。一是郭解是个人精，做事滴水不漏，警惕性极强，一看风声紧了，立马就撤，绝不当出头鸟；二是运气实在好到爆棚，每一次进局子，总能恰好赶上大赦，所以屡次逃过了法律的惩处。

就这样，郭解的声望一天天上升，成了名副其实的黑道大哥，甚至到后来连皇帝对他都有所耳闻。慕名而来的死忠粉越来越多，都以能和郭解交朋友为荣。

郭解就这样有惊无险地在道上混了几十年。

洗白是每个黑道人物的最终归途，郭解也不例外。随着年纪渐长，郭解的性子也变得沉稳和善了许多，不像年轻时那么血气方刚、有仇必报。他开始帮助别人，仗义疏财，做一些公益活动。

有一次，他姐姐的儿子仗势欺人，跟人喝酒，结果人家酒量不行，喝不了，这个外甥仗着自己有个黑社会老大舅舅，逼人喝，结果人家急眼了，拔刀把这个外甥给捅死了。

对方杀完人后就跑了，姐姐找到郭解，意思就是你在江湖上混了这么多年，现在人家把你外甥杀了，你看着办吧！把儿子的尸体往路上一扔，不管了。

郭解于是暗中打听凶手的下落。结果凶手听说郭解在找他，害怕了，主动回来向郭解认罪，说你外甥非逼我喝酒，我被逼无奈才杀了人。

郭解了解了情况后，才明白是自己的外甥有错在先，对凶手说，你杀他没有错，是我家孩子仗势欺人、无理取闹，换作我也会如此。你走吧！

江湖有江湖的规矩，郭解不会为了私心破坏规矩。

这事儿传开后，郭解再次名噪天下，仰慕、追随他的人多如过江之鲫。

郭解每次出门，人们总是报以敬畏的眼神，远远地看着，不敢上前。

一次郭解出门，途中遇到一个袒胸露怀、坐姿不端的人很轻蔑地看着他，一副眼高于顶的样子。随行的小弟很生气，想上前给他一刀，却被郭解劝阻了。

郭解对小弟说：我在家乡都得不到尊重，那一定是我修养不够，与他人无关，不要为难他人。

不仅如此，郭解事后还打听那人家事，暗中叮嘱私交不错的小吏，免了来年的杂役赋税。那人知道真相后，亲自上门磕头谢罪。

此事一传开，郭解在人们心中的地位更加神化。

洛阳有一对仇家，积怨很深，当地的名士和豪杰有很多人从中调解，都没有成功。有人找到了郭解，想请他居中协调一下。

按理说，洛阳不是郭解的地盘，你一外人去调解当地的纠纷，算个什么事儿？不明真相的人还会以为是你想扩张自己的地盘呢。

不料，郭解听完后，没有任何犹豫，当夜就前往洛阳，面见两家人。听闻轵地的郭大侠来了，两家人赶紧出面迎接。郭解说，你俩这事儿我已经听说了，本来就不复杂，我给你们提供一个解决方案，你们给我个面子，这事儿就这么着吧。

大名鼎鼎的郭解都出面了，这面子必须给。在郭解的协调下，两家人握手言和，化解了这场矛盾。

临走前，郭解对两家人说：我听说，我来之前已经有人帮你们调解，不过没有成功。我来了，你们看在我的面子上，接受了调解，但这样做，岂不是让我这个外乡人夺了洛阳名士豪杰的威名吗？

这样吧，我今晚就回去，你们只当我没来过。等我走后，若有人来调解，你们正式和解，这人情就送给他吧。

两家人一看，果然不愧是郭大侠啊，做好事不留名，事了拂衣去，深藏功与名，这胸襟，这气魄，江湖上绝对找不到第二人！

这事儿被人传开后，郭解的人气再一次爆棚，一时间拥趸无数。

唐朝时，文坛大咖李白为了结识职场达人韩朝宗，曾写下过“生不用封万户侯，但愿一识韩荆州”的诗句。这些人对郭解的倾慕之情，也不过如此。

从当初心狠手辣的黑道大哥，到如今宽厚待人的大侠，郭解完成了身份的转变。

在当时，百姓有了争讼、纠纷、仇怨，县令都断不了的事，只要郭解出面调停，无不迎刃而解，化干戈为玉帛。寻常人要是遇到了难处，只要求到郭解的门上，他无不尽心尽力，尽量办好。实在办不到的，他也尽自己最大的努力让对方满意。

《史记》记载，由于郭解在民间名气极大，前来投靠他的人在郭家门前排起了长队，等候的马车几乎都排到了大街上。一些犯了事儿的人，只要郭解出面庇护，地方官也只能干瞪眼，徒唤奈何。

郭解强大的气场和无与伦比的号召力，引起了官府的警惕和担忧。刚好皇帝要修建茂陵，迁一批地方豪强过去，地方官乘机将郭解的名字也报了上去。至于郭解有没有三百万家财，这不重要。

得知消息后，郭解第一时间找人疏通关系，最后一直找上了大将军卫青。从这里也不难看出，郭解的人脉关系确实了得。

不过很可惜，刘彻并不打算放过这个在地方上有着广泛号召力和组织力的大侠。皇帝英明神武，总与常人不一样，能看到常人看不到的地方。一名蝼蚁草民，居然能让大将军为他说情，郭解这个人哪有那么简单？

郭解一家最终还是没有逃脱被搬家的命运。

临行前，轵城的大户们为给郭解摆酒送行，大伙儿随便就凑了一千多万钱赠给郭解，这个数额远远超过了迁豪令的三百万。一个江湖大哥能有这么大的威望，既是郭解的幸运，同时也注定了他后来的悲剧。

郭解家被迫迁徙了，可他留下来的众多小弟却愤愤不平，这些人一直在寻找机会，想为大哥讨个说法。

就在郭解离开后不久，家里又出了一件命案。郭解的侄子打探到，当初力主迁徙郭家的是县里一名杨姓官员，一怒之下杀了姓杨的，还割下了他的头。

这下可捅了马蜂窝。官员家属来到长安准备上书告状，不想郭家人又追了过来，把告状的人杀死在长安城。

堂堂天子脚下，竟然发生了这种恶性刺杀事件，这让皇帝的面子往哪儿搁？一个游侠竟有如此能量，如此嚣张，这还了得？

尽管这一切都不是郭解授意，甚至不知情，但郭解真能把自己择干净吗？

不可能的。

刘彻立即下令，缉拿郭解叔侄。幸好早有人通风报信，郭解只得踏上了亡命天涯的路途。

逃亡的日子苦不堪言，好在郭解名声在外，每到一地，只要报上姓名，就有仰慕他的人提供免费食宿，为他寻觅避难之所。

有一次，郭解走到临晋关，临晋官员籍少公没听过郭解，郭解报出假名，出了关。办案人员一路追到临晋，得知郭解已经出关，责备籍少公。籍少公承受不了，自杀身亡。

天网恢恢，疏而不漏。郭解颠沛流离、东躲西藏的日子并没有过太久，办案人员还是循着蛛丝马迹抓住了他。

一代豪强郭解终于归案，锒铛入狱。

然而，办案人员审了很久，却一直无法给郭解定罪，因为郭解年轻时背负的那些命案，大多发生在朝廷大赦之前。等郭解奋斗成一代大佬之后，他杀人便不再亲自动手，很多案子也牵扯不到他身上。

案子到了这里，似乎审不下去了。

就在办案人员一筹莫展之际，一个猪队友的出现，让案子有了转机。

有一天，县衙里召开郭解的案情分析会，本地的一些大佬们纷纷给郭解说好话，说他为人侠义，好打抱不平，是个好人哪！

不料，会场上坐着一个耿直的儒生，他见大伙儿都为郭解开脱，当场就拍了桌子：郭解为非作歹触犯国法，何谓贤？

这话让在场的人都很尴尬。郭解的一个小弟也是个暴脾气，为了报复这个儒生，找了个机会将其杀死，还割掉了儒生的舌头。

这下子，郭解又成了众人瞩目的焦点，郭解的内心估计也是崩溃的，真是猪队友啊！

郭解再次受审，无奈他的确不知道凶手是谁。办案人员只能如实上报皇帝，说郭解无罪。

刘彻眯起了眼睛：真的无罪吗？

就在这个时候，有一个人站了出来，作了一番总结性发言，直接宣判了郭解的死刑。

这个人，就是御史大夫公孙弘。

他对刘彻说：郭解不过是一介布衣，却任侠妄为，玩弄权谋之术，为一点小事就伤人性命。这次的杀人事件他虽不知情，性质却比他亲自杀人更为严重，影响也更为恶劣，应该以大逆不道之罪论处！

作为朝堂上的三把手，公孙弘的意见很有代表性。儒以文乱法，侠以武犯禁。刘彻作为帝国皇帝，自然不会容忍侠客阶层的存在。

很快，郭解的判决结果下来了：死刑，灭族！

名动江湖的大侠郭解最终落得个满门抄斩的悲催下场。

郭解的死亡，代表了游侠的式微。自此以后的很长一段时间内，只有歌颂游侠的诗篇，却不曾出现真正的游侠。

漠南之战

时光荏苒，转眼已到了元朔三年（公元前 126 年）。这是刘彻登基的第十五个年头，大半个中国都在下雪。

大雪穿越洪荒，穿越时光，在每一个角落飘飞洒落，从中原到塞外，从大漠到戈壁，都在大雪中缓慢而艰难地睡去，烽火连天的中原大地，暂时得以安息。

就在这时，北方边境忽然传来一个消息：匈奴起内讧了。

事情的起因是这样的：

公元前 127 年的河南地之战，刘彻大胆重用卫青，以声东击西的谋略，击败楼烦王和白羊王，俘敌三千余人，获牲畜一百多万头，将秦末以来丢失八十年的河套地区全部收复。匈奴军臣单于很生气，严厉斥责右贤王，怒其失职失察，致楼烦王、白羊王败逃，失地于河套。

这一年，匈奴的头领军臣单于病死，按理应该是太子接位。不料军臣单于的弟弟左谷蠡王伊稚斜心里却有自己的小算盘。他趁着这个空当，带兵包围了王庭，宣布自己才是单于的接班人。

太子于单自然不服气，带兵与叔叔死磕，最终不敌。望着广袤无边的北地，于单一声长叹，带着自己的小弟一路南下，投奔了汉朝。

匈奴的内乱，其实也是有根由的。匈奴只是一个松散的部落联盟，单于只是大伙儿公认的带头大哥，名为草原共主，其实权威非常有限。

草原民族跟农耕民族完全不同，农耕民族的治理模式是：民众缴纳赋税，统治者提供安全保护。草原则不同，单于和草原各个部落之间的契约本质是：部落提供军队，单于负责带领打仗，然后公平地分配战利品。

此外，匈奴单于以下，分为左、右贤王，左、右谷蠡王，左、右日逐王，左、右大将，左、右大都尉，这些人都是单于的亲属。在那个谁的拳头大就听谁的部落时代，太子要想顺利继位，确实没那么简单。

敌人的敌人就是朋友，对于前来投奔自己的匈奴落难太子，刘彻自然是敞开怀抱欢迎的。这可是匈奴太子啊！他要是投奔了汉朝，无疑可以大大鼓舞汉军击败匈奴的信心。

刘彻给于单封了个涉安侯，让他在长安城安心住了下来。不过很可惜，这位流亡太子命不好，过了几个月就死了。

这之后，陆陆续续又有不少匈奴人投奔汉朝。这其中，有一个汉人显得格外引人注目。

他穿一身胡服，胡子拉碴，脸上刻满了沧桑，手中的旌节早已磨光了穗子，却依然高高举起。

一路上，他顶着烈日酷暑，跨越了大漠戈壁。当他再次望见巍峨的长安城时，心中感慨万千！

一进长安城，他扑通一声跪倒在地，声嘶力竭地号哭起来。

我回来了！

张骞回来了。

这个杳无音信、几乎被遗忘的男人，终于回家了。

这一年，距离他从长安出发，已经过去了整整十三年。

十三年前，他奉刘彻的旨意，带着一队人踏上了西行之路。擎一支旌节，他带着联络月氏的使命，奔走于茫茫大漠；他扶一扶驼铃，阔别长安的歌舞升平，游荡于寒沙衰草。

这一路上，有大漠戈壁，有天山白雪，有野蛮嗜杀的匈奴人。多少次，他晕倒在大漠，最后又艰难地爬起；多少次，他差点命丧黄泉，又侥幸活了过来。饥饿、寒冷、孤独、死亡的威胁都没有让他放弃，纵然生死一线，他都坚强地挺了过来。

从月氏回来后，张骞被羌人捕获，献给了匈奴主子。趁着匈奴内乱，张骞再次越狱成功，但这次随他成功逃出的，只有甘父一人而已。

那一年他离开时，二十七岁，正是风华正茂的年纪；可如今，十三年过去了，历经岁月的洗礼，他已是年近不惑的沧桑大叔。

时间，过得可真快啊！

得知张骞回来了，长安城激动了，刘彻激动了！

刘彻亲自接见了他，详细了解此行的见闻。随后，张骞被封为太中大夫，忠实的甘父被封为奉使君，以表彰他们的功绩。

你以为这就是张骞的全部人生了吗？

不！

他的传奇故事还远没有到结束的时候。不过眼下，需要说一下另一件大事，即匈奴人即将发起一场对汉帝国的疯狂反扑。

元朔三年夏，匈奴骑兵数万人攻入代郡，杀代郡太守，掳掠千余人。

元朔三年秋，匈奴骑兵击破汉军要塞，血洗雁门，杀掠数千人。

从进攻的方向来看，匈奴人的这两次攻势，更像是在示威，仍然是抢了就走的套路。两次攻击，汉朝都没有作出反应，匈奴人的野心也越来越大。

元朔四年，匈奴纠集了九万大军，兵分三路，分别攻击代郡（今河北省蔚县西北）、定襄（今内蒙古自治区和林格尔西北）、上郡（今陕西榆林市榆阳区鱼河堡附近）。

参与这次行动的，除了匈奴单于本部外，还有河南地的故主——右贤王。他派出了数万精骑，数次攻破长城关隘，进入朔方郡，大肆杀掠。

在不到一年的时间里，匈奴人多次攻入汉帝国边郡，杀伤官民数万人，掳掠万余人，财产损失无数。

面对匈奴接二连三的挑衅，刘彻没有急于出击。他在思考，在憋大招！

自从上次攻略河南地成功后，刘彻的战略思维又上升了一个层面。他发现，这种小打小闹实在没劲，和草原民族作战，自身战争成本太高，必须打那种毕其功于一役的歼灭战。

刘彻的计划是，吞掉匈奴的右贤王部。

为了这次大会战，刘彻调集了七万精兵，并做了精心的策划。

元朔五年（公元前 124 年）春，在经过一系列准备后，汉军对匈奴发动突袭。

这次出征，汉军的时间点选择很巧妙。为什么这么说？

在草原上生活过的人都知道，早春是草原上最脆弱的时节，这个时候羊要产羊羔，牧民们得开始保育羊羔、剪马鬃、储存度春饲草、驯马等繁忙的春季牧业生产。空闲的时候还得赶着马群撒开丫子跑一圈儿，以便让马匹快速脱去冬季的厚毛。而且经过一个冬天的消耗，牲口也都很虚弱，并不适合出门打仗。

那什么时候适合出门打仗呢？

答案是：冬天。

经过了一个秋天，牲口们个个膘肥体壮，羊肥牛壮马有劲。关键是，冬季的草原只有凛冽的寒风和枯黄的大地，匈奴人没事儿干，反正闲着也是闲着，这个时候单于就会号召部众们到南边打家劫舍去。

这一次出击，领头的依然是卫青。

卫青率领三万骑兵，从朔方高阙要塞出兵，目标：右贤王。游击将军苏建、强弩将军李沮、骑将军公孙贺、轻车将军李蔡四人，均受卫青节制，各率一万人马从朔方城出发，在西线对匈奴发起强攻。

同时，为了牵制东边的匈奴左贤王，刘彻又任命大行李息、岸头侯张次公为将军，从右北平出兵，去和匈奴左贤王掰掰手腕。

面对东西两线汉军的同时进攻，匈奴人也表示压力山大。这个时间点就出来约架，明显不按套路出牌啊！

匈奴右贤王接到消息后，红着眼睛，低头看着舆图，掂量了一下，感觉自己不是卫青的对手，果断选择了撤退。

这一撤，便是六百里。

右贤王很清楚，匈奴人的优势在于机动性强，一切的战场主动权都掌握在自己手里。汉军要想在广袤的草原戈壁上捕捉到匈奴的主力，基本上没有成功的希望。虽然卫青最近在汉帝国的军界异军突起，打了不少胜仗，但右贤王不以为然。这里是大漠，是自己的地盘！等到汉军人疲马乏之时，自己再杀个回马枪，还不是轻而易举之事！

想到这里，右贤王不禁放松了警觉。几日奔波下来，累得够呛，索性拥着自己的爱妾，喝着小酒，沉浸在温柔富贵乡中不可自拔。

就在匈奴人放松警惕的时候，卫青带着自己的骑兵正一路疾驰在广袤的大漠中。夜色覆盖的大漠寒气逼人，夜风卷起的凉气，直入骨髓，但这队骑兵飞奔如常。

匈奴人扎营，除了将营地和马圈用栅栏围起来之外，几乎没有任何防护。毕竟他们所面对的，是关隘里龟缩不出的汉军，在大漠里，他们根本无敌。

因而绝大多数人，在此时都已呼呼大睡。

夜里值守的匈奴武士，也只是随便在附近打马走一走，夜里的天气格外寒冷，他们跺着脚，或是寻个篝火附近，直接躺着小憩片刻。

而此时，卫青带领的汉军已悄悄合围了匈奴人的营地。

就在右贤王睡得正香时，忽然一阵漫山遍野的战鼓声把他惊醒了，右贤王猛地翻身坐起，醉意全消，只听到营帐外混乱一片。

出了什么事？

右贤王披上了自己的皮衣，取了自己的金刀，匆匆走出大帐，可是下一刻，他的瞳孔在收缩！

无数支铁镞如同急雨一般射过来，匈奴人大惊之下举起兵器抵挡。但汉军的这种圆柱体箭镞、四棱形尖锋的铁制箭镞委实太多太密，又配有大黄弩这样的发射装备，比一般的青铜箭镞杀伤力和穿透力更强，匈奴人根本无从抵挡，只能四散奔逃。

不远处，那用以喂马的草垛子也燃起了熊熊火焰，直冲天际；数个帐篷被点燃，里头的人疯了似的逃出来，也有人直接葬身火海。

汉军在点燃草垛子后，对匈奴营地发起了强攻，整个匈奴营地如同炸开一般。马圈里，战马受到了惊吓，疯了似的战马开始冲出栅栏，而后发足狂奔。

这些已经不受控制的马，从前是匈奴人的杀人利器，而今却成了更加混乱的根源。战马狂奔，冲入一个个帐篷，无论眼前是何人，都毫不犹豫地将其撞飞，马蹄踏上倒地的人，将其直接踩碎。

右贤王悲哀地看到一团更大的火焰漫天而起，那是囤积的干粮和马料。

堆积如山的马料开始燃烧，而几乎所有的马圈里，受惊的战马开始四处逃散。

完了……

他茫然无措地看着自己的大帐，耳边是无数人的惨呼，还有马在嘶鸣。那痛入骨髓的哀号声，听得右贤王惊出了一身冷汗。

卫士们终于找到了右贤王，他们拉扯着右贤王，口里大呼：大王快走！

看着周遭的惨状，右贤王心如刀绞，整个人都要崩溃了。

他面上扭曲，狰狞可怖，痛苦不堪地将手中长刀插在了地面，仰头长啸：此大恨，吾誓当报！

在卫士们的保护下，右贤王带着数千名亲兵从北面突围而去。

这一战，除了右贤王侥幸逃脱外，匈奴被杀死和俘虏的人超过一万五千人，其中包括匈奴小王十余人，俘获牛、羊、马等牲畜近百万头。

右贤王的主力基本被歼灭！

这一战发生在大漠以南地区，故而被称为漠南之战。

消息传来，刘彻非常激动，对前线将士大加封赏。卫青被封为大将军，食邑从三千八百户增加到八千七百户；卫青的儿子卫伉封为宜春侯，卫不疑为阴安侯，卫登为发干侯。一时间，卫氏一门一日三侯，地位之尊崇，无人可及。

面对如此荣耀，卫青却保持着难得的清醒。他对刘彻说：此战胜利，都是前线全体将士英勇奋战的结果。他们尚未受封，我那襁褓中的儿子却裂土封侯，这实在不合适，希望陛下能对一线将士多一些赏赐。

这番话让刘彻有些不爽，难道只有你关心前线将士吗？他没好气地说：我没有忘记其他将领的功劳，该有的赏赐一份都不会少！

这之后，刘彻取来了功勋册，封公孙敖、公孙贺、韩说、李蔡、李朔、赵不虞、公孙戎奴、李沮、李息、豆如意等十位有功将领为侯。有功将士也各得封赏，大家皆大欢喜。

大家都很高兴，有一个人却很郁闷。

李广没有参加此役，错过了封侯的机会。

随着卫青在朝堂上的名望如日中天，有一个人对卫青的爱慕之心与日俱增。这个人，正是刘彻的姐姐、卫青的老主人平阳公主。

平阳公主一生荣华富贵，但感情之路十分坎坷，一生中共嫁了三次。她的第一任丈夫是开国功臣曹参的曾孙曹寿，她刚嫁过去的时候只有十五六岁，夫妻二人还算和睦，生了一个儿子。

不过，曹寿的身体不好，婚后没多久，曹寿就去世了，留下平阳公主独自带着孩子生活。

刘彻不忍心自己的姐姐守寡，又把她许配给了开国功臣夏侯婴的曾孙夏侯颇。夏侯颇虽然是名门之后，但是人品很渣，和自己父亲的小妾私通，被人发现后畏罪自杀。

可怜的平阳公主又成了孤家寡人，就在这时，她与曹寿生的儿子也不幸去世。一连串的打击，让她郁郁寡欢，自此之后很长一段时间内，平阳公主都是孤身一人。

而此刻，听着外面的人谈论卫青，说他在战场上如何神勇，如何击败匈奴人，重振大汉雄风，她那颗沉寂已久的芳心再次泛起了涟漪。

美人都爱英雄。更何况，卫青又是自己看着长大的，他朴实、稳重、待人谦和，有君子之风，绝对靠谱。

那一年，他跟着姐姐初到平阳侯府，只是一个卑贱的奴仆，而她是尊贵的公主；命运多舛，多年以后，她仍然是公主，他却已经是威震匈奴的大将军。

可是，卫青毕竟做过自己的家奴，如果自己下嫁给他，别人会怎么看?

她找来了管家，将自己的顾虑告诉了他。管家听完后，笑道：夫人，今时可不比往日，卫青现在可是大将军啊，一人之下，万人之上。以他如今的身份和地位，跟夫人不是很匹配吗？夫人又何必执着于过往呢?

平阳公主听完，暗暗下定了决心，她决定为自己的幸福拼一把!

她先去找了皇后卫子夫，把心事告诉了卫青的姐姐。卫子夫当然乐意撮合此事，并告诉了刘彻。

刘彻自然也愿意看到姐姐找到自己的幸福，他以下诏书的方式，撮合了卫青与平阳公主的这段姻缘。

就在卫青沉浸在儿女情长中时，北方边疆又燃起了烽烟!

草原上的狼是一种报复性很强的动物，更何况是喝着狼血长大的匈奴人。头狼一声呼啸，狼群沸腾了，争先恐后越过长城，开启了凶狠的报复。元朔五年（公元前 124 年）秋季，匈奴人出动一万多人的骑兵，猛攻代郡。

战事很激烈，代郡都尉朱英在混战中被匈奴骑兵斩杀，匈奴人所到之处，毁坏房屋田园，掳掠人口和牲畜后快速撤离。

汉帝国自然也不是吃素的。面对匈奴人的频频骚扰，刘彻积极备战，准备继续与匈奴人死磕。

就在第二年春天，卫青带着李广、公孙敖、赵信、苏建等人出塞，与匈奴人展开激战。最终匈奴人惨败，留下数千具尸体，惨败而回。

随后，汉军分别驻扎在定襄、云中和雁门进行休整。

两个月后的初夏时节，卫青再一次向刘彻请战，要求深入匈奴境内，与匈奴主力决战。

出道即巅峰

北方边境，一场大战迫在眉睫。

汉朝在云中、雁门的驻军再度向定襄集结，卫青即将开始他的第六次出征。

旌旗猎猎，战马萧萧，铁甲闪闪，阵容肃肃。此次出征，几乎云集了汉朝的精英，公孙敖、公孙贺、赵信、苏建、李广、李沮都是久经沙场的老将，他们全部归卫青指挥。张骞也作为汉军的首席军事顾问一同出征。

除此之外，还有一个年轻人也从长安城来到了军营中历练。这一年，他刚满十八岁，却长得精壮剽悍，浑身激素爆棚。

想必你已经猜到了，这个年轻人正是霍去病！

霍去病的父亲叫霍仲孺，母亲叫卫少儿，他是卫青的外甥。

卫少儿小的时候，在平阳侯府中做侍女。

有一次，平阳县的小职员霍仲孺到平阳侯府中打杂，认识了卫少儿。一来二去，两人擦出了爱情的火花，还生下了一个孩子，这个孩子就是霍去病。

你没看错，霍去病是个私生子。

父亲霍仲孺却不敢认这个私生子，提了裤子就不认账了。在平阳侯府办完事后，他另外娶妻生子，与卫少儿不再来往。

有意思的是，霍仲孺后来生了个儿子叫霍光，在历史上也是鼎鼎有名，他将在刘彻死后撑起汉帝国的天空。

按照霍去病的出身来看，他几乎就是舅舅卫青身世的翻版。

不过，同是私生子，霍去病却比卫青幸运多了。因为就在霍去病出生的第二年，皇帝刘彻到平阳侯家，看上了还是歌女的卫子夫，将她带回了宫内。

这之后，卫家时来运转，卫子夫当了皇后，卫青凭借着军功，一步步成为帝国军界的扛把子。卫少儿自然也成了抢手货，她嫁给了陈平的曾孙陈掌。

不过，霍去病并没有像卫青那样改了父姓，他还是姓霍。

他不在乎向天下暴露自己私生子的身份。私生子怎么了？私生子也是人，不比别人低一等。

少年时期的霍去病生活还算优越，他练就了一身好本领，不但武艺高强，善骑射，而且对行军布阵也有自己的心得。下面，我们有请霍去病出场，作个自我介绍：

我舅舅是将军，姨父是皇帝，姨妈是皇后。我虽然是个私生子，但在长安城里没人敢瞧不起我。舅舅是我的老师，每天带着我练习骑射，因此我很小就精通了骑马、射箭、击刺等各种武艺。舅舅还答应我，等我长大后带着我上战场。而如今，机会终于来了！

这是霍去病第一次来到塞外，他此时的身份是骠姚校尉。塞外的风沙很大，米粒大的沙子打在脸上，犹如针扎般疼痛难忍；午后的太阳照在身上火辣辣地疼。一眼望去，只有满目的荒凉。

不过，年轻的霍去病却心潮澎湃，广阔天地，大有可为！望着广袤的大地，他握紧了手中的长矛，感受到了一种冥冥中的召唤，这里才是属于他的天地！

舅舅卫青格外照顾他，给了他八百勇士，组成了骠姚营。临行前，卫青一再嘱咐他要跟紧自己，大漠风沙不断，千万不要迷路。

大军准备完毕，出发！

十万大军从定襄出发，一路向北，深入匈奴境内百余里。虽然途中遇到了几股匈奴小部队，可是匈奴的主力部队却仍然不见踪影。

不仅如此，汉军还遇到了一个非常棘手的问题：连续的几日行军，水的消耗特别大，可派出去的人却迟迟未能找到水源。

谁都知道，大漠中最缺的就是水，水就是生命。要是再找不到水源，不用匈奴人来攻，用不了几天时间，汉军自己就先扛不住了！

怎么办？

张骞主动站了出来，我在大漠生活过，有荒野生存经验，知道如何找到水源，让我去！

卫青望着这位勇闯西域的传奇英雄，内心颇为欣慰。就你了！

张骞没有让众人失望，他凭借着丰富的经验与判断能力，终于为大军找到了水源，解了燃眉之急。汉军的主力部队随后驻扎在水源地，几位将领各率一支队伍去搜索匈奴人，卫青则坐镇大本营。

这里要重点说一下赵信。

赵信本来是匈奴人，后来投降了汉朝，因而对大漠的地理比较熟悉，他与苏建一起，带着三千多骑兵去搜寻匈奴军队的踪迹。

很快，赵信就遇到了匈奴的主力部队。与其说是遇见，不如说是他们进入了匈奴人的包围圈。面对数万匈奴大军，汉军的三千人马显得势单力孤。

双方一场血战，汉军寡不敌众，死伤大半。

匈奴派人到阵前劝降赵信，他本就是匈奴人，对汉朝谈不上忠诚，眼见再打下去只有死路一条，于是一合计，带着剩余的八百人马投降了匈奴。有意思的是，伊稚斜单于也没有和他翻旧账，反而继续信任赵信，还给他造了一座赵信城，以示恩宠。

苏建不一样，他没有退路，带着自己的队伍拼死突围，好不容易逃出重围，返回了汉军大营。

卫青在大营中坐立不安。

赵信与苏建的部队全军覆没，这是一场重大的挫折，苏建独自逃回，按军律当斩。

卫青将大伙儿召集起来，咨询大家的意见：苏建应当如何处置？

议郎周霸第一个站了出来，高声说道：大将军出兵以来，从未斩过一名偏将小校，如今苏建弃军逃回，应该斩首，这样才能树立大将军的威信！

闳长史与安军正赶紧站了出来，替苏建求情：

大将军，此举万万不可。兵法上说：小敌之坚，大敌之擒也。苏建以三千人马对抗数万匈奴骑兵，浴血战斗了一夜，伤亡殆尽，苏建不敢与赵信一样怀有二心，所以逃回大本营。大将军如果斩杀苏建，那么以后凡是战败的将领，有谁敢返回汉军阵营？这不是鼓励败将投降匈奴人吗？

卫青道：卫某有幸被陛下信赖，带领大军出塞，从来不担心没有威信。周霸让我杀人立威，此举不妥。我虽然是大将军，有生杀予夺的权力，但绝不敢擅自诛杀大将。苏建战败一事，我将上报陛下，让陛下亲自裁决！

苏建被押解回京，被判死刑，好在汉代有以钱赎命的法律，苏建交了一笔赎金后回了老家。

此后不久，苏建又被起用，跟着卫青出塞跟匈奴人继续死磕。

有人对卫青说，大将军的地位是至尊至重了，可是天下的贤士名人却没人夸赞传扬您的威名。古时的名将都向朝廷推荐贤良才能之士，自己的名声也传遍四海，希望大将军能学习古时名将的做法。

卫青摇摇头，告诉他：你只知其一，不知其二。以前武安侯田蚡、魏其侯窦婴各自招揽宾客，结成朋党，以颂扬自己的名声，陛下常常恨得咬牙切齿。亲近贤士名人，晋用贤良，贬黜不肖，这都是陛下的权柄，我们做臣子的，只需遵守国法，履行自己的职责就可以了。

这一战，斩杀最多的是上谷太守郝贤，这已经是他第四次随卫青出征，斩杀匈奴数百人。

此时，汉军大部人马都已陆续返回，就差霍去病的骠姚营。

人呢？

卫青有些后悔，自己的外甥第一次上战场，就让他孤身犯险，万一遇上匈奴的主力部队，有个三长两短，自己如何向姐姐交代？

就在卫青等得几乎要绝望的时候，霍去病回来了。

原来，霍去病领着手下士兵，一路向北，一直追出去几百里，终于见到了匈奴的大营。他遇上的，正是匈奴相国的部队。

霍去病毫无惧色，带着八百骑兵一马当先，径直朝着正前方向的匈奴骑兵阵冲去。

这么多年的骑射训练，枯燥平淡，只有在这大漠之中策马，方才觉得痛快。

虽是寒风冷冽，刮得面上生疼，霍去病口里呵着白气，却已是热血沸腾。

朝思暮想了这么多年，而今，终于得偿所愿。

呼啦啦的汉军铁骑已如旋风而至，霍去病精挑细选出来的这八百勇士，个个都是百里挑一，他选人很准，是否精通骑射，他一眼便知。他们队形齐整，至百步之外，立即变换队形，无数的铁骑纷纷张弓射箭。

箭矢瞬间如雨下，一窝蜂地射向匈奴人。

随后，他们抽出环首刀，刀锋扬起，在艳阳之下，熠熠生辉。

狭路相逢勇者胜！

杀！

八百铁骑浑身热血沸腾，各自发出咆哮，毫不犹豫地朝向匈奴人冲杀而去。

我们不知道霍去病究竟遇到了多少匈奴军队，只知道，这一战，骠姚营斩杀与俘虏匈奴二千零二十八人，有零有整！

事后一清点，这些被杀死和俘虏的人中，有很多匈奴的高级官员，有单于的叔叔、相国，还有单于爷爷辈的一个王。

按理说，这些都是匈奴中大佬级的人物，他们手上的兵力不会少，战斗力也不可小觑。可是在霍去病带领的骠姚营面前，统统都是豆腐渣，不堪一击！

这份战绩，让舅舅卫青惊掉了下巴，这外甥太厉害了吧？

战报传到长安后，朝野震动，举国沸腾了！刘彻大为惊喜，霍去病真是一个双料冠军啊！在斩杀敌军人数这个项目上，霍去病是冠军，在俘虏匈奴重要头目这个项目上，他还是冠军！真是战功卓著啊！

刘彻大笔一挥，封他为冠军侯，食邑两千五百户。

这一战，汉军斩杀匈奴一万多人，但后来损失了两路人马，叛逃了前将军赵信，算不上成功。好在还有霍去病，挽回了汉帝国的颜面。战后，刘彻论功行赏，赐卫青二十四万两金；张骞因寻找水源有功，再加上之前出使西域的壮举，被封为博望侯。

霍去病一战封侯，开始展露出绝世名将的锋芒。

所有人都意识到，继卫青之后，一颗将星正在冉冉升起。

第五章　淮南大案

书生造反

这是霍去病第一次在历史的舞台上亮相。不过，他要真正在战场上建功立业，还需要再等两年的时光。

至于原因，很简单，朝廷没钱了。

从元光六年到元朔六年（公元前 129 年—前 123 年），七年内，汉帝国对匈奴发动了六次反击，匈奴也对汉帝国的边境进行了十几次大规模侵掠。

随着战争的不断升级，战争开支越来越大。打仗的军费开支、赏赐将领的开支，乃至安置匈奴降军的花费，样样都支出甚多，光战马的死亡数量就超过了十万匹。

此外，一座朔方城就耗资千万之巨，国库为之一空。据史料记载，仅从元朔二年至元朔六年，封侯的人就多达一百二十一个，光是赏赐将士们的黄金就在二十万斤以上！

到公元前 124 年，汉帝国就已经花光了文景时期积累下来的钱粮财富，国库早已枯竭，实在无力支撑战争的开支了。

怎么办？

刘彻大笔一挥，颁布了一道诏令：允许百姓花钱赎罪与卖官鬻爵。

花钱赎罪很好理解，凡是被判有罪的人，只要你出得起钱，都可以赎免罪行或减轻刑罚。比如，李广、苏建这些人，打了败仗按律当斩，结果钱交上去就可以出狱回家了。当然，这种罚款一般都是天价，一般人家根本出不起，后来的太史公司马迁就因为交不起钱，为了写完《史记》，才不得不接受宫刑。

卖官鬻爵又是怎么个玩法？

其实，早在汉文帝时，朝廷就这么搞过，不过当时卖的官仅仅是个荣誉头衔，免除一些象征性的人头税啥的。看着很拉风，其实没啥实际意义。

刘彻则不一样，他借鉴了秦时的二十级爵，一番升级改造后，设立了大汉版的功爵制，还起了个好听的名字：武功爵。

武功爵共十一级，分别是造士、闲舆卫、良士、元戎士、官首、秉铎、千夫、乐卿、执戎、政戾庶长、军卫，起步价十七万钱。这么一改，就把卖爵位的利润拉高了好几倍。

当然，那些买官的也不愿当冤大头，你把价钱定得这么高，谁愿意买这么个虚名？

刘彻也想到了这一点，为了让想买官的看到实在的好处，他规定，凡是购买武功爵到千夫（第七级）以上的，可以优先出任政府的官吏，犯了罪还可以减二等。至于能当什么官，你先把钱交齐了，咱再来讨论。

不仅如此，朝廷后来还搞了个人粟补官，允许小吏拿粮食补官。

很显然，刘彻的这种搞法并不高明，其带来的直接后果就是司法不公、吏治败坏、官职空废。这一次，政府靠这种办法暂时筹到了钱，可下一次呢？

只要汉匈战争还在继续，汉帝国还会遇到财政危机。那么当下一次财政危机来临时，刘彻还会拿出什么样的解决方案呢？

就在刘彻想尽各种办法筹钱时，帝国内部又爆发了一场危机，淮南王刘安要谋反！

要说淮南王刘安的故事，还得从他老爹刘长说起。

我们都知道，刘邦共生了八个儿子，刘长是最小的一个。汉帝国建立后，淮南王英布起兵叛汉，被刘邦击败。此后，刘长被封为淮南王，领有九江、衡山、庐江和豫章四郡。

随着羽翼丰满和势力膨胀，刘长逐渐生出了造反的心思。不过，他的那点小心思早就被皇帝识破了，刘长被发配蜀郡，在途中绝食而死，死后被谥为淮南厉王。

这之后，汉文帝将原来的淮南国一分为三，分给了刘长的三个儿子，长子刘安承袭了父亲的爵位，出任淮南王。

这一年，刘安十五岁，心中种下了一颗复仇的种子。

景帝三年（公元前 154 年），景帝采用晁错的《削藩策》，先后下诏削夺楚、赵等诸侯国的封地。

吴王刘濞第一个表示不服，他广撒英雄帖，邀请几位王爷一起谋反，其中就包括淮南王刘安。

刘安接到英雄帖后，蠢蠢欲动。淮南相看出了他的心思，告诉他，大王要发兵跟吴王干大事，我愿意为您带兵。

刘安没有多想，把部队指挥权交给了淮南相。不料，淮南相拿到部队指挥权后，却把刘安关在城中不许发兵，固守防御工事。朝廷不知具体情况，还派了人救援淮南，淮南国因此保全了下来。

经此一事，刘安开始反思自己，造反这么大的事，怎么能把部队放心交给别人呢？还是太年轻，没经验啊！

继续等待时机吧！

刘彻登基后，淮南王刘安入京朝见。因为刘安是长辈，而且颇有才华，刘彻非常尊重他，一有空就找他聊天，聊起来就没个完。

刘安和田蚡关系很好，刘安进京朝见，田蚡直接到灞上亲自迎接。田蚡有次对他说悄悄话，皇上到现在都没生出儿子来，大王您是高皇帝的亲孙子，广行仁义，天下闻名，假如皇帝突然去世，除了大王您之外，还有谁能继承帝位呢？

刘安听完，一颗心顿时就躁动了起来。知我者，田蚡也！

心花怒放的刘安给了田蚡一笔巨款。

乍一看，这是田蚡怂恿刘安谋反。田蚡虽然和刘安私交很好，但别忘了，他还是刘彻的舅舅。田蚡说这个，估计也就是想骗点刘安的钱，要说真盼着他外甥刘彻死，我觉得田蚡胆子还没那么大。

刘安这个人和一般的反派不一样，他喜欢读书，喜欢写文章，是个知识分子，后来还编了一部书叫《淮南子》。此外，他还喜欢收马仔，手下有一群臣僚和宾客，这些人大多是长江、淮河间的小混混，没事儿就拿他老爹刘长死亡一事来刺激他。

建元六年（公元前 135 年）的某一天，一颗彗星拖着长长的尾巴，肆无忌惮地划过天空。

有人对刘安说，想当年，吴王刘濞起兵叛乱时，也出现了彗星，不过长仅数尺，尚且流血千里。如今彗星贯穿天际，恐怕天下将有战事发生。

刘安听完这话，心中一震。

眼下皇帝还没有生儿子，若天下发生变故，各诸侯王必然群起而争夺皇位。放眼望去，诸侯王中除了自己，还有谁更有资格参与竞争？

当初自己的父亲刘长活着的时候，一直就有问鼎之志，可惜行事不密，被文帝逮捕下狱，此后在流放途中去世。虽然官方说法是刘长自己想不开，绝食而死，但谁知道这其中到底有没有隐情？

这么多年来，自己一直没有忘记杀父之仇，如今老天爷打了一发信号弹，这不就是暗示天命将改吗？

有了这个暗示，刘安开始更加紧锣密鼓地招兵买马，打造攻战器具，准备粮饷。此外，他还大肆贿赂各地的郡守、亲王，招揽说客和有才之士。这些人瞅准了刘安这个冤大头，天天给他编故事拍马屁，为他出谋划策。刘安心里那叫一个得意。

刘安积极准备战略物资，等待“天下大变，诸侯并争”局面的到来。

这一等，就是十多年，刘安始终没有等到天下大变的机会。

刘安有个女儿叫刘陵，不但聪明，而且能说会道。为了掌握朝廷的动向，刘安将宝贝女儿派到了长安，让她刺探朝中内情，结交刘彻身边的人。

一般来说，造反这事儿，知道的人越少越好。自从启动造反计划后，刘安整天疑神疑鬼，看谁都像是告密者，连自己的儿媳妇都不信任。

这个儿媳妇是当朝王太后的外孙女，嫁给了刘安的儿子刘迁。他很担心，万一这儿媳妇要是看出点什么，偷偷向朝廷打小报告，那自己岂不是要玩完了？

为了排除这个身边的隐患，刘安和儿子刘迁上演了一出双簧。

刘迁先是假装另有新欢的样子，三个月没有与她一起睡觉，惹得世子妃跑到公婆那里去哭闹。随后，刘安又装出一副很生气的样子，把小两口关一间屋里，一关又是三个月，不过刘迁始终对媳妇儿碰都不碰。

夫妻关系发展到这一步，世子妃也觉得没意思了，她哭哭啼啼地对刘安说：这种日子我没法过下去了。既然世子不爱我，干脆就送我回娘家去吧。

刘安心中一喜：就等你这句话呢！

当然，表面上他还得装出一副痛心疾首的样子：这样啊，是我们刘家对不起你，我给你写封信，你帮我转交王太后，以表达我的歉意。

就这样，刘安把世子妃送回娘家。

看着世子妃离去的身影，刘安父子二人相视一笑。

就在刘安嘚瑟的当儿，刘迁又惹事儿了。

刘迁喜欢剑术，练了几年后，觉得自己是剑术奇才，无人可比。听说王宫禁卫统领雷被是剑术高手，就想找他来比划比划。

雷被知道这位世子爷好胜，又好面子，跟他比武不能赢，可又不能输得太明显，这可有点为难了。

尽管雷被已经足够小心谨慎了，可还是一招不甚，失手伤了刘迁。

按理来说，比武嘛，技不如人，受点伤很正常，输了就要有认输的气量。可是刘迁是个小心眼儿，他认为雷被是故意给他难堪，恼羞成怒，放出话要让他好看。

雷被很郁闷。

得罪了世子，他感觉继续待下去恐怕没什么好果子吃。而此时，刘彻一直在筹备与匈奴的决战，向各封国、各郡颁下诏书，号召各地有志青年积极参军。

这是一个难得的机会，雷被告诉刘安，自己想去长安报名参军，在沙场上与匈奴人厮杀，请求刘安批准放行。

不料，刘安不但没同意，反而将他训了一顿，开除军职。

这就很过分了，人家小伙子积极响应征兵号召，想到边疆建功立业，你凭什么阻拦？

雷被见此路不通，索性背起行囊，踏上了进京上访的道路。

涉过了三千道水，问过了十万回路，雷被日夜兼程，终于在几个月之后，看到了长安城的影子。

接到雷被的上访信后，朝廷非常重视，一个小小的淮南国，没有落实朝廷的征兵政策，居然还敢阻拦有志青年投军报国，这刘安到底想干什么？

刘彻大为恼怒，立即让河南郡负责调查此案。

消息传回淮南国，可把刘安和王后紧张坏了，两人召集心腹商议对策。底下人都认为，一旦朝廷的调查组到淮南国，肯定会发现一些端倪，不如趁此机会直接起兵！

刘安觉得有点冒险，要不再等等？

这一等，十多天过去了，刘安还是没能下定决心。

朝廷的动作很快，十天后，朝廷调刘迁前去问讯的公文就传到了寿春县。一旦刘迁被逮捕，那这造反大业就要歇菜了。好在负责此案的寿春县丞是刘安的人，他把公文压了下来，暂缓处理。

就在刘安准备缓一口气的当儿，淮南国国相却不干了，他见寿春方面阻碍办案，便向朝廷发文，找了个罪名弹劾淮南王。

官司再一次打到了长安，刘彻将案子交给廷尉办理。廷尉的动作很快，没过多久就查出了一大堆问题，各种证据都对刘安不利。大伙儿一看，纷纷要求把刘安抓起来，好好审一审。

刘彻却保持着难得的清醒。他说，淮南王毕竟是一方诸侯，咱们得查证后再下结论。这样吧，我派个人到淮南国再去调查一下。

就在大臣们个个慷慨激昂、唾沫横飞时，刘安在长安城的情报系统终于发挥了作用，这则消息第一时间被传回了淮南国。

形势已经对刘安非常不利了，怎么办？

刘迁坐不住了，他出了个主意，如果朝廷使臣来逮捕父王，父王可叫人穿上卫士的服饰，持戟站在庭院之中，父王身边一有不测发生，当场格杀朝廷使臣。我再派杀手去除掉淮南中尉，夺取兵权，这样就可以顺利调动军队了。

刘安一拍桌子：就这么干！

光说不练

按照刘迁的计划，刘安立即启动了造反大业。而此时，朝廷派来的办案人员殷宏也抵达了淮南国。

殷宏的职位是中尉，主要负责掌管宫门以外的警卫及维持京师治安。这哥们儿情商超级高，他知道刘安父子心里有鬼，出发之前就已经准备了一套说辞。

刘安父子嗅到了一种要完的气息。

不料，殷宏第一次上门拜访时，却是一脸轻松，态度非常客气，一点也不像要追究责任的样子。他只询问了一些和雷被参军被阻一案有关的问题，关于谋反，只字未提。之后，他当着刘安的面，将调查报告发往长安。

刘安有点搞不清状况了，这是几个意思？难道朝廷没准备收拾我？

调查结果报上去后，百官依然群情激奋，有人发言：淮南王阻挠雷被参军，抗旨不从，理应判处弃市死罪。

刘彻摇了摇头。

那……要不将淮南王废为庶人？

刘彻还是不同意。

要不，先削他五个县，以示惩罚？

太狠了，削两个就行了。

判决结果定下来了，得有人再跑一趟淮南国宣布结果。任务又落到了殷宏的身上。

这些天来，刘安的心情就像坐过山车一样，时而恨不得立刻造反，时而又觉得准备不够充分。当那个一团和气的殷宏再一次站在淮南王的王府时，刘安的一颗心紧张到了极点。

出乎意料的是，一见面，殷宏的态度一如既往地友好。

殷宏说：在下特来为大王贺喜。

刘安问：哦？何喜之有啊？

殷宏说：想必大王已经听闻了，朝堂上的舆论对大王很不利，不过陛下念及大王是自己的长辈，驳回了大臣们的意见，宽恕了大王，只削两个县，意思一下而已。

刘安问：真的？

殷宏说：千真万确，陛下特意让我来跑一趟，为的就是让大王放宽心，陛下还是很信任大王的。

既然这样，刘安就没必要撕破脸了。

殷宏不得不客气一点，他刚进门的时候，分明看到两边的卫士浑身都是杀气，表情冷峻。如果自己说错了话，刘安一个眼神就能杀死自己。

一场风暴就这样消于无形。

送走殷宏后，刘安越想越觉得不对味儿，他哀叹道：我行仁义之事却被削地，此事太耻辱了！

没办法，造反的计划准备了这么多年，不能停，只能继续搞，刘安再一次投入到造反大业中。

为了造反，刘安甚至患了偏执的妄想症。每当有朝廷的使者从长安回来，谎称皇上还没生儿子，汉家天下不太平之类的话，他就高兴；如果说天下太平，皇上生儿子了，他就生气，认为是胡言乱语，不可信。

刘安将有限的生命投入了无限的造反大业中，这种精神感动了他的兄弟：衡山王刘赐。

刘赐也是淮南王刘长的儿子，不过比刘安小几岁。这哥们儿性格很像父亲，做事不过脑子，经常干一些侵犯百姓权益的事。有一次，事情闹到了长安，刘彻看在亲戚的面儿上，对他网开一面，剥夺了他的人事任免权。

刘赐完全不领刘彻的情，他总想搞点大事，报复一把。听说自己的哥哥刘安一直在筹备造反的事，主动报名要求参加。

刘赐和刘安关系一直不咋样，但这一次，为了同一个梦想，兄弟俩终于达成了一致意见：刘安攻入长安做皇帝，刘赐夺取江淮之地，做一个诸侯。

为了造反大业，刘安和自己的小弟们没日没夜开会，对着地图讨论细节。他说：陛下没有太子，一旦过世，宫中大臣必定征召胶东王，要不就是常山王。到时候诸侯王一拥而上，争夺皇位，我不得有所准备吗？况且我还是高祖皇帝的亲孙子，说起来，我是最有资格竞争皇位的。陛下待我还不错，我能忍受他的统治；陛下挂了之后，我岂能向一个小儿低头称臣？

愿望很美好，可现实很骨感。

要造反，手上得有兵，最好还得是自己人。

刘安拿着名单看了半天，决定把王宫警卫官伍被拉到造反的小团伙中。

伍被一听，害怕了：造反？开什么玩笑？造反不是绘画绣花，造反是暴动，是要流血牺牲掉脑袋的，这种事儿成功的概率极低，我可不干！

刘安说：我是老板，就这么定了！

这一天，刘安和自己的小弟们开会讨论造反的细节，伍被被邀请发言。

不料伍被一张口，就说出了一句煞风景的话：皇上宽赦大王，大王怎么能有这种亡国的言论呢？

刘安的脸唰地拉了下来，一言不发。

伍被不像其他那些头脑发热的人，他保持着难得的清醒。真正负责任的造反者，不掉别人的脑袋，便掉自己的脑袋，神经自然高度紧张。

伍被说：臣听说伍子胥劝谏吴王，吴王不用其言，于是伍子胥说，臣即将看见麋鹿在姑苏台上出入游荡。现在臣也即将看到宫中遍生荆棘，露水沾湿衣裳。

你给我住口！

刘安气急败坏地拦住了他，原以为你是个积极分子，没想到你却跑来捣乱，扰乱军心！

一怒之下，刘安把伍被的父母抓到牢里，期限三个月，让伍被回去反省反省。

有人或许会问了，既然伍被不听话，何不干掉他？

其实，刘安也有自己的苦衷。造反这事儿风险极大，必须得有将领支持自己，伍被是为数不多的对自己还算忠心的人，如果他死了，那更没人服从自己了。

三个月后，刘安再一次找来了伍被，问他：将军准备答应本王吗？

伍被摇摇手指：不！

刘安又郁闷了：让你反省三个月，看来是白反省了。

他只好努力地深吸一口气：不生气，不生气！

伍被回答：我只是来为大王谋划安邦大计的。我听说，听力好的人能在无声时听出动静，视力好的人能在未成形前看出征兆，所以最智慧、最有道德的圣人做事总是万无一失。从前周文王为灭商纣率周东进，一举成功，这就是所谓顺从天意而行动的结果，因此四海之内的人都不约而同地追随响应他，这是千年前可以看见的史实。

至于百年前的秦王朝，近代的吴楚两国，也足以说明国家存亡的道理。我不怕做第二个伍子胥，也希望大王能听我一言，不要重蹈吴王的覆辙。

刘安沉默不语。

伍被继续说道：过去秦朝弃绝圣人之道，焚书坑儒，强迫百姓把海滨的谷子运送到西河。当时，男子努力耕作却吃不饱饭，女子天天织布却衣不蔽体。始皇帝派蒙恬修筑长城，东西绵延数千里，长年戍边、风餐露宿的士兵常常有数十万人，死者不可胜数，百姓气力耗尽。

始皇帝又派徐福入东海，访求神仙和不死药。百姓人心离散犹如土崩瓦解，想造反的十家有七。有人对高皇帝说，时机到了，高皇帝说，再等等看，当有圣人起事于东南方。不到一年，陈胜、吴广就揭竿而起。

高皇帝自沛县起事，一呼百应，这就是瞅准了时机。大王觉得高祖打天下很容易，是因为当时百姓盼秦灭亡如久旱盼甘霖一样，高皇帝顺天应人才得以成功，可如今的形势能和当年比吗？

景帝时的吴王刘濞，掌管四郡，有开山为铜、煮海为盐之利，国富民强，可结果如何？一战而败，身死国灭，为天下笑谈。这是违背天道而不识时势的必然结果。

听闻箕子在分封到朝鲜后，有一次去周朝朝拜，路过原来商朝的都城朝歌，看到城墙宫室毁坏，长满了野生的禾黍。箕子对于商朝的灭亡非常伤心，很想大哭一场，可是此时已是周朝，自己还做了周朝的诸侯，于理不合。无奈之下，写下了千古传唱的《麦秀歌》。

《孟子》说：纣王贵为天子，死时竟不及平民。纣王生前早已自绝于天下人，而不是死到临头天下人才背弃他。大王您还是听我一言吧，要不然怎么死的都不知道啊！

说到这里，伍被早已是泪水涟涟，在刘安的注视下，他一步步走下台阶，出了大殿。

被伍被这么一闹，刘安也觉得心里没底，于是造反的事儿又往后推了推。不料，一次家庭内讧，再次把刘安推上了风口浪尖。

刘安有两个儿子，一个是嫡子刘迁，被立为世子，另一个是刘不害，年龄比刘迁大。由于刘不害是庶子，不招刘安喜欢，在家里没什么地位。

我们都知道，根据刘彻颁布的推恩令，刘不害虽然没机会继承王位，但仍然可以从淮南国分一块土地，然而刘安并没有这么做。这就惹恼了一个人，刘不害的儿子刘建。如果自己的老爹不能封侯，那刘建只能喝西北风了。

逆来顺受绝不是刘建的风格，为了扳倒世子，这小子成天没事就四处打探，结交死士，想要刺杀刘迁，好让自己的老爹代替刘迁成为淮南国世子。

不料，世子刘迁也不是吃素的，他早就派人盯着刘建的一举一动。知道刘建的计划后，刘迁好几次把刘建抓起来要治罪，最后因为没有证据而作罢。

刘建知道刘迁曾意欲杀害朝廷中尉，就让手下人给刘彻上书，说：淮南王的孙子刘建很有才能，但王后和世子刘迁常常迫害他。陛下可将刘建召来问讯，淮南国世子密谋造反的事儿，他都门儿清。

竟有这等事儿？

刘彻收到信后，将案子交给了廷尉，廷尉又发给河南郡立案调查。

也该刘安倒霉，这个机会又被刘安的一个仇家抓住了。谁呢？辟阳侯审食其的孙子：审卿。

审食其就是被刘安的父亲刘长用铁锤砸死的，现在有这么一个替自己爷爷报仇的机会，审卿怎会放过？

遇上我算你倒霉！

审卿跑到丞相公孙弘府上，摆出一大堆黑材料，要把刘安往死里整。

公孙弘一看，这是大案啊，决定成立专案组深入调查。办案人员先把刘建叫过来做笔录，结果刘建把刘迁身边所有的虾兵蟹将全都供了出来。

这下子，刘安有点慌了，他再一次把伍被叫来，鼓动他一起造反。

刘安问：你说说看，当今汉朝的天下太不太平？

伍被说：天下太平。

刘安心中不悦，对伍被说：你凭什么说天下太平？

伍被说：臣观察朝政，君臣之义，父子之亲，夫妇之别，长幼之序，皆得其理。富商周行天下，道路通畅，贸易盛行。南越称臣，东瓯降汉；朝廷开辟朔方郡，让匈奴铩羽而归。如此世道，虽不比上古尧舜，也算是天下安定了。

这就是跟我抬杠啊！

刘安发了一顿火，伍被赶紧向他请罪。

发泄完情绪，刘安又问伍被：崤山以东若发生战争，朝廷一定会派大将军卫青前来跟我们死磕。从军人的角度，你给本王说说卫青这人怎么样？

伍被说：我有一个老战友跟随大将军出击匈奴，回来后跟我说，大将军遇士大夫有礼，于士卒有恩，大伙儿都乐意为他效劳。此外，大将军骑术精湛，武艺高强，通晓军事。又有出使长安的使者说，大将军号令严明，对敌作战勇敢，时常身先士卒。大军安营扎寨休息时，必须让士兵人人都喝上水，他才喝；军队出征归来，士兵渡河已毕，他才过河。朝廷赏的钱物，他都送给了手下的军官。这样的好将军，即使古代名将也无人比得过他！

刘安听罢沉默无语。

刘安这边犹豫了，朝廷的办案人员可不会等下去。没过多久，刘迁的党羽全被叫过去做笔录，刘安一看，情况已经万分危急，他再一次紧急召见伍被，策动他起兵造反。

刘安问：先生认为当初吴王兴兵造反，是对呢，还是不对呢？

伍被回答：我认为错了。吴王富贵已极，却做错了事，身死丹徒，头足分家，殃及子孙无人幸存，听说吴王事后也非常后悔。希望大王三思而行，不要做吴王悔恨的蠢事。

刘安说：吴王哪里懂什么叫造反！当年他一意和梁王在睢阳城下死磕，没有守好成皋关隘，致使成皋方向每天有四十多支汉军部队抵达前线。我要是起兵，必定让楼缓拿下成皋关口，让周被攻下颍川郡，堵住轘辕关、伊阙关的道路，让陈定率南阳郡的军队把守武关。这样一来，河南只剩洛阳孤城一座，何足忧哉？

虽然北面还有临晋关、河东郡、上党郡和河内郡，但人们常说，扼断成皋关口，天下就不能通行了。我们凭借雄踞三川之地的成皋险关，招集崤山之东各郡国的军队响应，这个计划，你以为如何？

伍被说：臣只见其祸，未见其福。

刘安又问：你以为就你懂军事吗？左吴、赵贤、朱骄如都认为有九成把握能成功，怎么就你觉得不行呢？

伍被回答：大王信任的这几个人现在都在监狱里吃牢饭呢，大王身边几乎无人可用，还打个什么仗？

一句话就戳到了刘安的痛处，刘安心里一万匹羊驼奔腾而过，要不是他们几个都不在，老子至于一而再、再而三地求你吗？

深吸一口气，刘安耐着性子继续说道：陈胜、吴广身无立锥之地，聚集起一千人，在大泽乡起事，振臂一呼，天下群起响应，他们到戏水（今陕西临潼东）时已有一百二十万人相随。现今我淮南国虽小，能打仗的也有十几万，他们绝非被迫戍边的乌合之众，所持也不是木弩和戟柄，为什么不会成功？

伍被说：我早就说过了，从前秦王朝暴虐无道，政令苛严，刑法峻急，残害天下百姓。朝廷征发民间万辆车驾营建阿房宫，收取百姓大半的收入作为赋税，还征调贫民远戍边疆，百姓生活在水深火热之中，因而陈胜振臂一呼，天下云集响应。

如今陛下临朝治理天下，统一海内四方，广施德政恩惠。他即使不开口讲话，声音传播也如雷霆般迅疾；即使不颁布诏令，教化的飞速推广也似有神力；他心有所想，便威动万里，下民响应主上，就好比影之随形、响之应声一般。而且大将军卫青的才能不是秦将章邯、杨熊可比的。因此，大王以陈胜、吴广反秦来自喻，我认为很不妥当。

刘安问：难道就连侥幸取胜的机会都没有吗？

伍被回答：没有。

……

这天没法聊了。

作死的诸侯王

《史记》写到这里，便戛然而止。当伍被再一次开口时，态度忽然发生了一百八十度的大转弯。

我们根本不知道这中间发生了什么事，司马迁也没有写。不过结合前文判断，我推测刘安应该是恼羞成怒，拿伍被的父母逼他就范，伍被只得被迫加入造反的小团伙。

剧情继续发展，我们接着往下看。

伍被说：我倒有一条愚蠢的计策。

刘安说：说说看！

伍被说：当今诸侯对朝廷没有二心，百姓对朝廷没有怨气。但朔方郡田地广阔，水草丰美，已迁徙的百姓还不足以充实开发那个地区。臣的愚计是，伪造丞相、御史写给陛下的奏章，要求各诸侯国豪杰任侠之徒，以及家产五十万以上的富户全部携带家属迁往朔方郡，征调士兵沿途监督，督促他们如期到达。

除此之外，再伪造宗正府左右都司空、上林苑和京师各官府下达的皇上亲发的办案文书，逮捕诸侯的世子和宠幸之臣。如此一来就会民怨四起，诸侯恐惧。再派遣得力的说客，趁民怨沸腾之时择机游说，这样成功的概率会大一些。

刘安点了点头，此计可行。虽然你的担心有道理，不过我觉得用不着这么麻烦。

有了伍被的指导，刘安总算摸到了点门路，他找来一大批造假的手艺人，伪造了无数朝廷公文，快马发往全国。

除此之外，刘安还上演了一出苦肉计，他派人假装获罪后逃入长安，潜伏到丞相和大将军卫青的身边。一旦淮南国发兵，那边立即刺杀卫青，策动丞相公孙弘变节。

计划都挺好，可惜迟迟未能落实，最后也没了下文。

这之后，眼看形势越来越紧，刘安想动员军队，又担心大臣们不听命，于是又拉着伍被天天开会，想出了两条计划：一是在宫中放一把火，国相、二千石大臣必来救火，人一到就杀死他们；二是派人穿上边防军的衣服，手持羽檄，从南方驰来，大呼“南越兵入界了”，随后趁势起兵。

方案很好，刘安仔细想了想，又犹豫了。

伍被彻底无语了。大哥，咱们这可是在造反呀，当断不断，必受其乱，都到这份儿上了，你怎么还下不了决心呢？

刘安问伍被：要是造反之后事情进展不利，没有诸侯响应，怎么办？

伍被回答：那就往南收取衡山国，攻打庐江郡，夺取浔阳江上的船只，守住下雉的城池，封锁九江、豫章的渡口，用劲弩沿江布防，东取江都、会稽等地，割据东南，或可苟延残喘几年。

刘安点了点头，只能这么办了，要是情况危急就去越国吧！

事实证明，刘安完全是想多了，因为有司逮捕世子的传票已经下来了。

接到传票后，刘安终于醒悟了过来，他决定丢掉幻想准备战斗，派人去请淮南相国、内史及中尉前来开会，计划等这三个大佬一到，立刻发兵。

结果，这三个人中，只有国相一个人准时参会，内史在外面视察工作，来不了；中尉借口要迎接上司视察，死活也不肯来。

刘安傻眼了，光杀一个国相不顶用啊，中尉不来，自己根本指挥不了部队。最终，刘安还是拍了板——再议！

电影《三毛从军记》有一段经典旁白：再议，就是再议论议论，再研究研究，再商量商量，再权衡权衡，再比较比较，再考虑考虑，再观察观察，再看看，再想想，再等等……

眼见自己的老爹窝囊到这个地步，世子刘迁也是无话可说，只能跑去和老爹说，群臣中靠得住的都已经被抓了，眼下是内无可用之臣，外无可用之兵，造反这事算是彻底歇菜了。如今之计，只有弃卒保车一条路——我主动站出来顶罪，想尽一切办法把您保住，这样或许有一线生机。

事到如今，刘安也没有更好的办法，只能点头答应。

其实，刘迁知道自己是扛不住大刑的，他早就做好了打算，准备抹脖子。可是，当他拿起匕首才发现，自裁是需要勇气的，而他并没有做好赴死的准备。

刘迁拿着那把匕首试着往脖子上划拉了几下，最终还是选择了放弃。好死不如赖活着，万一自己还有活下去的希望呢？

伍被一看这形势，刘安父子是一对大草包，跟着他们算是没出路了，转过身向办案人员自首，告发淮南王预谋谋反，并对自己参与谋反的言行供认不讳。

抓捕行动在夜里拉开了帷幕，办案人员很快就派兵围住了淮南王宫，逮捕了世子及王后一干人等，同时起获了皇帝玉玺及各级官员的官印、军用地图等。刘安也被暂时幽囚起来，听候发落。

至此，淮南一案最终升级为谋反大案而且人赃俱获。

由于案情重大，办案人员第一时间将调查结果上报朝廷。

为此，刘彻专门召开了一个诸侯宗室会议，要这些宗亲们都表态发言，这案子究竟该如何判？

很明显，刘彻是想借此机会敲打一下宗室们：跟我对着干，这就是下场！

大伙儿纷纷表忠心，一致认为淮南王身为宗室长辈背着朝廷搞小动作，罪大恶极，必须严惩！

对于众人的表现，刘彻很满意，派了宗正，也就是皇族事务部长手持皇帝符节，前往淮南国处治刘安。

当宗正踏上前往淮南国的道路时，刘安也给自己宣判了死刑——他自杀了。

这之后，刘安的家属尽皆被处死，所有参与谋反的人一律灭族，淮南国改为九江郡。

至于伍被，刘彻在看完卷宗后，原本打算放他一马的，毕竟他检举有功。不过，一向以酷吏著称的张汤却不同意。他坚持认为，伍被是淮南王的首席谋士，且实际参与了谋反策划，罪不可赦。

就这样，倒霉的伍被也被砍了脑袋。

故事先讲到这里。按照西汉官方说法，刘安是一个谋反的诸侯王，《史记》《汉书》中都对刘安的谋反有长篇记载。

可问题在于，从淮南王谋反案结案之后，就一直有人为淮南王鸣不平。如果我们细读《史记·淮南衡山列传》，不难发现，对刘安的所谓谋反都有注脚，留下曲笔隐语，耐人玩味。

换句话说，刘安极有可能是“被谋反”的。

为什么这么说？

首先，刘安的性格决定了他不可能谋反。

和父亲张扬外向、好勇斗狠的性格不同，刘安好读书鼓琴，不喜狗马弋猎，他才华卓著，文采斐然，是一个纯粹的知识分子。他潜心学问，到武帝朝时，已成了国内颇有名气的学者，在各诸侯王中也享有很高的声誉。

刘安还热衷于道家黄老之术，组织了一帮文人编了一部《淮南子》。在这套书中，他系统地梳理了先秦百家学说，认真总结汉初统治经验，为当世及后世的刘氏统治者提供经验教训。

除此之外，刘安喜欢钻研炼丹术。为求长生不老之药，在安徽八公山下召集术士门客，燃起炉火，试图用黄豆研浆和盐卤同炼“仙丹”。结果“仙丹”没炼出来，反倒研制成了鲜嫩可口的豆腐，这种偶然的发现，使豆腐成了宫廷、民间喜爱的食品。距今已流传两千多年。刘安成为豆腐行业的祖师爷。

俗话说，秀才造反，三年不成。一个醉心于学问的人，不太可能去考虑谋反这种掉脑袋的事儿。换句话说，刘安的性格决定他不可能孤注一掷，像父亲那样谋反。

其次，造反的资本也不够。

刘安的淮南国，是被一分为三之后的淮南国，大致位于今天的安徽江淮地区。伍被清醒地看出中央和诸侯的力量对比悬殊，淮南国起兵根本没有胜算。就算关起门来当诸侯王，也不过是强撑时日，最终还是要被朝廷击败。

从刘安的处境来看，他既无外部强援，又无相关内应，连手下将领的思想工作都做不通，怎么打仗？总不能让一个书生气十足的王爷亲自提着刀上阵砍人吧？

再次，刘安的年龄也决定了他不会造反。

刘安是刘彻的叔叔辈，他造反那一年，已经五十八岁了。

在那个普遍寿命都不高的时代，五十八岁堪称高龄了。早在几年前，刘彻给他赐了一根手杖，意思是你不用来上班了。

彼时的刘安，他的人生已经步入迟暮之年，他的牙齿开始松动，头发开始花白，气血和力量已开始衰退，脑力、记忆力也大不如前。无论是雄心还是精力，以及思考问题的方式，都不可能如年轻气盛时那样鲁莽。而且，刘安在全盛时期都没敢造反，如今年华老去、暮气深重，更无造反的道理。所以说刘安谋反，于情于理都不成立。

既然如此，刘安为什么会落得这么个下场？

其实，只要仔细分析，不难发现，刘安与刘彻二人有一个根本性的矛盾。

首先，刘彻少年登基，受到窦太后的掣肘，他时时刻刻担心的是自己的皇位是否稳固。而刘安的父亲当初因谋反，在流放途中去世，虽然刘安后来也接替了淮南王的位子，可谁能保证他对中央朝廷绝无谋逆之心？

不管别人信不信，刘彻反正是不信的。

其次，两个人还有更深的政见分歧。

刘彻重用酷吏，喜欢以严刑峻法驾御天下。刘安则恰恰相反，他在自己的地盘上与民为善，广施恩惠，推行仁德之术，深受百姓爱戴，颇有声望。他以诸侯王的身份，招揽了数千学者，组成了一个庞大的学术集团，著书立说，倡导黄老学说，与儒家大唱反调，这无疑使刘彻感到了一种咄咄逼人的压力。

在刘安看来，至高无上的皇权其实是以人民为基础的，身为皇帝，要以人民的利益为出发点。他的观念是“天下为公”，为了论证这一点，他大力颂扬尧、舜之道及先贤们的盛德，而这些显然也是为刘彻所不容的。

最后，刘安喜欢养门客，这也是刘彻最为忌讳的。

班固在《汉书·游侠传》里面提到了一句话：自从窦婴、田蚡和刘安之后，刘彻很生气，这也成了卫青和霍去病的前车之鉴。

这句话其实没说完整，刘彻为什么会生气？因为这三个人都有一个共同的爱好：好养门客。就拿淮南王刘安举例子，他身边有很多门客，其中最有名的有八个人：苏飞、目尚、左吴、田由、雷被、毛被、伍被和晋昌，这八个人合称“淮南八公”，后在道教传说中被衍化为八位仙人。

站在刘彻的立场来看，你一个地方上的诸侯王，召集这么多能人到身边，到底想干什么？难不成是想造反？

在中央与地方的矛盾尚未得到彻底解决的武帝时代，政治风浪一个接一个地排山倒海而来，多少诸侯王冠落地，身死国除。刘安，这位知识分子王爷，置身于政治风浪中，家庭的偶然纠纷，被他的仇人和对立面加以利用，节外生枝，推波助澜，最终，被推进了坟场。

家庭内讧

托尔斯泰说：幸福的家庭都是相似的，不幸的家庭各有各的不幸。其实，不幸的家庭有时候也是相似的。

比如衡山王刘赐。

前面说过，上一任淮南王刘长死后，地盘被分成了三块，分给了他的三个儿子：阜陵侯刘安为淮南王，安阳侯刘勃为衡山王，阳周侯刘赐为庐江王。七国之乱后，刘赐被改封为衡山王。

这一家子人，除了刘勃，剩下的两个都不是省油的灯。就在刘安密谋造反的同时，弟弟刘赐也在暗中筹备，不过他最初的目的不是造反，而是防备大哥刘安谋反抢了他的地盘。

有一次，刘赐入京朝见，身边有一个叫卫庆的谒者（礼宾官）懂点方术，想跳槽到刘彻身边。

长安人都知道，皇帝刘彻迷信神仙、希求长生之术那是出了名的。卫庆估计也想靠这种小伎俩攀高枝。刘赐知道后气坏了，吃着老子的饭，还想着跳槽？一气之下，他给卫庆安了个死罪的罪名，严刑拷打，逼他签字画押。

这就有点过分了。

衡山国的内史看不过去，拒绝审理此案。刘赐便指使人上书控告内史，最终把内史给撤了职。

不仅如此，刘赐还多次侵夺他人田产，把人家的坟墓扒了种地。这事儿捅到长安后，有关部门要求逮捕刘赐并追究他的罪责，刘彻不同意，只是收回了衡山国二百石以上官吏的任免权。

就是这样一个处理决定，让刘赐感到非常难受，回去后就与人密谋，并找擅长布兵占星的人，准备与皇帝拼个鱼死网破。

就在刘赐积极准备造反的当儿，家里又出事儿了。

刘赐的王后叫乘舒，给他生了三个孩子：长子刘爽，次子刘孝，女儿刘无采。二老婆徐来生了四个孩子，三老婆厥姬生了两个孩子。

事实证明，老婆多，子女多，家庭矛盾也多。刘赐的家庭矛盾从王后去世后变得错综复杂起来。

王后去世后，二老婆被扶正，刘赐依然对厥姬宠幸有加。徐来和厥姬两人互相看不顺眼，互相挖坑下绊子。

厥姬对世子刘爽说：世子啊，你知道你娘亲是怎么死的吗？是徐来指使婢女用巫蛊邪术给杀死的啊！

有这等事？

厥姬信誓旦旦地表示：千真万确，这是我亲眼所见的。

世子从此恨上了徐来。

有一次，徐来的哥哥到衡山国出差，世子陪着他饮酒，估计喝高后闹了点矛盾，没控制住，拔刀刺伤了他。徐来当然恼怒，在刘赐耳根子边不断打刘爽的小报告。

刘爽的妹妹刘无采，出嫁后被休了，回到娘家后耐不住寂寞，跟各种男人上床。大哥刘爽实在看不下去了，就把老妹叫过来一顿训斥。

刘无采被骂毛了，干脆不再和大哥来往。眼看着兄妹二人闹了矛盾，徐来抓住机会送温暖，百般疼爱，将刘无采和刘孝拉到了自己这边的阵营。

面对新王后和自己弟弟妹妹的联手诋毁，世子刘爽在老爹面前越来越得不到信任，动不动就遭到训斥甚至打板子，打得刘爽哭爹喊娘，屁股肿得老高。

一天，徐来的奶妈走在街上被一伙人给揍了。虽然没抓到凶手，但徐来怀疑是刘爽暗中使坏，便在刘赐跟前吹耳边风，把世子刘爽痛痛快快地打了一顿。

刘爽心里那叫一个憋屈，偏巧就在这几天里，刘赐生病了。刘爽因为屁股开了花，心里有怨气，没到床前服侍。这下子，徐来一伙人又揪住此事大做文章，跑到刘赐跟前吐槽说，世子根本没病，他就是不想来伺候大王。

刘赐半信半疑：有这种事？

徐来回答：有的，我还听说，世子这两天在家里，居然面带喜色，看样子心情还不错呢！

刘赐当场就气炸了，他拍案而起，扬言要废掉刘爽，让次子刘孝当世子。

一旁的王后徐来有些蒙，废掉世子当然好，那也不能让刘孝这小子摘了桃子啊！别忘了，自己也有儿子等着上位呢！

不行，必须把刘孝这小子彻底打倒，不然自己的儿子就没有出头之日了！

内斗的矛头又转向刘孝。

可问题在于，如何才能把刘孝拉下马呢？

徐来想了半天，还是决定从男女关系上入手。王宫里有一个侍女，能歌善舞，长得分外标致，很得刘赐的喜欢。徐来设了个局，让这个侍女上了刘孝的床。

眼看着剧情正在朝自己写的剧本发展，不料半路杀出个刘爽，破坏了自己的计划。

刘爽不知通过什么渠道，得知了徐来要陷害刘孝的事，他灵光一闪，脑子里冒出了一个想法：既然徐来能用美女诱惑刘孝，那我是不是也可以通过美男诱惑徐来，搞臭她的名声？

刘爽越想越激动，觉得自己简直就是个天才。也不用专门去物色一个帅哥了，自己亲自上。看她以后哪还有脸给自己挖坑。

有一次，王宫里开宴会，徐来喝多了，醉眼蒙眬，刘爽主动要求送她回去。到了卧室后，刘爽色心大起，剥光了徐来的衣服，刚抬起大腿，就见徐来睁开了眼，一看是刘爽，瞬间清醒了过来，大声呼救。

事情搞得人尽皆知，这下子，刘爽可糗大了！

刘赐知道后，气坏了，老子的女人你也敢睡，还反了天了，我的皮鞭呢？

刘爽也知道自己的世子之位铁定是保不住了，既然已经到了这个份儿上，那就没必要再忍了。他决定跟老爹坦白：您先别急着动手，您还不知道吧？您的好儿子刘孝睡了您的舞娘！

刘赐瞪大了眼睛：当真？

刘爽说：还有更劲爆的呢，您的好女儿刘无采，和家里的门客乱来，您老听说了吗？

刘赐说：胡说八道！

刘爽说：老爹啊，您打起精神好好吃东西，养好身体哈，我要去写材料了。说完，一溜烟儿就跑了。

刘赐只觉得天旋地转，他扶着额头，生了这么个不着调的儿子，真是人生的一大悲剧啊！

不对，他刚才说什么来着？写材料？写什么材料？难不成是要向朝廷检举自己？万一自己这点事儿被人抖出去，那可就出大事了！

不行，得赶紧把他追回来！

刘赐亲自去追，追到后一顿揍，然后给他戴上枷锁，押回宫里关了起来。

刘爽凝噎无言：天亡我也，告诉了你实情，结果你非但不信我，还揍我！

揍完了自己的儿子，刘赐终于长舒了一口气，这下子，世界终于清静了。

刘赐也调整好了自己的情绪，他固执地相信，刘爽的那些话是不能当真的，刘孝是个好孩子，他一定不会干出那种事儿，自己还要给他托付大事呢！

下定决心后，刘赐给予了刘孝格外的恩宠，他不仅将王印交给了刘孝，还赠予其将军的名号，让他住在宫外的府第中，招揽门客。这些门客都知道刘孝父子有造反的念头，没事儿就煽动一下，点把火。

不仅如此，刘赐还把自己的造反计划全部告诉了刘孝，安排那些门客刻玉玺、印委任状、督造兵器箭镞。

就在准备造反的当儿，刘赐去首都长安出了趟差，回来的路上抽空去了趟淮南国，拜见大哥刘安。两个人之前闹了点矛盾，不过这一次共同的志向让二人化解了此前的矛盾，两人决定联起手来共同干大事。

第二年，刘赐上书朝廷，请求废掉世子刘爽，改立刘孝为世子。

刘爽得知消息，当场就掀了桌子，你做得了初一，就别怪我做十五！咱们走着瞧！

其实，刘爽虽然被关了起来，但他早就为今天的局面做好了准备。他早就写了一封检举材料交到一个叫白嬴的门客手中，跟他约定，一旦自己这边有危险，立即将这封材料送到长安去！

不过，在这封检举材料中，刘爽把全部的罪责都推给了刘孝，控告他私自打造兵器战车，而且还睡了老爹的女人。很显然，刘爽不想把自己的老爹也拉下水，他还对世子之位抱有幻想。

刘爽的计划很完美，可偏偏忘了一件事儿，白嬴是个通缉犯。

想当初，淮南王将自己的一批门客派到了衡山国，让他们协助刘赐准备造反大业，顺便避避风头，想来白嬴就是其中之一。虽然他在衡山国混得不错，可他忘了自己当初可是上了红色通缉令的，一到长安城，就被官府逮捕，直接扔进了大狱。

白嬴被下了大狱，刘赐慌了，他害怕那小子把自己谋反的事秃噜出去，于是干了一件蠢事，他主动上书坦白，反告世子刘爽干了大逆不道的事，应处死罪。

刘彻下令，将此事交沛郡审理。

这之后，办案人员意外抓到了一个叫陈喜的人。此人当年也参与了淮南国的谋反大案，后来偷偷跑到衡山国，专门为刘孝打造兵器战车，算是刘孝团伙的骨干成员。凑巧的是，这哥们儿被捕时，就在刘孝的家中！

这下子，事情兜不住了。

刘孝顿时手足无措，他怕陈喜把造反一事供出来，又想到大哥刘爽指使白嬴上书，肯定也要告发谋反之事，怎么办？

刘孝思来想去，决定主动到办案人员那里抢先告发门客枚赫、陈喜等人参与谋反，以求一个立功表现。

结果这么一搞，反倒使原本还没有暴露的衡山国谋反案浮出水面，并坐实了衡山国高层知晓并参与谋反的事实。

案情已经非常清楚了，衡山王父子预谋造反，证据确凿。废话不多说，抓人吧！

第二天上班时，公卿大臣们纷纷要求逮捕审讯衡山王刘赐。

刘彻不同意，衡山王毕竟也是自己的长辈，刚收拾了一个淮南王，要是再把衡山王打倒了，那其他那些叔叔辈的诸侯王会怎么想？真是不动脑子！就算要抓人，那也得有确凿的证据！

于是，朝廷抽调了中尉司马安、大行李息二人，前往衡山国做进一步调查。

面对朝廷派来的办案人员，刘赐也知道这次玩砸了，只得老实交代，并赶在朝廷正式判决下达前自杀身亡。这么做，无非是想把全部责任都揽到自己身上，以求保全家人。

可惜，刘赐还是失算了。

刘彻作出重要批示，要求办案人员彻查此案，每个环节都必须查实，依法严惩。

办案人员吃透了朝廷的意思，很快作出判决：刘爽被父亲举报不孝，斩首弃市；刘孝投案自首，免去谋反罪，但是因为与父王的舞姬有染，也斩首弃市；王后徐来，用巫蛊咒死了前王后乘舒，也被处死。

刘赐团伙被一网打尽，衡山国被撤，改为衡山郡。

第六章　马踏匈奴

万骑卷河西

在镇压了淮南王与衡山王之后，刘彻又开始构思他的扩张计划。闲暇之余，他总喜欢把张骞叫到身边，让他说一说西域的见闻。

此时的汉朝还未将匈奴完全逐出漠南，刘彻问他：有没有其他的路线可以连通西域？

张骞沉吟片刻，还真想起了一件事。

他告诉刘彻，当初在西域的大夏国时，看到了汉朝蜀郡出产的蜀锦和西南夷邛都特产的竹杖，便问当地人从何得来的这些外国特产？

大夏人告诉他，这些东西是从位于大夏东南一个叫身毒的国家买来的。

当时所说的身毒，其实就是今天的印度。

张骞拿出一幅西域各国的地图，在案上摊开，伴随着讲述，手指在地图上慢慢移动。

臣大致算了一下，大夏位于汉朝的西南方向一万两千里外，而身毒在大夏的东南方向数千里外。这么一估算，身毒应该就在蜀的西南方向。而且，既然身毒能买到蜀地的产物，说明身毒应该距离蜀地不远。

张骞虽然没去过身毒，但是仅凭大夏人提供的有限信息，便估算出来身毒与汉朝的方位，已经相当了不起了。虽然客观环境限制了张骞的脚步，但是并不能阻挡张骞对未知的探索。

刘彻的目光随着张骞的手指而移动，最后停留在一片空白地带。很显然，那里还是一方未知的土地，等待着自己去探索。

张骞告诉他，如果能打通从蜀地到身毒国的道路，不仅可以另辟一条直通身毒和西域诸国的路线，避开匈奴拦截的危险，而且还可以将我大汉的文明远播域外！

刘彻的情绪有些激动了。

张骞继续娓娓而谈。

西域的大宛、大夏及安息等国，有很多奇珍异宝，民风与我中原类似；北边有月氏、康居等国，兵力强悍。我们可以通过赠送财物、施之以利的办法让他们臣服大汉，进而通过礼仪加以教化。这样一来，我大汉必将地广万里，威德遍于四海！

刘彻看着地图，一双眸子中闪动着雄视万里的神采，思维在更高远的时空中穿梭。

终于，他再也无法抑制住自己内心的激荡，重重一拍桌案，对张骞说道：此事若能成功，北方的匈奴必将陷入腹背受敌的境地！张爱卿的西域之行，为朕打开了眼界啊！

为了寻找身毒、连通西域，开通西南夷的事宜再次被提上了日程。

说干就干，汉朝派出了大量使团深入西南崇山峻岭中，开辟通往西南夷的道路。

这条通道确实不好走，既有横断山脉崇山峻岭阻断，又有茫茫的热带雨林，既有层出不穷的毒虫野兽，又有神出鬼没、杀人越货的强盗，这些天然屏障，难以逾越。

为此，刘彻任命郭昌为拔胡将军，南下征讨西南蛮夷。部队一度抵达了今天的云南昆明，将一大块土地收入治下，取得了不小的成绩。

不过，那个让人魂牵梦绕的身毒国，依然在大山外的传说中。

最后，刘彻打通西南交通要道的宏伟计划不得不搁浅，汉朝开拓西南的征程也暂时告一段落。

既然西南的路走不通，那就只能把目光投向西北了。

根据张骞的调查，匈奴在西域的势力根深蒂固，不少西域小国都当了匈奴的小弟。要想联合西域各国共同抗击匈奴，必须要打通一条通往西域的道路。

这条通往西域的道路，就是传说中的河西走廊。

河西走廊因在黄河以西，形似走廊而得名，位于祁连山脉与阿拉善高原中间，东连中原，西接西域，南北沟通青藏高原和蒙古高原。

如果你有幸站在河西走廊的东部起点乌鞘岭（今甘肃天祝县），放眼望去，左侧的祁连山脉高耸入云，山顶上终年积雪，冰雪融水滋养着山下的土地；右侧是两大沙漠，巴丹吉林沙漠和腾格里沙漠。

公元前209年，匈奴单于冒顿统一大漠，占据了河西走廊。

这就差不多是给中原王朝的脖子上架了一把刀。

虽然河西走廊降雨极少，但祁连山融化的雪水使荒漠的河西走廊呈现出一片绿色，滋养了当地的百姓，使这里成为西北地区少有的富饶之地，成为匈奴的重要牧场。

凭借河西走廊的地形优势，匈奴向西可控制西域诸国，向南可笼络羌族各部，向东则对汉帝国的西北疆土虎视眈眈。他们随时可能骑着马儿，哼着曲儿来劫掠长安。

因此，打通河西走廊成为汉帝国的首要目标。

这个光荣而艰巨的任务，落到了年轻的霍去病身上。

这一年，霍去病只有十九岁，他能扛得住这份责任吗？

刘彻对自己的决定深信不疑。

这位长于长安绮罗中的少年，拥有着所有王公子弟所不具备的刀锋般的眼睛和岩石般冷漠的神情。从他身上，刘彻似乎看到了自己年轻时的影子。

元狩二年（公元前121年），霍去病从骠姚校尉升格为骠骑将军，率领精兵一万出征匈奴，开始了他独当一面的军事生涯。

《史记》中记载，霍去病小小年纪就有胆气，敢任事，弓马骑射样样精通。有一次，刘彻想教他孙子兵法，霍去病却很不以为然，说：打仗看的是战场谋略，要随机应变，何至于要去学古代兵法？

刘彻无言以对。

还有一次，刘彻给他赐了一座豪宅，让他去看看。霍去病掷地有声地说出了那句名言：匈奴未灭，何以家为？

不得不说，有些人天生就属于战场，只有在金戈铁马的沙场上，他们才能获得一种极致的生命体验，才能体会到生命的壮阔之美。

霍去病就是这样的人。

这一年，他十九岁，距离他上一次出征匈奴，已经过去了两年。

两年的时间倏忽而过，他已脱去了稚气，雄性激素爆棚，浑身上下透露出一股与其年龄不相称的成熟与老练。

他在等待，等待下一次与匈奴正面厮杀的机会。

再一次跨上战马，驰骋在这荒芜的大漠，霍去病感觉自己的鲜血在沸腾！

朝思暮想了两年，而今，终于得偿所愿。

他的目光中透着一股坚定，举手投足之间却自有一种睥睨天下的杀气——这是一种模仿不来的气势，只有那些转战千里、百战百胜、从尸山血海中蹚过来的老兵才会如此。

人如虎，马如龙。在他身后，是一万名精锐将士，他们都是羽林军中的精锐，骑射功夫出类拔萃的一群人。

西汉上承强秦，色尚黑红，兵将们都穿着赤色的直裾，外披玄色铁甲，骑在高大的骏马上，头盔上鲜艳的雉羽随着马匹的行进有规律地颤动。每隔十人，就有一名什长高举着绘有各种图案的黑旗，在迎面刮来的西风中猎猎作响。

一路行来，霍去病与他们同吃同住，事事冲在最前面，让原本不安的骑士们有了一种亲近感和信任感。此时此刻，他们骑在马上，身子随着战马的奔腾一起一伏。

自陇西出塞后，霍去病越过盛夏飞雪的乌鞘岭，进入河西走廊，渡过狐奴河，然后一路往西推进。

雪山茫茫，牧草青青。

夏风送爽，拂拭征尘。

十九岁的霍去病不负众望，在千里大漠中闪电奔袭，打了一场漂亮的大迂回战。六日内，汉军挺进千余里，越过焉支山，直插向浑邪王的地盘。

皋兰山下，匈奴军队严阵以待。

匈奴一方，有浑邪王、休屠王、折兰王、卢侯王等部落联军一万三千多人，人数比霍去病的部队多一些。

大战来临，霍去病的眼中没有胆怯，只有掩饰不住的激动。

他握紧手中长矛，冲杀在前，战马奔腾，径直朝着正前方向奔腾而去。身后一万名骑兵紧随其后，闯入匈奴骑兵阵中。

一番激战后，霍去病率兵连破浑邪王帐下五个部落，斩杀折兰王、卢侯王及其下八千九百人，俘虏浑邪王的一个儿子及其部落的相国和都尉，缴获休屠王祭天金人一尊。

这一战后，朝中再无人质疑少年霍去病的统军能力，他成为汉军中的一代军人楷模、尚武精神的化身。

霍去病真正走上了历史舞台的中央。

河西之战大获全胜，刘彻激动不已，为霍去病增加食邑两千户。

匈奴人收拾残部，落荒而逃。然而，这只是他们噩梦的开始。

由于霍去病河西首战的成功，这年夏天，刘彻迫不及待地发动了第二次河西战役，意在趁热打铁，驱除河西匈奴势力，将河西地区牢牢地控制在汉帝国的手中。

自然而然，这项重任又落在了霍去病的身上。

为了牵制匈奴的部队，刘彻制订了一项宏大的计划，命令汉军两线作战。李广率四千、张骞率一万骑兵为一路，出右北平，以牵制匈奴左贤王部，阻止其增援河西；霍去病、公孙敖各领一万骑兵为一路，从北地郡（今甘肃环县）出发，分头进击，目标直指河西地区。

计划很完美，然而这一次还是出了意外。

问题出在李广身上。

按照计划，李广和张骞负责东线。李广作为开路先锋，带着四千人马先行出发，张骞率一万骑兵紧随其后。但是在行军过程中，也不知是李广求功心切走得太快，还是张骞的速度太慢，两军的距离越拉越大，到最后竟然相隔数百里。

这就给了匈奴人可乘之机。

很快，轻装疾进的李广就遇上了匈奴左贤王的队伍，等他抬起头时，才猛然发觉自己已经陷入了匈奴人的重重包围中。

李广的部队只有四千人，而对面的左贤王有四万人。一比十，兵力众寡悬殊。

形势十分紧张，除了一些老兵还能保持平静以外，其余的士兵都面色发白，眼中流露出惊骇之色。这一次，怕是插翅难逃！

作为一名老将，李广深知军心的重要性，一旦自己的部队胆怯了，那离死亡也就不远了。他暗暗告诉自己：一定不能慌！

李广深吸一口气，命令儿子李敢带领数十名勇士冲入匈奴骑兵阵营。

李敢确实有其父之风，接到命令后，没有半分犹豫，带着自己的部队杀入匈奴阵营，在里面横冲直撞，从左翼杀到右翼，最后全身而出。

李广高声道：你们看，匈奴人并非不可战胜，他们还是很容易对付的。

这么一来，大伙儿的恐慌情绪才算稳定下来。

匈奴人吃了亏，自然不肯善罢甘休，他们拿出自己最擅长的骑射战术，万箭齐发，射向包围圈中的汉军。汉军一面用盾牌抵挡，一面瞅准机会进行还击。

荒凉的戈壁上，只有漫天的箭雨和血雨飘洒在天空。

双方对射了几十个回合，汉军这边损失惨重，伤亡人数过半，更要命的是储备的箭矢也快用完了。

怎么办？

李广改变策略，要求骑兵们节约箭矢，把强弩张开拉满弦，但不要发射，等待敌人靠近时再发射。

为了鼓舞士气，他拿过一把加强版的骑兵弩，专门瞄准匈奴的头目，一箭一个，连续射杀了好几人。

匈奴人被震慑住了。

眼看着身边人一个个被箭矢射倒，还未交战自己的首领便已阵亡，再加上他们远远低估了这支汉军的实力，匈奴人的损失也不小。

这一战，从白天杀到了天黑，荒凉的戈壁滩上，到处弥漫着血腥的味道。

夜幕降临，匈奴人也是筋疲力尽，决定后撤一步，好好休息一下。反正汉军还在自己的包围圈中，也不用担心他们逃出去。

身处重围之中，李广依然是镇定自若，他照例巡查各营，安抚将士们，让他们好好休息。这是他眼下唯一能做的事。抬头望去，夜色漆黑如墨，冷寂如铁。明天，等待他的又是什么呢？

第二天，匈奴再一次对汉军发动了进攻。

一夜的休整虽然让汉军将士的体力得到了恢复，可箭矢的消耗依然很大。眼看快要支撑不住时，救星出现了！

张骞终于带着主力部队出现了！

汉军士气大振，举起了手中的长刀，嗷嗷叫着冲向对面的匈奴阵营。

匈奴左贤王绝望了。

自从那一万汉军骑兵出现在自己视野中时，他就知道，战争已经结束了。再打下去，吃亏的是自己。

想到这里，左贤王只得调转马头，恨恨地道：撤！

这一战，汉军损失了三千多人。张骞因行军迟缓，被判处死刑，交了一笔赎金后，被贬为平民。李广虽贪功冒进陷入重围，但射杀了匈奴骑兵四千多人，功过相当，既无赏赐也无处罚。

东线如此，西线主战场也同样不顺利。

按照原计划，西线的部队兵分两路，一路由霍去病统率，沿着腾格里沙漠南缘进军；另一路由公孙敖统率，沿腾格里沙漠北缘进军。双方约定在两千里外的居延会师。

居延位于今天的内蒙古额济纳旗，这里有一片湖泊，叫居延海，部队可以在这里补充水源，得到暂时的休息。

霍去病从宁夏灵武渡过黄河，向北越过贺兰山，踏入了浩瀚的腾格里沙漠。

刺眼阳光炙烤下，一支骑兵队伍正在艰难行军。

领头冲在最前面的，正是霍去病。在他身后，汉军将士们身着玄甲，战旗猎猎，迎风招展，随着战马的奔腾身子高低起伏。

当霍去病的部队赶到居延时，却没有看到任何人的影子。举目远眺，四周是一望无垠的大漠，视野之内皆是黄沙。

怎么回事？

就在霍去病在约定地点苦苦等待时，公孙敖正带着自己的队伍在大漠中四处转悠——他迷路了。

大漠之中迷路，其实是常有的事，李广深入大漠时，也曾因迷路延误了战机。无论你战前的计划多么周详，一旦迷了路，全都白瞎。

怎么办？

要不要继续等待？

战场上的战机稍纵即逝，容不得片刻犹豫。霍去病深吸一口气，发出命令：出发！

即便只剩自己这一路军队，他也要大干一场！

宝剑不出鞘，出鞘必见血，不噬血不回。

部队经过简单的休整后继续出发，从居延南进，过居延沿黑河南下，以迅雷不及掩耳之势攻入浑邪王和休屠王的驻地。

汉军从天而降，浑邪、休屠二王闻听大惊，急忙联军一处，拉开阵势迎战。

这是场硬碰硬的遭遇战。

然而，霍去病的骑兵突击能力实在是太强了，就在匈奴部队手忙脚乱时，呼啦啦的汉军铁骑已如旋风而至，先是一轮箭雨，而后抽出了长刀。

狭路相逢勇者胜！

数之不尽的汉军铁骑疯狂杀至，一片片血雨飘洒在天空。局势在转瞬之间，就已有了定论。

紧接着，霍去病深入祁连山，横扫小月氏。匈奴人仓促应战，被杀得七零八落。

这一战，匈奴人损失惨重。汉军以折损百分之三十兵力的代价，歼敌三万两千人，俘虏两千五百人；匈奴小王被俘获五名，小王的母亲、妻妾、王子被俘虏五十九人；各部落的相国、将军、当户、都尉等高级官员被俘六十三人。

追随霍去病出征的赵破奴在这一战中表现突出，斩了遬（chì）濮王，生擒稽且王，同时还俘虏了稽且部落的右千骑将、王母、王子及其他高级官员四十一人和骑兵三千三百三十人，因战功被封为从骠侯；

汉军校尉高不识，擒获呼于耆部王子及部落官员十一人、战士一千七百人，被封为宜冠侯；

部将仆多被封为辉渠侯；

公孙敖因迷了路，失期当斩，交了一笔赎金后免为庶人。

经过这两次征战，河西走廊上的匈奴部队基本被肃清。匈奴人再不敢与汉朝为敌，不得不退到焉支山北。

苍茫的暮色中，匈奴人收起了自己的帐篷，驱赶着牛羊牲畜，在辚辚的车马声中，迎着如晦的风雨，投入无边的黑暗。匈奴的歌手弹着乐器，唱起了哀恸的挽曲：

失我祁连山，使我六畜不蕃息；
失我焉支山，使我嫁妇无颜色。

霍去病生活的这个时代，匈奴的实力空前强盛，它发源于内蒙古阴山河套地区，因为这里的草木最为繁盛，水分最为充沛。匈奴的版图幅员辽阔，东到辽东，西至帕米尔高原，北到贝加尔湖，南到长城，横贯南北大漠。

我们无法知道匈奴全盛期的土地面积到底有多大，但是想来应该和汉朝疆域不相上下。

然而，匈奴很不幸，它遇到了霍去病，而且是在它的全盛期遇到了霍去病。

仅凭河西这一战，霍去病便足以跻身世界第一流的名将行列。

霍去病是匈奴人的噩梦。

两次的河西战役，匈奴总共损失了四万人，伊稚斜单于大发雷霆，要求浑邪王与休屠王到王庭述职，作出深刻的自我反省。

这哥俩在战场上吃了亏，知道自己要是去了王庭，恐怕脑袋也保不住了。

怎么办？

单于那里是回不去了，不过听说汉朝对匈奴降将很是宽待，这次将他们杀得丢盔弃甲的霍去病部下就有不少投靠过去的匈奴人。既然如此，不如……降了？

哥俩一合计，决定投奔汉朝，凭借自己的身份，吃喝不愁。

说干就干，两人写了一封信，向汉朝请降。

大行李息接待了匈奴使者，把人护送到了长安。

消息传到长安时，满朝文武都很惊讶。毕竟，此前虽也有匈奴人降汉，但也只是零星的，如此大规模的投降，却是头一回！

关于要不要接受匈奴人请降一事，朝中众人各有各的想法。有的说，浑邪王与休屠王能够主动请降，足以证明我大汉朝国力强盛；有人说，匈奴人狡诈，万一借请降的名义在边境上抢一把，那丢人可就丢大发了。

刘彻也是犹豫不定，为了保险起见，他把受降的重任交给了霍去病。

有他在边境上坐镇，谅匈奴人也不敢胡来。

其实，不只是汉朝不信任匈奴人，匈奴人同样也不信任汉朝。

南下的路上，休屠王心里一直惴惴不安。当得知前方受降的正是令匈奴人闻风丧胆的霍去病时，他傻眼了。

这哪里像是要受降的样子？明明是想将我们一网打尽啊！

不能再往前走了！

休屠王临时决定不走了。一旁的浑邪王早就看出了他的心思，开弓没有回头箭，这个时候你想反悔，晚了！

恼怒的浑邪王趁其不备，一刀砍了休屠王的脑袋。

休屠王一死，匈奴部队人心涣散，一路上不断有人开小差。等到了黄河岸边，看到霍去病威风肃肃、阵容齐整的汉军兵团，匈奴人开始不淡定了。

大量匈奴人开始哗变，浑邪王试图拦截，但逃跑的人数太多，根本拦不住。

这一切，都被霍去病看在眼里。

局势正在变得一发不可收拾，霍去病当机立断，向溃逃的匈奴人飞奔过去。身后呼啸的铁骑扬起漫天的灰尘，刀锋扬起。

霍去病毫不犹豫地撞入敌阵，手起刀落，他身边的匈奴人，一个个倒下。可霍去病浑不在意，举起长刀，疯了一般地劈砍。

从前的刀术和剑术此时全无作用，一刀下去便是鲜血喷溅而出，此时已经分辨不清到底是谁的血了。

浑邪王眼睁睁看着这一切，却无能为力。走到这一步，主动权已完全掌握在霍去病手里，自己连同身后的匈奴人，都只是一群待宰的羔羊。

在斩杀了八千逃兵后，浑邪王这边的匈奴部队已是鸦雀无声。

霍去病气喘吁吁，翻身下马。在他面前，是低垂着头甘愿引颈受戮的浑邪王。

霍去病拔出长刀，刀尖指向长空：

我，霍去病，奉大汉天子之命，前来迎接浑邪王和休屠王，只要一心归汉，我大汉自会以礼待之！如果还有人有二心，杀无赦！

杀无赦！杀无赦！汉军将士举刀大呼，刀剑如林，刺破了碧色的天空。

霍去病以雷厉风行的强腕，完成了受降的使命，居功至伟，加食邑一千七百户。

浑邪王独自进京面见大汉皇帝，表示愿意归顺汉朝，永不与汉朝为敌。刘彻大为欣慰，封浑邪王为漯阴侯，食邑一万户，他手下的几个将领也封了侯。

直到此时，浑邪王一颗悬着的心才完全落地。

这里有必要提一下休屠王。他因反悔被杀，其家人没入宫中，当了养马专业户。他有个儿子叫金日磾（mì dī），后来被刘彻栽培，一步步踏上仕途，成为刘彻的托孤大臣之一。

这一次，匈奴共有四万人归降，这些人被安置在陇西、北地、上郡、朔方、云中五郡，仍然保持匈奴人游牧的生活习性，汉朝在各地设属国都尉负责管理。

浑邪王的归汉，对伊稚斜单于来说是更大的打击！汉朝终于打通了通往西域的咽喉之地，将河西走廊握在自己手里，先后设了武威、酒泉、张掖、敦煌四郡。

甘肃有一句老话，叫“金张掖、银武威”，意思是说这两个地方拥有河西走廊乃至整个大西北最好的水土条件，自古以来就是水草丰茂的宝地。今天中国最大的山丹军马场就位于张掖的山丹县一带。

爱国富商

河西一战，汉帝国大获全胜，又有浑邪王带着四万人投奔汉朝，让刘彻倍儿有面子。他本来就好大喜功，这回就更想显摆显摆，为了帮助投奔汉朝的牧民驮运物资，刘彻下令调用两万辆大车。

工作安排下去了，可问题是经费没有落实。没有钱，官府上哪儿去准备这两万辆大车？

底下的官员也没办法，只能向百姓借马。试想一下，没有钱的差事，谁愿意白干？老百姓纷纷把马藏起来，政府多次动员，也是无济于事。

长安令双手一摊，这活儿没法干了。

刘彻原本是想在匈奴人面前展现一下汉帝国雄厚的经济实力，不料事情办砸了，不由得大怒，要杀长安令。

得知这个消息，汲黯坐不住了，他主动找到刘彻，说：长安令并无过错，错在汲黯，斩了臣，老百姓就会把马送来了？更何况这浑邪王背叛匈奴来投降，朝廷可以让沿途的郡县依次接待，哪里用得着震动天下，让全国的人疲于奔命，去侍奉那些匈奴的降兵降将？

这……一番话说得刘彻哑口无言。

浑邪王到长安后，朝廷又拿出上千万钱赏赐，鼓励他们在长安城好好住下来，不要有任何顾虑。

这么多匈奴人进了长安城，而且还带了不少草原上的特产，手中又有钱，商户甭提多开心了。他们积极主动与匈奴人对接，买卖货物。

眼看长安城商户与匈奴人的贸易往来日益频繁，刘彻很不高兴，派人把跟匈奴交易的商家全抓了起来，总共抓了五百多人。

大汉法律规定，吏民不得持钱物出关。虽然这次的交易地点在长安，但交易对象是匈奴，如果没有相关手续，照样可以认定为走私。

这就很尴尬了。

汲黯快疯了，他又去找刘彻，说：自从我朝与匈奴开战，死伤不可胜数，都是百姓的儿女。匈奴人投降，当以之为奴，赐天下人，以报答天下之百姓。再退一步说，就算是陛下实在不愿意以其为奴，也不应该动用国库进行赏赐，强征百姓的车马来伺候这帮爷。

老百姓不过跟匈奴人做了点小生意，他们哪里知道这样做触犯了法律？因这些小事而伤害百姓，是爱护树叶而伤害了枝条。陛下这样做，不合适。

刘彻沉默了，他不喜欢被人顶撞。

半晌，他深吸一口气，感慨道：我很久没听到汲黯的话，今日他又胡说八道了。

看看，汲黯的一番肺腑之言，在刘彻眼里居然是胡说八道！

刘彻已经长大了，在他眼里，此时的汲黯再也不是良师益友，已经变成一个恼人的糟老头，成为自己的一个阻碍。

众所周知，刘彻是一个求贤若渴的人。

他面向全国招揽人才，经常担心优秀的人才选不足，选不上来。

但是，刘彻也是个要求极其严苛的人。

哪怕是他平时最喜欢的人，只要稍有不慎，有一丁点儿让他不满意的地方，或者工作出了纰漏，下场只有一个：砍了。

而且还是谁说情都没用的那种。

这就很过分了。

做工作、干事业，不可能一帆风顺，难免会犯这样那样的错误。犯错不要紧，关键是及时改正，弥补错误。刘彻的做法却简单粗暴，这让很多人难以接受。

比如汲黯。

汲黯对刘彻的这种做法很不认可，怒气冲冲地去找他提建议：

陛下找人才找得不辞劳苦，但是找来的人还没发挥作用，就都被您给砍了。用有限的人才，满足您无限的肆意诛杀之欲，我觉得天下的人才恐怕都被您浪费得差不多了，到最后还找谁和您一起治理天下？

汲黯说这话时怒气冲冲，唾沫星子四溅，刘彻却一脸微笑，表情相当淡定：

哪个时代没有人才？怕就怕不能识人而已。若是有识人之明，哪会无人可用呢？况且人才就如器皿，有才而不肯尽用，留着有何用？不如杀之！

刘彻的这段话，后世的李世民想必体会最深。

唐朝时，李世民让封德彝去搜寻人才，等了大半年，封德彝告诉李世民，我尽心尽力找了大半年，确实没发现有什么人才。

李世民对封德彝说，君子用人如器，各取所长。难道古代的贤明之君，都是向周朝、向汉朝借人才来治理的吗？你自己没有识人的智慧就罢了，怎么可以把全天下的人都给污蔑为无才呢？

话题回到汲黯身上。

汲黯说：我说不过陛下，但是我心里还是觉得陛下的那套诛杀人才的逻辑，根本站不住脚。我恳请陛下以后还是改了这一点，不要让别人以为是我愚蠢不懂道理。

难得看到汲黯说自己笨，刘彻笑着对大伙儿说道：汲黯啊，你要是说自己八面玲珑，我还真不信；你现在说自己太笨，我觉得你的自我认知很到位！

没过多久，刘彻就找了个理由将汲黯打发回了老家。

汲黯虽然走了，可眼前的烦恼却没有因此而减少，刘彻每天都在为缺钱而发愁。前两次对匈奴作战，汉帝国虽然打赢了，可这胜利的背后却是国库日益空虚。

随着对匈奴战事的迁延日久，钱的问题就日益凸显。

怎么办？

刘彻思来想去，想起一个人来。

这个人叫卜式。

卜式是河南洛阳人，生于富裕之家。十五岁时，父母双亡，卜式一个人把弟弟带大，帮他娶了媳妇成了家，兄弟俩就分了家。卜式将家里的房产和土地都留给了弟弟，自己仅赶着百余只羊到山中放羊为生。

别人放羊，是去草场，卜式不一样，他进大山。

羊的繁殖能力比较强，一只母羊从受孕到下仔要五个月，小羊断奶要三个月，受孕间隔期八九个月时间。卜式放羊是一把好手，他往山沟里一钻就是十多年，出来时，百余只羊已变成了千余只，出山后置办家业。而此时，弟弟因不善营生，早已坐吃山空，家业败尽，卜式二话不说，再次资助弟弟，备受乡邻称赞。

此时，朝廷连年对匈奴作战，财政吃紧，已经快拿不出钱了。朝廷为了筹资，宣布了一项法令：犯人可以通过缴纳赎金获得减刑或释放，同时出卖朝廷爵位。

国家缺钱，老百姓就得勒紧裤腰带过日子。卜式却主动站出来，表示愿意把一半家产捐献给国家，作为对匈奴作战的经费。

县令一看，乐了：老子治下竟有如此良民！嘿嘿，这就是我升官发财的资本啊，立即将这事儿上报到了朝廷。

刘彻听说后，觉得这人有点意思。这些年，让谁捐钱都跟要了他们命似的，就没见过卜式这种大公无私的。不止刘彻不信，所有人都不信。

刘彻把卜式叫到长安，派了个使者去了解一下，究竟是个什么情况。

使者见到卜式，问他：要捐一半家产的，就是你小子？

卜式说：正是小人。

使者问：你脑子进水了？到底有什么企图？

卜式说：国家作战需要钱，老百姓自当有钱出钱、有力出力。

使者问：少唱高调，你是不是想做官？

卜式说：俺只会放羊，不懂政事，不愿做官。

使者又问：那你是有什么冤情要上访吗？

卜式说：我从来与人无争，待人和气，乡亲们日子过得艰难，我就主动借钱给他们。街坊邻居跟我关系都很好，也愿意听我的话，我怎么会受人冤屈呢？没有的事。

使者更加纳闷，问：你说实话，捐这么多家产，你总得图点儿什么吧？

卜式说：朝廷要和匈奴开战，这是国家大事，每个臣民都应尽责尽力，有钱的出钱，有力的出力。俺有钱，所以就出钱，就这么简单。

这就奇了怪了，不求官，没有冤，愿把一半家产捐给国家？

使者一头雾水地回去报告了，从来没见过卜式这种二傻子一样的人。

刘彻听了汇报，也觉得不可思议，把宰相公孙弘叫过来，问他怎么看。公孙弘说：这人做事不合情理，必有奸诈，请陛下不要理他。

刘彻只得把写好的嘉奖令封存起来，对卜式捐款的请求也不作回应。

卜式对此倒不以为意，回家后继续搞自己的养殖业，很快就成了当地有名的养殖专业户。

如今，匈奴的浑邪王带着四万多人投降汉朝，过度的花费导致府库再度空虚。

次年，国家发生特大水灾，地方救灾能力有限，中央财政正紧。为渡过难关，朝廷准备向土豪们征收财产税（算缗），并倡议地方豪强为国分忧，主动捐款捐物，帮助灾民渡过难关。

卜式看到通知后，二话不说，拿出二十万钱捐赠给河南。地方官员很感激，把他的义举再次上报给了朝廷。刘彻看到捐款名册上排名第一的是卜式，立马就想起来了，这不是之前要捐一半家产的那个家伙吗？

原来卜式不是另有所图，他真的是汉朝的爱国富商啊！

刘彻大为感动，赐给卜式免戍边徭役四百人的指标。岂料，卜式又把这四百个指标还给了国家。

这次，刘彻是真的服气了，卜式的确是位有德长者，于是打算拜为中郎，赐爵左庶长，赐他良田十顷。此外，刘彻还亲自签发了一份诏令，号召全国人民向卜式学习！

不曾想，卜式是真的不愿意当官，他只想回家放羊。

刘彻很无语，说：你不就想放羊吗？要不这样吧，我的上林苑中有的是羊，正好缺一个羊倌，要不就交给你吧！

卜式这才去了上林苑，当了个皇家饲养员。一年多后，卜式把上林苑中的羊养得又肥又壮，数量也翻了一番。

有一次，刘彻到上林苑视察工作，见上林苑里牛羊繁息，一派生机勃勃的景象，对卜式夸赞了一番。

卜式受到表扬，说：陛下，其实放羊和管理百姓是一样的道理，只要让它们起居有规律，有病的及早隔离，适时清除凶恶的，别让它败坏了羊群，这羊就能养好。

刘彻一听，这简直是治国高论啊！于是任命卜式当了一个县令。在那里，卜式提倡农桑，轻徭薄赋，鼓励百姓养牛养羊，口碑相当好。刘彻又升卜式为成皋令，之后一路提拔到齐相的位子上。

元狩六年（公元前117年），刘彻颁布“缗钱令”，提名卜式为模范人物，目的在于鼓励百姓积极捐款捐物。可惜，任凭刘彻望穿秋水，就是没有一个富商响应号召。

元鼎五年（公元前112年），南越吕嘉造反，又遇上西羌侵犯边境。为此，刘彻赦免监狱里的囚犯，组织二十多万人进攻南越，数万人进攻西羌，又分出数万人西渡黄河筑城。

即便如此，人手还是不够用。

此时的卜式已经改任齐国相，他上书刘彻说：主上遭遇耻辱，臣子岂能苟活？如今正是贤能之士誓死捍卫大汉尊严的时候。臣身为齐相，恳请陛下恩准，带着儿子和齐国的弓箭手、水手，跟随大军前往南越，纵令粉身碎骨，亦无怨无悔！

刘彻一看，那叫一个感动！

国家需要人的时候，那些拿着高薪的官吏，一个个玩起了失踪，没有一个人主动站出来报名从军，唯独这个当年的羊倌，毅然报名从军！

刘彻当即下诏褒奖：齐相卜式，淡泊名利，从不计较一己之私。早年把大部分财产分给弟弟，乡里称道；后又主动捐款捐物，支援边防部队；西河郡遭灾之时，卜式带着齐人转运粮食；如今国家出兵南越，又是卜式第一个请战，其忠肝义胆已溢于言表！卜式父子虽没有参加战斗，但忠义之心天下皆知！赐卜式爵关内侯，黄金四十斤，田十顷。布告天下，使万民皆知！

漠北之战

就在刘彻为了解决战争带来的财政危机，想尽各种法子筹资的时候，遥远的北方，匈奴蠢蠢欲动，要与汉帝国来一场大决战。

经过两年前的河西之战，匈奴损失惨重，势力已完全收缩到了大漠以北。即便如此，他们依然斗志昂扬，发誓要与汉帝国死磕到底。

汉匈之间，只差最终的一场决战！

就在河西之战结束的第二年（公元前 120 年），匈奴左贤王部的数万名骑兵再度侵入右北平，伊稚斜单于也派出了数万名骑兵越过蒙古大漠，进攻定襄。

匈奴大军来了，为了复仇。

这次袭击很突然，边防部队来不及迎战，军民被杀死一千多人。

得知边境遇袭，刘彻大怒！

经历了两次大战，匈奴人虽然吃了些苦头，但很显然，并没有被彻底击垮。这些凶狠的匈奴人犹如草原上的野草，野火烧不尽，春风吹又生，只要一个秋天过去，他们又会挥舞着马鞭，南下打秋风。

刘彻一拍桌案，汉朝隐忍了这么多年，绝不能再忍下去了，面对匈奴人的挑衅，必须予以坚决反击。不仅要反击，还要借此机会扩大战果，消灭匈奴主力，打他个永世不得翻身！

元狩四年（公元前 119 年），在经过充分的准备后，刘彻在未央宫组织召开了一次最高级别的军事会议，商讨出兵匈奴事宜。

根据最新情报，赵信叛逃后，很快成为伊稚斜单于的左膀右臂。单于对他言听计从，已经带着主力部队远徙漠北，在遥远的贝加尔湖、色楞格河一带居住，以避开汉军的锋芒。

赵信曾经在汉军中任职，他熟知汉军的战略和打法。要想与匈奴决战，汉军必须穿越上千里的漠北无人地带，就算侥幸找到了匈奴人，汉军也早已筋疲力尽，匈奴以逸待劳，正好将刚跑完马拉松、气喘吁吁的汉军一勺烩。

即便困难重重，刘彻也决定创造一个奇迹。为了这次出征，刘彻押下了汉朝所有的老本：粮草得准备充足了，匈奴降兵向导得带够，兵员战马要选最彪悍的，将帅当然也要挑最猛的。干脆就让卫青和霍去病一起上，各率五万骑，东西两路出击，配备最优良的战马；征调四万余普通马匹，用于运输辎重；征调二十万人，组成一支庞大的步兵及后勤运输队。

霍去病的任务是一路北上，迎战伊稚斜单于的主力，务求全歼；卫青则寻找左贤王决战。

就在大军即将启程之时，汉军在边境上抓了一名匈奴探子，从探子口中得知，伊稚斜单于已经移营向东。

来不及验证情报的真伪，刘彻立即调整了战略部署，让霍去病东移至代郡，卫青从定襄出发。

然而，就是这一次调整，霍去病与单于擦肩而过。

这年春季，汉军在定襄与代郡两地誓师北征。

这一次出征，汉军阵容十分强大，放眼望去，几乎都是全明星阵容。卫青这边有五位将军：前将军李广、后将军曹襄、左将军公孙贺、中将军公孙敖、右将军赵食其。

霍去病则不一样，他打仗向来独断专行、作风彪悍，给他配置的都是最勇猛善战的骑兵，他身边都是铁杆老部下：从骠侯赵破奴、北地都尉卫山，此外还有不少匈奴的降将：因淳王复陆支、楼剸王伊即靬及昌武侯安稽。

这里要重点提一下赵破奴，他本是汉匈边境上的九原郡人，也就是今天的山西太原。早年的他流落匈奴，估计受过匈奴人欺负，痛恨匈奴人，所以取了这样一个霸气的名字，后来回到汉朝投到山西老乡霍去病的麾下。此时的他虽然已经封侯，但真正属于他高光的时刻还要等到十年以后。

除此之外，还有一个人不得不提，那就是李广的儿子李敢。

想当初，李广的部队被十倍于己的匈奴人围困，李敢临危受命，在匈奴人中杀了个来回，极大地提振了部队士气，这份勇气与担当让霍去病十分欣赏。

几十万汉军浩浩荡荡上路了，戈壁上天气很冷，春风正化解着北地的积雪，无数将士们口里呵着白气，显得兴奋无比。大地在震撼，马蹄声碎，弓弦声急，惊醒了沉睡千年的荒原。

队伍的正前方，是汉帝国的战神，只要看到他，大伙儿心里就会很踏实。这些年来，汉军跟着卫青与霍去病，横渡沙漠戈壁，纵马驰骋于草原之上，弯弓射雕于蓝天之下，用铁和血维护了自己的尊严。

这是一个尚武的时代，汉家男儿有着坚不可摧的钢铁意志，他们再也不是柔弱的羔羊，任由匈奴人欺辱宰割。他们有勇气，也有底气主动出击，与匈奴人来一场硬碰硬的较量！

辽阔的北方大地，再也不是匈奴人的专属，目之所及，都是汉家天下！

黄沙百战穿金甲，不破匈奴终不还！

卫青那边，重点要提一下李广。出发没多久，他就与卫青发生了激烈矛盾。

这一年，李广已经六十多岁了。按理说，以他的年纪，早该退居二线，在家含饴弄孙了，可他却觉得人生中还有一个巨大的遗憾。他的一生都在边境上和匈奴人死磕，几乎已经成了汉军对匈作战的一面旗帜。在汉匈双方即将迎来最后大决战的关键时刻，他又怎么甘心缺席？

一开始，刘彻的出征名单里没有他，可李广却执意请战。刘彻说，老将军还是歇一歇吧，打仗是年轻人的事，您老为国征战了一辈子，如今年纪大了，也该好好待在家中颐养天年了。白首从军，鞍马颠簸，朕于心何忍？

李广当然不答应，说：陛下，老臣今年都六十多岁了，没有多少活头了，这也许是与匈奴的最后一战，也是我李广的最后一战了，所以老臣一定要去。大丈夫既食君禄，当死于战场，以马革裹尸还，幸也！

刘彻听后大为感动：既然老将军执意请战，准了！

不过，为了保险起见，刘彻还是单独找来了卫青，嘱咐他：李广年龄大了，运气又总是不好，不适合作为先锋，你就多照顾一下他吧！

大军出发没多久，卫青的部队抓到了一个匈奴俘虏，审问后得知，先前得到的情报有误，单于依然在定襄北面，不曾东移。

这下子，卫青激动坏了，既然已经知道了单于主力的确切位置，那就由我们主攻单于吧！

他当即下令，李广和赵食其的兵马从东路进军包抄单于，公孙敖从正面挺进，到时候两军会合，夹击单于。

这么安排，其实也有卫青自己的私心。公孙敖是卫青的好朋友，上一次跟随霍去病攻打匈奴，因为迷了路而丧失战机，被废为庶人，失去了爵位。这一次，卫青有意照顾公孙敖，让他在正面战场杀敌建功，将功补过。

李广郁闷了，他太需要一次与匈奴正面对决的机会了，如今机会就在眼前，卫青却把大好机会让给了自己的好朋友，李广如何能服气？他一肚子气没地方发泄，气呼呼地去找卫青理论。

李广说：我是陛下任命的前将军，现在大将军无缘无故把我改调到东路作为助攻，我不甘心！我从年轻始就与匈奴作战，等了这么久，才有了与匈奴单于面对面交锋的机会，我愿意充当前锋，与匈奴单于一决生死！

卫青摇了摇头，他清楚地记得皇帝出发前给他的密令，李广年龄大了，运气又不好，不适合做先锋。

李广气呼呼地离开了卫青的将军帐。

卫青望着李广离去的身影，无奈地摇了摇头。

大军继续出发，好不容易走出了大漠，就看到前方不远处黑压压一片，伊稚斜单于的主力部队早已在此等候多时。

空气骤然凝固了。

狭路相逢勇者胜，没什么好说的，打一架吧！

号角吹起，万骑齐鸣。

战鼓轰响，强弩上弦。

匈奴军队以逸待劳，率先发起攻击。待汉军骑兵前进到射程之内时，匈奴人万箭齐发，一窝蜂地射向汉军。

汉军排兵布阵，沉着应战。一时间，环刀并举、短矛突进、戈戟飞舞，被刺中的人当即血如泉涌，染红了盔甲皮袍，甚至有几截残肢断臂飞上半空……

混战，势均力敌的混战。

双方伤亡相差无几，一时战争陷入胶着。

就在两军交战的当儿，身后传来一阵吱吱呀呀的声音，匈奴人回头一看，只见汉军推着一排碉堡一样的战车，缓缓向战场移动。

匈奴人眼珠子都快掉出来了，这是什么鬼？

对于匈奴人的反应，卫青早在预料之中，这种车是汉军的独家发明，名字叫武刚车。

根据史书记载，武刚车长二丈，有顶盖和窗帘，车外侧绑着长矛，内侧置大盾。武刚车可以运送士兵、粮草、武器，也可以用来作战。有的武刚车还有射击孔，弓箭手可以在车内通过射击孔射箭。此外，武刚车连在一起就是一面盾墙，可以有效拦阻骑兵的冲击。

卫青命令将武刚车并拢，构成一个环形防线，汉军躲在武刚车阵后面射击。

在经过短暂的慌乱后，匈奴人决定采取骑兵强攻，卫青也派出了五千骑兵纵马上前迎战。

这场厮杀一直持续到红日西斜。忽然间，大漠里卷起一阵大风，一时间飞沙走石，沙石打在脸上如刀割般疼痛，漫天的黄沙涌动，遮蔽了天光，匈奴的部队顿时陷入混乱之中。汉军由于身后还有武刚车，受影响较小。

成败就在此时！

卫青当机立断，命大军从左、右两侧包抄匈奴军队。

伊稚斜单于这才发现，汉军虽然是远距离作战，但其战斗力丝毫不受影响，加上有武刚车作为防御，匈奴人根本占不了便宜。

正面硬扛，几乎必败无疑！

那就跑吧，留得青山在，不怕没柴烧！

混乱中，伊稚斜单于丢下士兵，坐上一辆骡车，在数百亲卫的保护下奋力突围。

战场上的厮杀还在继续，当匈奴士兵得知单于已经跑路时，他们的心理防线崩溃了，乌泱泱的匈奴人开始溃散，或死于追击的汉军刀下，或逃往大漠戈壁的深处。

暮色开始悄悄笼罩大地，随着天边新月升起，这场厮杀终于落下了帷幕。

汉军大获全胜！

得知伊稚斜单于跑了，卫青立即带着骑兵星夜追赶。大漠的夜里，天空卷起鹅毛般的雪花，覆盖在狼藉一片的战场上，也轻轻降在一片寒光中——那是轻骑兵们的刀刃。片刻休整停歇后，他们又要出发，大部队也将随后跟进。

月黑雁飞高，单于夜遁逃。

欲将轻骑逐，大雪满弓刀。

数百年后，唐人卢纶把这一幕写成诗篇，传颂至今。

可惜的是，卫青一路追击了两百里，还是没能找到单于的身影。

卫青有些恼火，他之前早就吩咐过李广和赵食其包抄堵截匈奴部队，现在战斗都快结束了，这二人连影子都没见着！

如果不是因为这二人在关键时刻掉链子，匈奴人能有逃脱的机会吗？

李广在哪儿？

事实是，李广再一次迷路了。

此时的他，正漫无目的地走在大漠中，寻找回去的路。

其实，不只是卫青找不到伊稚斜单于，连匈奴人也找不到他们的单于了。一连十几天，伊稚斜单于就如从人间蒸发了一样，谁都找不到了。而此时，一旁的右谷蠡王心中开始不淡定了，既然单于丢了，老子正好当接班人！

右谷蠡王自封为单于。

不料，右谷蠡王屁股还没坐热，伊稚斜单于却回来了。他在大漠里东躲西藏，吃了十几天沙子，直到听说卫青的部队撤走后，这才回到匈奴人的驻地。结果回来一看，自己的位子竟然被人抢了，顿时就怒了！

老子的位子你也敢抢？

右谷蠡王吓坏了，赶紧赔礼道歉，好说歹说才得到了原谅。

卫青在大漠中转了一圈儿，没有找到单于，他打开军用地图，沉思良久，目光落在了一个地方：赵信城！

前面说过，自从赵信叛逃到匈奴后，匈奴人在今天的蒙古国杭爱山南麓修筑了一座城堡，专门用来积存粮食及其他军用物资，以赵信的名字来命名，称为赵信城。

大军继续前进，直扑赵信城，城中的匈奴人不是汉军的对手，一番厮杀后狼狈而逃，汉军入城后一把火将其烧了个精光。

这一战，卫青的部队毙伤俘敌一万九千余人，焚毁了赵信城，缴获了匈奴人的大量物资。

就在卫青准备返程的同时，霍去病正带着自己的精锐骑兵在大漠中奔驰。

封狼居胥

霍去病从代郡出发，一路向北，根据最新情报，在他前方的不是单于，而是实力强大的匈奴左贤王。

面对数量庞大的汉军，左贤王没有选择正面对抗，而是一路向北，撤到了蒙古大漠的东北部，他的目的很简单：拖垮汉军！

然而，他的算盘还是落空了。

匈奴骑兵的优势是长途奔袭、快速机动，这样的打法让之前处于防守的汉军处处被动。巧的是，这也正是霍去病的特长。

大规模使用骑兵集团，长途奔袭、闪电攻击，是霍去病战胜匈奴的法宝，且屡试不爽。

在与右北平郡太守路博德会师之后，霍去病的骑兵部队一路深入漠北，寻找匈奴主力。这里要重点提一下路博德，此时的他，刚登上历史舞台，可别小看他，因为他是日后灭亡南越国、登上海南岛的重要人物。

为了提高行军速度，霍去病的部队一路上抛弃了大量的辎重。大军轻装急行，掠过亘古荒凉寂静的漠北草原，密集的马蹄声敲击着大地的胸膛。他们迎着旷野辽阔无垠的粗粝之风，在这里放飞无数汉人的梦想。

猎物就是藏得再隐蔽，也逃不过猎人的眼睛。

左贤王一路北退，霍去病一路追踪。

上路了，想什么前方艰险，想什么苟且退缩。

当大军穿越瀚海沙漠，翻越离侯山，渡过弓闾河，出现在左贤王面前时，他傻眼了。

他没想到，汉军竟然能够深入两千多里，死死咬住自己。当然，这一切，都得益于汉军强大的补给能力，在霍去病五万精锐骑兵的身后，是十余万步兵与运输队伍。没有他们，汉军不可能创造如此奇迹。

一场大战，在大漠的北部边缘展开了。

令人遗憾的是，在《史记》中，司马迁对这场战争的记录很简略，我们不知道霍去病用了何种打法，只知道，这一战霍去病大胜，俘获匈奴屯头王和韩王等三人，以及将军、相国、当户、都尉等八十三人，俘虏、歼灭匈奴军七万零四百四十三人。

匈奴左贤王部受此重创，几近覆灭。

犁庭扫穴，莫过于此！

随后，霍去病乘胜挥军北进，直到大漠深处的狼居胥山。狼居胥山在今天的什么位置，后人的分歧很大，不过很多人都认为，狼居胥山就是今天的乌兰巴托东侧的肯特山。肯特山后来成为成吉思汗的发祥地，在今天的蒙古北部，靠近俄罗斯。

到此山下，强敌远遁，放眼四顾，悲风扬沙。

霍去病命人堆土增山，然后登临山顶，在山上立碑纪念，对着大地立下誓言：这片土地以后就是我们汉家疆土，和匈奴没有关系了。

自霍去病之后，封狼居胥从此成为中国历代将帅人生的最高追求，终生奋斗的梦想。

唐朝人的诗歌里，遍地响彻着狼居胥山的寒风："何问狼居胥，执戟夜急行""狼胥山前秋风紧，黄沙漠漠起塞声"。南宋的辛弃疾也曾写过一首词："元嘉草草，封狼居胥，赢得仓皇北顾。四十三年，望中犹记，烽火扬州路。"

然后，霍去病带着部队继续向北扫荡，一直追到了姑衍山。四下望去，天地间一片苍茫，朔风从苍穹中直扑而下，血色战旗猎猎作响，腰间宝剑的血迹尚未擦干，数万大军正在见证历史。

霍去病拔出剑：从此以后，这里将是汉家疆土了！

走下姑衍山后，霍去病继续向北进发。很快，他们遇到了一个湖，湖水碧绿见底，一眼望不到边。

这个湖，今天的名字叫贝加尔湖，汉朝叫"北海"，也就是后来苏武牧羊的地方，因形似月亮，也被称为月亮湖。

湖水挡住了霍去病的脚步，大军转而南返。

漠北之战，匈奴人遭到了毁灭性打击，大量物资辎重被卫青和霍去病烧毁，大量的士兵死亡，只能被迫向更北的区域撤退。

汉家儿郎兴高采烈，他们高奏凯歌，回到关内。他们中的许多人因此留下一身伤痛，有的甚至因冻伤落下残疾；数万同胞在这场大战中壮烈捐躯，埋骨他乡；军马损失也很多，出塞前共有战马十四万匹，回到塞内的仅剩三万匹。

但毕竟胜利属于他们，此后两千年的青史上已经留下了浓墨重彩的一笔：霍去病封狼居胥！

这是汉家儿郎的高光时刻！

这是汉民族最扬眉吐气的辉煌时刻！

这一战中，最令人遗憾的当属李广之死。

卫青的大军一路南返，越过沙漠以南时，才与李广和赵食其的部队联系上。李广运气太差了，他又一次空手而归。

看到老将军在大漠中奔波了数日，卫青也有点不忍心，叫来了军中长史，让他准备些酒菜慰问李广。

说是慰问，其实就是问话。当长史问李广为什么迷路时，李广却闭嘴不言，一个字都不愿意说。

李广知道自己铸成了大错，内心的自责可以理解，但问题在于，卫青是大将军，他必须掌握李广迷路的详情，便于向皇帝汇报工作。

李广不说，长史也没办法，只得说：既然老将军不便讲述，那就请将军派个人随我到大将军帐下做个解释吧。

很显然，长史这么做，是想暗示李广把罪责推给部下。

然而，作为一位与士兵同吃同住同劳动的将军，他又如何忍心甩锅给别人？

他摇了摇头，道：校尉无罪，是我自己迷了路，一切罪责理应由我一人承担，请长史先回，我亲自前往大将军处受审问话。

当年迈的老将军再一次站在众人面前时，卫青的眼眶湿润了。所有人都惊讶地发现，这位身经百战的将军，如今早已头发斑白，英雄的身躯掩饰不住满眼的寂寞和苍凉。

所有人都默默地注视着李广。

李广也在环视众人。

这些人中，有不少都是他的老部下，他们有的已经封侯，有的一战成名，而他已年过六十，不仅封侯无望，还将面临军事法庭的审判。

看着身边的将士，李广昂然道：我十六岁就参加对匈奴作战，经历大小七十余战，我很幸运能跟随大将军参加此次征战。只是没想到，大将军不让我冲锋在前，而我又迷了路，这一切都是天意啊！我今年已经六十余岁了，终究不能面对刀笔吏的侮辱了！

老了，真的老了！

然后，李广将刀一横，向自己的脖子抹去。

老将军——

众人惊呼一声，但已经来不及了，鲜血从李广的喉咙处喷涌而出，一道伟岸的身影轰然倒下。

他不需要别人的施舍和怜悯，接受施舍会被人鄙夷，被人怜悯是最屈辱的事。

不可否认，李广是一位勇武英雄，一位意气英雄，更是一位悲情英雄。他在沙场上征战一生，到头来却落得这样的下场，这是他无法忍受的。既然如此，倒不如用这种悲壮的方式，给自己戎马倥偬的一生画一个悲壮的句号。

当李广自尽的消息传出后，老部下痛哭流涕；百姓听闻李广自尽，无论老壮，皆为其落泪致哀。唐代大诗人高适在《燕歌行》一诗中慨叹："君不见，沙场征战苦，至今犹忆李将军。"

与卫青、霍去病等人相比，李广不仅在治军和战术战法上存在很大短板，而且在性格上也存在硬伤。他过于倔强，心胸又有些狭隘，种种因素，最终决定了李广虽然戎马一生、英勇无比，但其结局只能以悲剧收场。

然而，即便如此，我依然愿意为这位老将军洒下一把泪。原因很简单，他是抗匈前线的一面旗帜。

在汉匈战争的艰难岁月里，是他一次又一次击退匈奴人，保护了边疆百姓的安全。他一生身经大小战役数百次，虽然没有封侯，但汉军将士们爱戴他，边疆百姓对他念念不忘。他真正做到了生命不息，战斗不止。他是帝国边境的顶梁柱，人民永远怀念他。

即使很多人不了解他，也多多少少听过这样一句诗：但使龙城飞将在，不教胡马度阴山！

漠北一战，霍去病的声望达到了顶峰，刘彻再一次给他加封食邑，使得霍去病的食邑达到了一万五千一百户，超过了大将军卫青的一万一千八百户。

不仅如此，得胜归来的霍去病被授予大司马一职，和舅舅卫青平起平坐，他的一众部下也个个加官晋爵。

反观卫青，不知刘彻出于何种心理，这一战中卫青没有获得任何加封，连带部下也没得到任何好处。

李广虽然自刎了，他的家人却不肯接受这个现实，李敢得知其父李广之死，把责任都推给了卫青，认为他有不可推卸的责任。

为了报复，李敢刺伤了卫青。

为了顾全大局，卫青没有把李敢刺伤自己的事告诉任何人，然而外甥霍去病还是知道了。

卫青为人豁达宽厚，可以不计较此事，可霍去病不一样，他年少气盛，绝不容许有人欺负到自家人身上。

他要替舅舅卫青报仇。

有一次，刘彻到甘泉宫打猎，霍去病和李敢陪同。一群人“左牵黄右擎苍”，策马奔驰，李敢不知道的是，他已成为霍去病眼中的猎物。

眼看着李敢离大部队越来越远，霍去病悄悄将箭对准了他。弓弦响过，李敢摔下马来，待其他人赶来时已经断了气。

对于霍去病挟私报复的行为，刘彻大发雷霆，将其狠狠训了一顿。即便如此，刘彻还是无法狠下心惩罚他，为了掩盖这起刺杀事件，刘彻对外宣称李敢是狩猎时被鹿撞死的。

霍去病逃过了一劫。

然而，这位集万千宠爱于一身的天之骄子，却在二十四岁的时候突然画上了生命的句号。

而此时，距离他在元狩四年取得漠北大捷、封狼居胥、迈向人生的巅峰，才不过三年而已。

《史记》和《汉书》都没有记载霍去病的死因，只有一个简单的字：卒。因病去世一说来源于弟弟霍光，他在后来的一份材料中提到，自己的哥哥霍去病是因病去世的。

后世很多人不愿接受这个答案，提出了各种阴谋论，其中流传最广的是所谓的“卫氏集团”。他们认为，随着卫青和霍去病锋芒日盛，卫氏集团已经开始威胁到了皇权。为了分化卫氏集团，刘彻采取了扬霍抑卫的策略，可惜霍去病不愿意被当枪使来制衡卫氏集团，刘彻迫不得已才赐死了他。要不然，与霍去病同时代的司马迁为何不记载他的死因？更何况，霍去病武艺高强，身体肯定倍儿棒，怎么可能年纪轻轻就因病去世？

其实，在我看来，这些阴谋论都不值一提。

我惋惜霍去病的早逝，也希望能够了解他更多的生平故事，而不是史书中寥寥几笔战功和封赏。但我痛恨阴谋论，所有不负责任、主观臆测的阴谋论，都是对历史的不尊重，对今人的误导。

简单总结一下这位少年天才吧！

霍去病这一生，几乎干成了别人几辈子才能完成的大功业，他开创了深入敌后、千里奔袭、斩首断臂等特种作战的先河。第一次上战场，他就以超乎寻常的英雄气概孤军深入，仅率八百部下脱离大部队，奔袭数百里追杀数倍于己的强敌；出征河西时，他带着一万孤军长驱直入，历经艰险，杀敌数千；漠北之战中，他深入大漠数千里，其骁勇彪悍的气概足以令匈奴闻风丧胆。他几乎就是上天赐给汉帝国的礼物，是匈奴人的克星。

霍去病去世后，三军尽缟素。刘彻大为悲恸，亲自主持了最高规格的追悼会，专门调来了铁甲军，从长安一直排到下葬的茂陵。他还下令将霍去病的墓修成祁连山的模样，彰显他打通河西走廊的千古功勋。

他一生夺河南、取河西，开疆拓土，驱匈奴于漠南，战胡虏于漠北，饮马瀚海，从无败绩，宣扬了汉帝国之威。而他所树立的军人形象，更是展现了汉家男儿血气方刚、无往不胜的精神。

他的一生犹如绚烂的流星，那样壮丽，那样耀眼，却又那样短暂！

去病死，放眼望去，无人再配冠军侯。

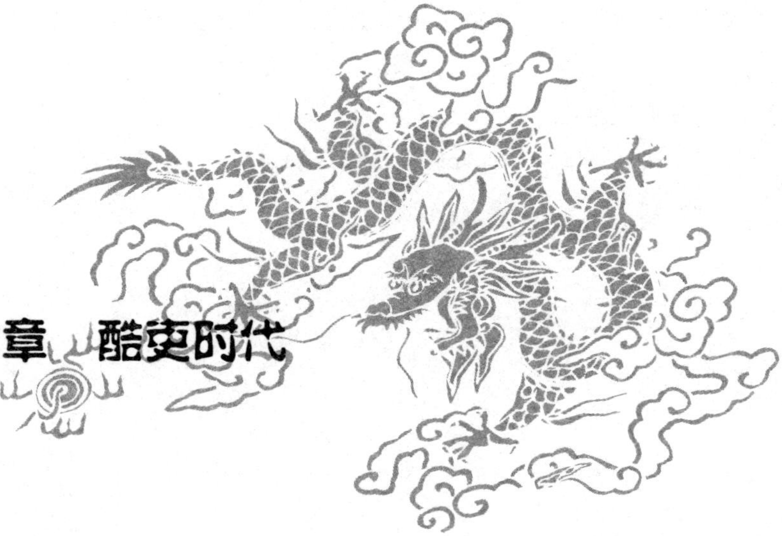

第七章 酷吏时代

刀笔公卿

自从匈奴人被逐出漠北后，实力大减，而汉朝因为缺少马匹，暂时也没有能力持续北征。双方就这样隔着大漠，进入了战略相持期。

既然都打不动了，那就议和吧！

很快，匈奴那边就派人过来，请求再次与汉朝和亲，重结秦晋之好。

刘彻对这个请求不置可否，随后组织大臣们讨论。

围绕要不要和亲这一议题，朝堂上争吵不断，有人主战，有人主和。

主和的认为，汉朝与匈奴打了这么多年，虽然最后打赢了，但杀敌一千，自损八百，自己这边的损失也很大，急需休养生息。既然匈奴人主动开了这个口，何不就坡下驴，跟他们重新签订和平协议。

主战的认为，汉朝准备了这么多年，好不容易打赢了匈奴，怎么能就这么轻易答应议和，这事儿没门！

再说了，就算谈判，匈奴人也应该拿出应有的诚意来，你说和亲就和亲，我不要面子的啦？光和亲哪够，匈奴应当对汉朝称臣！

提出这个方案的，是丞相长史任敞。

眼看任敞在朝堂之上唾沫横飞，说得慷慨激昂，刘彻索性将这个艰巨的任务交给了他，派他到匈奴出差。

任敞心里一声骂娘：不是让大家畅所欲言吗？我不过是说说而已，没想过出差啊，老大你不能这么坑我！

刘彻似笑非笑地看着他：就你了，赶紧出发吧！

任敞就这样踏上了北上之路。

单于满以为任敞带了无数的金银珠宝和如花似玉的公主来，哪料到任敞开口闭口不谈和亲，只谈招降。单于火冒三丈，恨不得当场就把任敞五马分尸。

好在单于最后本着“两国交战，不斩来使”的原则，只是扣留了任敞，把他发配到草原上放羊去。

看到任敞被匈奴扣留，刘彻感觉面子上有点挂不住。很显然，前几次的战争并没有把匈奴人打服，这些匈奴人是属韭菜的，割了一茬，又有一茬。那么，再搞个全军总动员，继续与匈奴人死磕吗？

显然不现实。

在这种情况下，刘彻召集群臣又开了一次御前会议。这次内部讨论会上，博士狄山脑子一热，站出来说：和亲对我们有利。

啥？还和亲？

匈奴人都蹬鼻子上脸了，还要和亲？门儿都没有！最烦的就是你们这帮投降派，讲起大道理来一套一套的，实际上屁本事没有！

虽然刘彻心里有些不爽，但表面上还是不动声色，他问狄山：那你说说看，和亲有何好处？

狄山侃侃而谈：武器是凶器，不应多次动用。想当年，高祖皇帝也曾想讨伐匈奴，结果却被困于平城七日七夜，从此对匈奴改用和亲政策，确保了高帝、孝惠帝、吕后二十年的天下太平。

眼见大伙儿一个个听得都很认真，狄山很是得意，继续说道：孝景帝时，吴、楚七国反叛，景帝往返于两宫之间，胆战心惊了好几个月。七国之乱被平定后，景帝一朝始终不谈军事，国家韬光养晦，一心一意谋发展，好不容易才攒了一点家底，这才走向了富裕的道路。陛下继位以来，数次大动干戈，跟匈奴人死磕，搞得国库空虚不说，边境百姓也陷入贫穷困乏之中。由此看来，还是和亲最为稳妥。

听了狄山的建议，刘彻阴沉着脸，半晌没有说话。这是赤裸裸的打脸啊！我跟匈奴人死磕，不就是为了让汉朝真正站起来，不再受匈奴人的欺负吗？

即便心里有一团火，刘彻面上还是云淡风轻。想了想，他决定征求一下御史大夫张汤的意见。

张汤，这事儿你怎么看？

张汤嘴一撇：这酸儒狗屁不懂，理他作甚？

老同志狄山一听，顿时就炸了：

酸儒？我狄某人好歹是个博士，你张汤不过是个狱吏出身暴登大位的家伙，也有资格说我？我是笨，但我忠诚于陛下，不像某些人，貌似忠良，其实是个奸诈小人！

这话一出，当事人张汤还没表态，一旁静静吃瓜的刘彻先坐不住了。你什么意思？张汤是自己一手提拔上来的，你说他诈忠，不就是说我识人不明吗？

刘彻很讨厌这老头，不过他整人的办法不是将其拖下去打屁股，而是升他的官：让你掌管一郡如何？匈奴来犯时，你能守得住吗？

狄山的脑子瞬间凉了下来：去守边郡？这有点危险了吧？

他连忙摇头：说不行。

刘彻说：那给你一个县呢？

狄山更谦虚了：不行不行。

刘彻还是不依不饶：给你一个哨所怎么样？

狄山一看这架势，是非要发配我去边境啊，只得硬着头皮答应：应该没问题，我去！

狄山被派到北方最危险的一个哨所里。一个月后，边境传来消息，匈奴人又南下打秋风，狄山战死沙场，为国捐躯。

史书到这里还加了一句：这事儿过后，大伙儿见张汤都是绕道走，没人敢忤逆他。

很显然，刘彻对酷吏表现出了更多的好感。

前面说过，酷吏在汉朝是一个很独特的存在，他们为政严酷刚猛，是君主专制政治的产物。

为什么皇帝都喜欢重用酷吏？很简单，因为他们不仅能干，而且能啃硬骨头，比如地方豪强，一般人惹不起，也不敢惹，只有酷吏愿意跟豪强死磕到底，用今天的热词就是“打黑除贪”；说能干，是因为他们的政绩大都相当突出，在强化治安方面很有一套。

《史记·酷吏列传》记载了郅都、宁成、周阳由、赵禹、张汤、义纵、王温舒、尹齐、杨仆、减宣、杜周共计十一人的传记。其中，郅都为文景二帝时期的人，其他人则为武帝时期的酷吏。

是不是觉得名字都挺陌生？

别着急，下面一个一个介绍。

先说义纵。

义纵出生于一个平民家庭，幼时家庭教育欠缺，小小年纪就不安分，老早混江湖。他经常和一些不良少年在路上打劫，干的都是刀尖舔血的买卖。

如果不出意外，义纵将继续沿着这条路走下去。如果运气好，或许能混个强盗头子；如果运气差一点，遇上官府打黑除恶，估计就要进监狱了。

好在他还有一位好姐姐。

很多时候，我们不得不承认，人生的转折往往都不掌握在自己手中。

义纵有个姐姐叫义姁，是一位大夫，医术精湛。有一次，她被征召进宫，给刘彻的母亲王太后治病，在她的精心调理下，太后的身体日渐好转。太后很高兴，拉着义姁问家长里短。

义姁啊，家里有当官的吗？

义姁一听，心里开始有点激动和紧张，回道：我只有一个弟弟，但整天瞎混，吊儿郎当的，哪可能当官呢！

太后一听这话，还以为是义姁的谦让之辞，笑了：年轻人嘛，都这样，不要紧的，总得给人家一个机会！

在太后的安排下，义纵摇身一变，从土匪头子直接当上了上党县令。

义纵做梦也没想到，自己前不久还是官府通缉的罪犯，如今却成了治理一方的县令，人生可谓是来了个一百八十度的大转弯。什么是惊喜？这就是惊喜！

既然当了父母官，总得做出点成绩来。做点什么好呢？义纵想了半天，最后还是决定从自己曾经的主业入手：剿匪！

说起剿匪，义纵很有心得，他曾经也是混过黑道的，自然明白这里面的弯弯绕绕。一上任，他就明察暗访，深挖贼窝，搞了一场声势浩大的扫黑除恶行动，凡是跟黑社会有牵连的，一律抓捕。

几年下来，义纵的工作成绩非常出色，上级领导来上党考察工作时，看到县里治安良好，百姓夜不闭户，路不拾遗，对他的工作给予了高度赞赏。

由于在上党的治理极其出色，一扫乌烟瘴气，义纵先任长陵令，再任长安令。

长安城可不一样，这里是帝国首都，达官贵人多如牛毛。要想在这里混下去，必须要比别人多一窍。换作寻常人，根本不敢下手，只会睁一只眼闭一只眼。

义纵不一样，他才不管那一套，管你有什么背景，只要犯了事，必须抓，必须判。在这次严打中，义纵甚至连王太后的外孙都没有手软，给了他痛快一刀，手段异常毒辣。

我们不知道王太后是怎么咽下这口气的，不过可以猜想的是，将来某一天，义纵迟早要为自己的行为付出代价。

不久之后，义纵再一次得到提拔，这一次的职位是河内郡都尉。到任之后，义纵依然不畏豪强，一出手就灭了当地豪强大族穰氏，以致全郡皆惊。

刘彻对义纵的工作成效显然很满意，再一次提拔他任南阳太守。

从河内到南阳，需要经过函谷关。在这里，义纵遇上了另一个同行：宁成。

宁成是景帝时期崛起的酷吏，汉景帝在位时，他便是身边的侍卫。这个人人品不行，好胜心极强，他当小官的时候，经常跟他的上级斗嘴，甚至是欺凌；而他升了官后，对待手下更是十分苛刻，工作中稍有失误就严惩。

虽然宁成在同事中口碑不怎样，可架不住领导喜欢，一路高升。

济南郡有很多地方豪强，在地方上为非作歹，与官府对着干。朝廷派出了酷吏郅都到济南郡任太守，专门负责打黑，后来又把宁成派过去担任济南都尉。

郅都到任之后雷厉风行，首先将黑社会头子瞷氏灭了族，将郡内无人敢惹的豪强大族收拾得服服帖帖，极大地震慑了当地的黑恶势力。由于他在济南郡手段异常严苛，周围十几个郡的太守见到郅都也都恐惧不已。

宁成不一样。

他跟郅都早在京师就是老相识了，郅都当中郎将的时候，宁成是谒者，两人都在景帝身边工作。

这一次到济南郡搭班子，宁成自然是如鱼得水。赴任前他就听说，郅都最喜欢摆谱儿，之前几位都尉去见郅都，都要提前预约，通过门房通报获得允许后才能进去。

每一次去见郅都，宁成都是大摇大摆进去，就像上司来访一般。郅都也不生气，对他热情接待。

汉景帝曾用宁成来整治长安权贵，全长安的权贵提起他，都忍不住打哆嗦，出门都绕道走。

刘彻继位后，外戚集团联合起来，借机弹劾宁成。刘彻为了安抚人心，将他下了狱。

汉朝有“将相不辱”的传统，如有大臣获罪一般都会选择自杀，绝不会接受刑罚的侮辱。不过，偶尔也有那么几个不按套路出牌的，比如宁成。

秉承着好死不如赖活着的信念，宁成接受了髡钳的法律制裁，也就是被剃去头发后用铁制刑具锁上脖子。不过后来，他总算想明白了，自己被皇帝抛弃，再也没有出头之日了。

想到这里，他作出了一项重要决定：越狱！

一个月黑风高的夜晚，宁成砸开刑具，越狱而出。在当时，出远门就得带身份证明，也就是“传”，要不然连旅馆都住不了。想当初，秦孝公死后，商鞅被打成叛臣，全国通缉。他逃到一个旅馆想要住宿，却因为无法提供身份证明，而被店主拒之门外，也被自己一手创立的制度逼上了绝路。

宁成的脑子则要灵光很多，他找人给自己伪造了证件，一路蒙混过关，逃回了南阳老家。

人生在世，总得给自己立个小目标，宁成没想挣一个亿，却很早就立了个志向：做官做不到两千石，经商挣不到千万钱，此生虚度。

用今天的话来说，做官做不到省部级，挣钱挣不到几千万，活着还有什么意义？不如回家种地。

对，宁成真的回家种地了。

在南阳老家，宁成借了笔钱，买了一千多顷土地，将这些土地出租给百姓，自己做起了地主老财，短短几年就成了当地的豪强。

由于宁成之前在汉朝反贪部门工作过，当地官员或多或少都有案底在他手里，对他都礼让三分。靠着自己的本事和掌握的资源，宁成在老家过得很滋润，出门时带着一群保镖，在当地的威望已经超越了太守。

若干年之后，刘彻再次想起他的好处，将其再度启用，却遭到了御史大夫公孙弘的阻挠：当年我在济南做小吏时，宁成任济南都尉，我亲眼看见宁成像用狼放羊一般治理百姓，这个人决不可再用。

刘彻只好妥协，但还是坚持改任宁成为关都尉，负责纠察往来函谷关的旅客商人。大伙儿都很崩溃，民间流传着这样一句话：宁肯遇到哺乳幼崽的母虎，也不要遇到发怒的宁成。

虽然宁成很嚣张，但他也有怕的人，比如义纵。

得知义纵要路过函谷关，到自己的老家南阳上任，宁成如临大敌，恭迎恭送，一副迎送上司的样子。这让义纵很奇怪：怎么远近闻名的宁老虎，今天特别有礼貌？

难不成太阳打西边出来了？

答案很快就揭晓了，原来宁成的家人都在南阳，他这是要和义纵搞好关系，要他帮忙照顾家人。

原来你宁成也有怕的时候！

义纵冷哼一声，对宁成的毕恭毕敬根本不搭理。一到南阳，义纵立即将宁氏家族立案调查，将其连根拔除。

见过狠人，没见过这么狠的人，连自己的同行也不放过！受此影响，南阳的不少豪强纷纷逃离，当地官员百姓也都谨小慎微，不敢顶风作案。

很快，义纵这颗酷吏新星在汉朝的政治舞台上冉冉升起。

武帝时代的主题是打击匈奴，此时的刘彻，正在为定襄郡的治理而烦恼。选谁合适呢?

刘彻思来想去，想起了义纵，这哥们儿在地方上的工作很出色，打压豪强很有一套，就他了。

随后，义纵被任命为定襄太守。

一上任，义纵就发起了一场轰轰烈烈的严打活动，他将监狱中二百多个重罪轻判的犯人重新审案，判处死刑，同时将二百多个私自来监狱探望犯人的家属抓了起来，公开声称他们是想为犯罪嫌疑人解脱，然后也一样判处死刑。

一天之内，义纵就杀了四百多人，郡中百姓不寒而栗，再也没有人敢闹事。

义纵虽然在地方上表现出色，可有一个人对他很不满，要和他一较高下，这个人叫王温舒。

以暴制暴

王温舒，汉武帝时的酷吏，其实人一点也不温舒。

这哥们儿出身也不怎么样，史书记载他发迹前干的营生是“椎埋”，也就是摸金校尉的勾当，后来身份洗白，混进了官员队伍。靠着张汤的赏识和提拔，王温舒一路平步青云，直至做到了广平都尉。

都尉有一个重要职责，就是负责地方治安，有点类似今天的公安局局长。为便于开展工作，王温舒挑选了一批亡命徒作爪牙，抓住他们的犯罪把柄，逼他们卖命。谁要是不听话，或是工作中消极懈怠，把柄都是现成的，直接砍了就是。

靠着这些人的努力，山东、河北交界地区的盗贼都不敢靠近广平，更不用说到广平作案。

刘彻听说后，升他为河内太守，也就是今天河南北部地区的行政首长。

对于河内的治安状况，王温舒其实早有耳闻，这是一个豪强横行的地方，一般人根本压不住这帮地头蛇。

王温舒不信这个邪。上任之初，他先干了一件事：征集了五十匹好马，充斥到河内各处驿站中。

这是什么意思?

别着急，我们慢慢往下看。

王温舒一上任，就开始着手打黑，逮捕、诛杀地方豪强，牵扯出一千多户人家，大批涉案人员被判死刑。

王温舒这么搞，显然动作有点大，地方上的很多豪强多多少少都有点背景，他们辗转将关系托到了长安权贵的府上。

权贵们一看，王温舒在地方上搞这么大动静，确实太激进了，于是给朝廷打招呼，让他们在死刑复核的时候多留个心眼，能拖则拖。

不料，朝廷却告诉对方，河内郡的死刑复核书早在几天前就发出去了，现在估摸着已经执行了吧？

什么？王温舒的速度怎么会这么快？这个年代又没有网络，他是如何做到的？

答案就是那五十匹驿马。

从一开始，王温舒就已经做好了准备工作。按汉代的司法程序，死刑要报朝廷审批。为了尽快拿到批复，王温舒准备了五十匹快马，在河内和长安之间设置驿站。每审完一个案子，就用快马加急呈送到朝廷，从上报到拿到批复，一般只要两三天。

当被告人还在到处找关系，将消息传到长安城时，死刑复核早已通过，就等着秋后问斩了。

王温舒打的就是这个时间差。求情？不存在的。

王温舒干事雷厉风行，他连让死囚犯在监狱里多活几天的耐心都没有，恨不得一刀下去，把那些人全咔嚓了，省得他们浪费粮食。

汉代有一条规定，死刑只能在秋、冬两季执行，春、夏两季不执行死刑。每到春天，王温舒就跺着脚说，可惜了，要是冬天再多一个月该多好啊，就能把我想杀的人全杀了。

对他而言，杀人已成为一种嗜好。

王温舒九月到任，到了十二月，成效就出来了，三个月里，全郡治理得连狗都不叫，整个郡都清静了。谁丢了东西，没人敢去捡，所以叫路不拾遗；谁家不关门，生人不敢进，所以叫夜不闭户。

王温舒以一己之力，再次诠释了这两个成语。

在这种恐怖统治下，老百姓噤若寒蝉，不敢发出任何声音。然而，刘彻在听说了他“路不拾遗、夜不闭户”的政绩后，将他调回了首都。

汉初以来，由于政府、私人铸钱并行，使得国家的货币制度十分混乱。刘彻决定收回铸币权，并以严刑峻法禁止民间私自铸钱。不过，这当中的利润实在太大了，即便有严苛的法律，还是抵不住有人前仆后继私自铸钱。

为了严惩这些私铸钱币者，刘彻决定用酷吏治理京师。先是提拔义纵为内史，后来又将王温舒调到京师为中尉，让他主抓京师的治安工作。

王温舒如今一跃成了京官，他的工作方法依然没有改变，还是挑一些专好猜疑、心狠手辣的人作为自己的鹰犬。然而，这样一来，他的上级义纵就有点不高兴了。

大家都是酷吏，你在工作中这么高调，出尽了风头，岂不是显得我很无能？

气不过的义纵决定跟他对着干。每次王温舒办案时，义纵总会从中作梗，处处使绊子。

这就有点过分了。

别人在那边努力干活，你不帮忙也就算了，竟然还横插一杠子，真以为没人告发你吗？

很快，义纵就遭到报应了。

有一次，刘彻到鼎湖去度假，结果到了之后生了病，在那边一待就是好几个月。彼时的义纵正好负责沿途的交通疏导和保卫工作，看到皇帝病了，自己也松懈了。

不料两个月后，皇帝的病忽然就好了，又要去甘泉宫，义纵这才手忙脚乱开始布置沿途的工作。一路上，皇家车队只能在坑坑洼洼的路面上前进，让刘彻很是抓狂，气得在车里骂娘：你是不是以为我要死了，以后再不会走这条道了？

从这里开始，刘彻对义纵的好感度大大下降。

写到这里，我又想起了另外一个故事。

故事的主人公叫上官桀，担任未央厩令一职，也就是皇家马场"弼马温"。有一次，刘彻生病了，上官桀趁机偷懒，也不好好喂马，工作中三心二意。

刘彻病好后心血来潮，要去看望自己心爱的马，结果一看未央宫的马都瘦得不像样子，当场就怒了：你是不是以为朕再也看不到这些马了？

上官桀害怕了，不过他的脑子转得很快，立马换了一副委屈巴巴的样子，向刘彻解释：臣听说陛下病重之后，整日里以泪洗面，为陛下的身体担忧，哪里还有什么心思喂马？

一边说着，豆大的眼泪扑簌簌流了下来，声音都哽咽了。

这演技，这临场反应，现在人看来，奥斯卡欠他一座小金人！

此情此景，刘彻也被搞得很难为情，即便知道这家伙确实偷懒了，可人家这么一说，自己也不好意思再处罚了。

最后，上官桀不但没有受处分，反而拣了个大便宜，被提拔为侍中，成了为数不多可以出入皇宫的近臣。换句话说，他离皇帝又近了一步。

话题说回义纵。

义纵显然没有上官桀机灵，虽然惹恼了刘彻，但工作还算尽心尽职。真正让义纵丢了性命的，是另外一件事。

当时，汉朝为了筹集军费，发起了一场轰轰烈烈的告缗运动：一旦发现有人隐匿财产不报，或所报不实的，一律被发配边疆，戍边一年，举报人可以分得其一半的财产。

命令一下，各地都炸了锅，义纵觉得这条政策很扯淡，拒绝执行。不过，他拒绝的方式有些过于直接，面对上面派来的告缗官员，义纵未经请示，就把人给抓了起来。

这事儿传到刘彻那里，刘彻当场就怒了，你是朝廷命官，谁给你的胆量，敢违背朝廷的大政方针？

义纵很快被捕入狱，最终以破坏朝廷大政方针的罪名被处死。

说完了义纵，再来扒一扒另一位酷吏：周阳由。

在当时的酷吏中，周阳由是为数不多的世家子弟，出身比别人高那么一点点。他是河北正定人，其家世来历要追溯到刘邦时期。

那一年，刘邦路过赵国，赵王张耳将自己的美人送给了皇帝。一夜过后，赵美人怀上了龙种，生下了刘长，获封淮南王，赵美人的弟弟赵兼也混了个周阳侯的封号。刘长后来因涉嫌谋反被废，赵兼也受到牵连，丢了封国。

这之后，刘长之子刘安被文帝封为淮南王，赵氏一门再次兴盛，赵兼的儿子赵由从此便以周阳为姓氏，改名为周阳由。

靠着这层身份，周阳由在文帝时期步入仕途，一步步熬资历，终于在景帝朝熬出了头，出任郡守，成为主政一方的大员。

周阳由身上最突出一个标签是暴烈残酷，刚直不阿。

为了说明这一点，我来举几个例子。

按照汉朝的行政体制，郡守是一郡最高长官，负责全盘工作，但不可直接处理军务；都尉主抓军事、捕盗工作。从职位安排来看，郡守是一把手，都尉是二把手；从官阶来看，郡守与都尉都是秩比二千石、银印青绶，级别不相上下。

这就引出了一个问题：郡守和都尉到底谁听谁的？

这个问题到了周阳由这里，就变得非常简单了：管你是郡守还是都尉，在老子的地盘上，就得听我的！

周阳由既做过郡守，又做过都尉。作为郡守的周阳由，经常把都尉当作自己的下级呼来喝去，作为都尉的周阳由又经常不尊重郡守的权威。无论身处何职，他都不愿受到任何拘束，什么事都是自己说了算。

在职场中，这种行事风格很容易没朋友，可这里是汉朝，刘彻就喜欢这种办事干练、不徇私情的酷吏。凭借着出色的工作能力，周阳由愣是在武帝朝混到了二千石官员的队伍中。

然而，即便是混到了中高层的位子上，周阳由依然不改自己的臭脾气，对任何人都是一副鼻孔朝天、爱搭不理的样子。

汲黯够倔了吧？他以性情刚烈不讲情面知名，即便是刘彻本人也对这倔老头有点怕怕；司马安一向以执法严苛著称，人狠话不多。可这两人到了周阳由面前，却温顺得如同一只小猫咪，每次乘车都不敢和周阳由坐在一起。

除此之外，周阳由在审理案件时也是由着自己的喜好来，帝国法律在他手中就像一张烙饼，想怎么翻就怎么翻。只要是他想保的人，总能从繁多的法律中找到为其脱罪的条款；如果是他厌恶的人，无论犯了什么事儿，他总有办法办成重罪，让其在监狱吃尽苦头。

这种性格也注定了他后来的悲剧。

周阳由当河东都尉时，跟上级，也就是河东太守胜屠公互相看不顺眼。为了争夺一把手的位子，两个人互相拆台不说，还给朝廷打小报告，互相告黑状，诋毁对方。

刘彻一看小报告，当时就火了，派你去河东郡是希望你好好工作，没想到你连同事关系都处不好，还有脸跟我告状？

皇帝一发火，后果很严重，两个人双双下了狱，最后掉了脑袋。

周阳由虽然挂了，但武帝最不缺的就是酷吏。很快，一个叫赵禹的人进入了他的视线。

赵禹年轻时有文才，景帝时从最基层的佐史做起。没有显赫背景，他只能靠着努力工作和出名的廉洁缓慢升迁。几年后，周亚夫由中尉升为太尉，赵禹给他当起了马仔，在太尉府担任令史一职。此后，周亚夫一路升迁为丞相，赵禹也跟着沾了光，混了个丞相史。

在丞相府工作的日子里，赵禹赢得了同僚们的一致赞誉，所有人都给他点赞，称他作风廉洁，而且公务干练、处事公平，然而周亚夫却坚决不愿重用这位下属。

至于原因，周亚夫有自己的看法：我知道赵禹确实很有才能，但他不适合在大单位工作。

为什么周亚夫不喜欢赵禹？

原因也不难分析，赵禹的为政理念逆于国家大势，他的法家做派和汉朝立国以来秉承的无为而治的温和国策相矛盾。

由于这些原因，赵禹在景帝朝一直默默无闻，直到刘彻上位，他才等来了出头之日。

接下来，赵禹联合张汤干了一件大事：修订汉律。

对于当时的汉帝国来说，修订汉律已是刻不容缓：汉朝开国后，倡导无为而治，但这种治国理念到了武帝年间，却成了权贵们的挡箭牌。由于犯罪成本很低，各路豪强权贵肆意妄为，而且就算出了事儿，也有办法逃脱法律的制裁。

放眼望去，帝国的司法制度一团糟，忍够了的刘彻果断决定：修律！

根据《晋书》的记载，张汤撰《越宫律》二十七篇、赵禹撰《朝律》六篇，与汉初萧何撰《九章律》九篇、叔孙通撰《傍章律》十八篇，合称“汉律六十篇”，汉代律典的基本风貌至此成型。

值得一提的是，这次修律增加了“见知法”和“故纵法”，官吏以此法彼此相互监视、相互侦察、相互告讦；司法官员一旦判错案，事后也要追究责任。

与帝国其他官员不一样，赵禹当官，没有任何私心杂念，为了守住廉洁的底线，他封死了自己的所有退路：断绝一切人情往来，不养门客。

在当时，公卿贵族豢养门客已成为一种时尚，战国四公子就蓄养了不少门客来装饰门面。到了汉朝，不仅各地的王爷们喜欢养门客，就连朝中的官员们也喜欢收养一些小弟。

只有赵禹不一样。

一方面，赵禹为官清廉，没有其他外快供养门客；另一方面是他深知，权力和义务从来都是对等的关系，老大也不是那么好当的，必须要举荐小弟出任官职，要不然人家凭什么给你当马仔？

为了抛开这些羁绊，赵禹宁愿成为帝国官场的异类，不愿意豢养宾客，不接待官员的私人拜访，也不参加私人宴请，将自我彻底孤立起来。由此还发明了一个成语：一意孤行。

有人曾问过赵禹：你这么一意孤行，难道就不考虑周围的人对你有什么看法吗？

赵禹答：我断绝一切好友或宾客的请托，就是为了自己能独立地决定和处理事情，按自己的意志办事，而不受别人的干扰。

赵禹最出名的一件事，是帮卫青挑选人才。

有一次，刘彻让卫青推荐一批人出任郎官。汉代的郎官是皇帝身边的侍从，虽然没有品阶，但天天追随皇帝，最起码也能混个脸熟，所以有很多人报名参加。

卫青不敢怠慢，仔细挑选了十几名家境富裕的子弟。正好赵禹登门拜访，两人聊天说起了推荐郎官的事情，卫青想让赵禹帮忙鉴别一下，于是挑选了十几名衣甲鲜亮的备选郎官，请赵禹过目。

赵禹依次询问，考察每个人的水平，最后告诉卫青，你选的这些人全是平庸之辈，全都不合格。

卫青有点不高兴，自己好不容易选拔出来的人才，竟然就这样被你否定了？

直率的赵禹没有理会卫青的不快，他告诉卫青：俗话说，将门之下必有将类；

古人也说，不了解他的君主就看看他的臣下，不了解他的儿子就看看他儿子的朋友。今陛下让将军举荐郎官，其实是陛下要通过你的举荐，观察大将军是否真有识才用才之能。可惜将军这次选拔的尽是富家子弟，这些人无知无识、无智无勇，不过像穿上了绮绣的木偶罢了。这样推荐上去，陛下必定会对你的能力产生怀疑，若是惹得陛下对你反感，将军悔之晚矣！

卫青听后，沉默了很久。

他把家中所有人叫过来，让赵禹重新选择。经过一番严格的筛选，赵禹最终选择了两人，一个叫田仁，一个叫任安。

田仁和任安二人家贫，入卫青府本来是想出人头地。但是二人因为没有钱贿赂卫青府上的管家，最后被派去马厩养马，成了马夫。

任安与田仁同吃同住，晚上同枕而眠时，田仁抱怨说：管家真是有眼无珠！任安答道：大将军尚且不识英雄，更何况他的管家呢！

这一次，两人终于等来了属于自己的机会。

刘彻亲自召见了他们，要他们各自说出自己的特长。

田仁说：坚守岗位，让部下拼死作战，我不如任安；任安说：决断嫌疑，评判是非，让百姓没有怨恨，我不如田仁。

两人的应对非常巧妙，逗乐了刘彻。行了，任安你去监军，田仁你去屯田吧！

二人政绩出众，后来都做了大官。任安当了益州刺史，其后为北军使者护军（监理北军的长官），田仁为丞相长史，其后为丞相司直（相当于副丞相）。

多年以后，汉朝发生了著名的巫蛊之祸，卫太子刘据受奸人江充陷害，为求自保，矫诏发兵杀了江充等人，与丞相刘屈氂军大战于长安。丞相刘屈氂亲自率兵迎战太子，命令田仁把守城门。

田仁认为太子是刘彻的亲生骨肉，不愿卷入这场父子纷争中，暗中放水让太子出了城。刘彻得知后，将田仁下狱诛杀。

当时任安为北军护军，太子召任安，授予任安符节，令他率北军相助。任安接受了符节，回去后却按兵未动。刘彻听说后，认为任安是想坐观成败，将任安下狱判处腰斩。

临刑前，他收到了好朋友司马迁的一封回信，标题是《报任安书》。

张汤之死

随着帝国酷吏的渐次登场和退场，大红大紫的张汤也迎来了自己最终的命运。

张汤从小对刑律耳濡目染，长大后靠拍领导马屁一步步进入大汉帝国的权力高层。作为帝国最著名的酷吏，张汤的铁腕也是人所共知的，陈皇后巫蛊一案中，他一口气杀掉了三百多个参与者；淮南王和衡山王谋反案中，他从重从严，先后处死上万人，可谓是人头滚滚、血流成河！

凭借着铁血手段，张汤一路风光，升任御史大夫。那时的刘彻和张汤讨论国事，一度能讨论到深夜。

张汤为官几十年，办了不少大案要案。他办案既依律法，也揣摩皇帝的心思。如果皇帝想严办某人，张汤就往狠里办；如果皇帝仁心一现，哪怕这人犯了天大的事，张汤也能保他一条小命。

尽管长袖善舞、八面玲珑，但张汤的这种处事风格也得罪了不少人，看他不顺眼的还是大有人在的，比如御史中丞李文。

李文和张汤有过节，为了打击报复，经常检查跟张汤有关的档案资料，希望从中挖出一点证据。不过他低估了张汤，文法吏出身的张汤怎么可能会在文字材料中留下把柄？查了半天一无所获。

李文没有搜集到张汤的犯罪证据，自己却引起张汤的小弟鲁谒居的注意。上司有难处，做小弟的自然要主动排忧解难。很快，他就搜集到了李文作奸犯科的证据，并交到了刘彻手中。

刘彻不知道这三人之间的关系，他按照正常程序将举报材料交由张汤审理。

证据没找着，自己反而落到了张汤手里，李文也只能认栽，最后被判处死刑。

刘彻虽然将案子交给了张汤，但总觉得哪里有点不对劲儿。他再一次拿起了案卷，仔细看了一遍后，问张汤：李文这样隐蔽的罪行，你们是怎么发现的？

张汤心里有点虚，说可能是李文的仇人在打击报复。

这个事情就此告一段落，但刘彻心里的疑虑依然没有打消。

事情过去没多久，刘彻又接到了一封实名举报信，举报人正是刘彻的兄弟，赵王刘彭祖。

刘彭祖这个人，前面我已经介绍过了，这家伙是个阴谋家，给人挖坑很有一套。他所在的赵国拥有丰富的铁矿，是帝国的冶铁中心。然而，自从朝廷实行了盐铁官营的政策后，严重影响了赵国的利益，心存不满的赵王几次向朝廷告铁官的状，但张汤每次都维护铁官，这让刘彭祖很窝火。

朝廷的大政方针我管不了，但是你张汤还是可以捏一下的，咱们走着瞧！

很快，刘彭祖打听到了一件私密的事：有人看到张汤某日下班后，到下属鲁谒居的家中，亲自为病重的鲁谒居按摩双足。

刘彭祖在信中称：张汤位列三公，鲁谒居不过一名掾史，张汤竟然为他按摩双足，其中必有大奸，请陛下彻查！

要知道，此时的张汤已经位列三公，他为一个普通小官员捏脚，难免让人猜测。

这封信引发了轩然大波，刘彻非常重视，下发廷尉审理。本来这个事很简单，只不过上司关心一下下属而已，两个当事人啥也不说，廷尉府还真没辙。恰巧就在此时，病重的鲁谒居一命呜呼，死了。

没办法，办案人员只能带走他的弟弟，让他配合调查。

本来嘛，鲁谒居的弟弟没犯啥事，张汤跟鲁谒居的那点事跟自己也没啥关系，所以人带到廷尉府后，只是暂时拘押在监狱里等候询问。

张汤找了个借口，到牢里办事，见到了鲁谒居的弟弟。

为了避嫌，张汤只能表面装作不认识，想回去以后暗中帮他。不想，张汤高估了鲁谒居弟弟的智商，他见张汤没有救自己的意思，以为对方要过河拆桥，于是狗急跳墙，把张汤和鲁谒居二人之前合谋陷害李文的事一股脑儿全讲了出来。

这下子，轮到张汤蒙了。

刘彻也很尴尬，不好和稀泥了，只得出面表态，表示要一查到底，严肃处理。

案子最终落到了减宣的手里。减宣也是被司马迁点了名的酷吏，深谙汉朝法律，处理事情喜欢亲力亲为。当年在审理主父偃和淮南王造反一事时，杀了不少人。

减宣与张汤素来不和，在接到这个案子以后，准备好好挖一挖，希望能彻底打倒张汤。

就在此时，又出了汉文帝陵园陪葬钱被盗一案。

得知这个消息，刘彻当场就掀了桌子，这盗墓贼胆子也太大了，连皇帝的祖坟也敢刨，要是到了地下，朕怎么跟列祖列宗交代？

皇帝震怒，大臣们也得表个态，自我检讨一番。丞相作为百官之首，自然得带这个头，当时的丞相是庄青翟，为了给自己壮胆，他拉上了张汤一同去向皇帝承认错误。

张汤虽然口头上答应了，内心却不以为然。你丞相主抓全盘工作，主动请罪是理所应当；我不过是御史大夫，负责监察百官，陵寝被盗跟我有什么关系？凭什么要让我也背锅？

如果庄青翟这次被罢免了，那丞相职位离自己还远吗？

第二天上朝作自我检讨时，庄青翟一副做错了事的样子，主动承担了责任，而张汤站在一旁，却无动于衷。

老张，咱俩之前说好的，你倒是表个态啊！

张汤还是一声不吭。

庄青翟这才反应过来，自己被张汤坑了。

丞相主动站出来承担责任，正在气头上的刘彻将彻查此案的任务交给了张汤。

张汤内心暗喜，他想尽办法搜集了很多对庄青翟不利的证据，准备给庄青翟定个“玩忽职守罪”。

老庄听说后，差点吓个半死，这可是大罪，不带这么坑人的啊！

这不，丞相府的三位长史看不下去了，他们决定发起反击！

这三个人，分别是朱买臣、王朝和边通。

这哥仨当年的江湖地位都比张汤高，但张汤发迹后，对这些前辈们很没礼貌。因为张汤，哥仨丢了自己的官职，只能守着长史的闲职打发日子。现在张汤又要搞庄青翟，哥仨忍不了，决定给他点颜色看看。他们找到庄青翟，安慰他：别怕，我们帮你报仇。

事实证明，这几个人的政治斗争水平比张汤高出了不止一截，他们逮捕了张汤的一个商人朋友——田信。经过一番审讯，得出一条重要情报：每次皇帝和张汤商量的经济政策，商人们都能通过张汤事先知道，从而提前布局，牟取巨额利益，之后将所得利润和张汤平分。

随后，大伙儿将这份口供送到刘彻面前。

刘彻看到这份口供，将信将疑。他把张汤叫过来，说：这几年每次有什么政策，总有些商人会提前知道，然后囤积居奇获取暴利，会不会是有人故意泄露？

张汤想了想，说：肯定是有人泄露。

说这话时，张汤面色如常，让刘彻找不出半点破绽。

没过多久，减宣上报了“李文冤杀案”的调查结果，李文确实是被张汤和鲁谒居合谋冤杀。

刘彻无法接受自己一直被张汤所欺骗的事实，他先后八次派人去责问张汤，让他主动坦白。

张汤自认为没有做过错事，他不承认自己有罪，期待真相大白的一天。

面对张汤的消极抵抗，刘彻又派出了一个人，彻底击垮了张汤的心理防线。

这个人是赵禹，是张汤的同僚。两人曾经一起共事，修订过汉朝的律法。

与其他审讯者不同，赵禹也是酷吏，他很清楚张汤的心思，也知道他的软肋在哪里。

此时的张汤虽然身陷囹圄，但他绝不肯承认自己与商人勾结牟利。

赵禹居高临下地看着他：你不认罪？

张汤昂起头：我没有错，为何要认罪？

赵禹长叹一声：老张啊，你怎么到现在还看不清形势呢？想想这些年，你杀了多少权贵、灭了多少豪门大族？有多少家庭因为你而家破人亡？现在你落了难，他们能不排着队来落井下石吗？

你一再要求上诉，就算你能把事情都说清楚，那又有什么用？你以为陛下不清楚吗？陛下如此重视你的案子，三番五次派人来审问你，就是想让你早点认清形势，让你自我了结罢了，你还不懂我的意思吗？

这番话，犹如一盆冷水，浇醒了张汤，也浇灭了他心中的希望。

他之所以坚持，无非是相信刘彻不会如此绝情。这些年来，他一贯以酷吏的形象示人，为皇帝干了不少脏活累活，背了不少黑锅，就算没有功劳，也是有苦劳的。想不到，刘彻最终还是作出了过河拆桥的决定！

张汤啊张汤，你应该明白，狡兔死，走狗烹，飞鸟尽，良弓藏，这是亘古不变的道理。你为武帝屠杀外戚、屠杀诸侯王、屠杀官吏，巧取豪夺天下商贾的财富，现在轮到他们报复了。

张汤听懂了，但他不甘心，他给皇帝写了一份遗书：我张汤没有什么值得称道的功劳，从刀笔小吏做起，完全是皇上赏识，才让我位列三公。现在被人告发，无论如何我没有理由推脱责任，但是阴谋诡计陷害我的就是那三个长史。

写完之后，张汤自杀。

张汤死后，刘彻让人去抄他的家，结果发现全部家产不足五百金，还都是皇帝赏赐的。

刘彻大惊：原来张汤是位好官员啊！这样说来，之前对他的那些指控全部都是诬告了！

张汤死后，侄子想厚葬他，但张母不同意，说：我儿子是天子大臣，被奸佞小人以流言蜚语害死，有什么可厚葬的？

这位刚毅的母亲坚持用一口薄棺将其安葬。

这是对武帝冤杀张汤的无声控诉！

刘彻不由得感慨道：只有这样的母亲，才能生出这样的儿子啊！

刘彻对张汤之死心存愧疚，为了挽回自己的过错，他下令将三长史下狱处死，丞相庄青翟也被逼自杀，田信无罪释放。为了补偿张汤家人，刘彻大力提携张汤的儿子张安世。

张汤之死，缘于他的执法冷酷、锋芒毕露，而张安世充分吸取了老爹的经验，在宣帝朝犹如戏精附体，装傻充愣，最终官至大司马、卫将军、领尚书事，集军政大权于一身，还获得了廉洁的美誉。他的故事会在下一本书中讲。

张汤当了一辈子酷吏，结果死在了酷吏手里。

出来混，总是要还的。

酷吏充当皇帝的鹰犬，兴起大案，领一时之风骚，自《史记》始至《金史》终，千年而下，代不乏人。与武周朝的酷吏相比，两汉的酷吏虽然为政严苛残酷、杀戮过重，但他们还没完全堕落，从他们身上依然可以找出闪光点，不比任何能臣逊色。

然而，酷吏政治终不得官心民心，对于帝王来说，酷吏不过是一帮爪牙而已，自己才是背后那个提线人。皇帝喜欢用酷吏来打击豪强及地方诸侯，一旦达到目的，酷吏们的使命也就戛然终结。

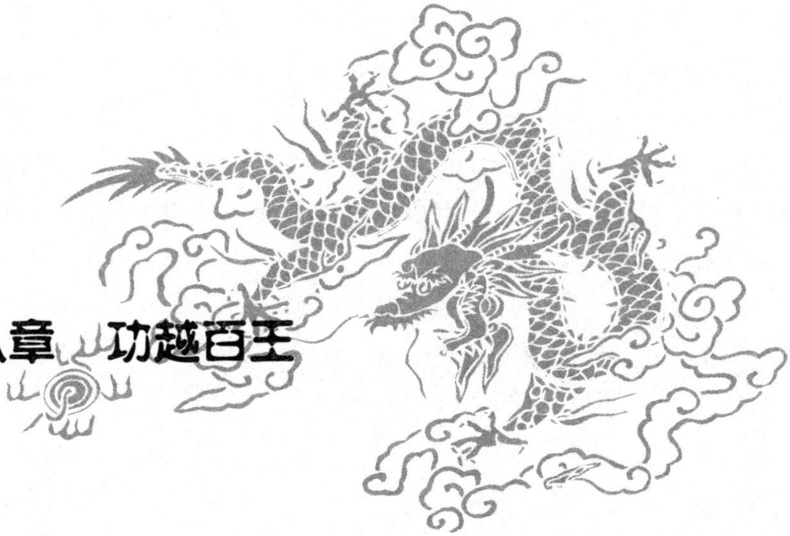

第八章 功越百王

再通西域

这些年来，张骞的日子过得很落寞。

那一年，张骞第一次出使西域，用双脚走过了数万里，在荒山沙海踏出了一条东西通途。从西域回来后，张骞受到了刘彻的超高规格接待，被封为太中大夫，一同归来的甘父被封为奉使君。所谓的太中大夫，相当于皇帝的政策顾问。

此后在抗击匈奴的战争中，张骞跟随卫青出征，凭借着丰富的荒野生存经验，他为汉朝军队做向导，指点行军路线和扎营布阵的方案，为大军找到了水源，事后论功行赏，被封为博望侯。

两年后，升为卫尉的张骞同李广从右北平出发，兵分两路出击匈奴，却因没跟上李广，惹得龙颜大怒，一下子被贬为庶民。

一夜之间跌落神坛，如果换作一般人，恐怕早就自暴自弃了，可是张骞没有。

《平凡之路》中有一句歌词：我曾经跨过山和大海，也穿过人山人海；我曾经拥有着的一切，转眼都飘散如烟。

对于张骞而言，真的飘散如烟了吗？不！

那些生命中的人和事，虽然早已远去，但怎么可能如青烟一般消散？

那次西域之旅，在张骞的生命中留下了深深的烙印，一辈子也无法忘记。西域，有苍凉的大漠，有巍峨的天山；有奇特的城郭，有热情好客的土著居民；有数不尽的奇异特产，也有渴望通商的胡人。

那神秘的西域，仿佛有一股神奇的魔力召唤着他。自从上次归来后，张骞的心已经留在了那个地方，他在心里暗暗发誓，有生之年，一定要再去一次那片神奇的土地！

经过深思熟虑，张骞向刘彻提出了自己的计划：联络乌孙夹击匈奴。

乌孙是匈奴西部的一个小国，首领叫昆莫，与大月氏人一同在祁连山和敦煌一带游牧。后来，冒顿向东击败东胡，向西击败大月氏，月氏开始向西部收缩，顺带灭了乌孙国，夺了乌孙的牧场。

乌孙人被迫向西迁徙，大部分乌孙人顺势投奔了匈奴。

那时，乌孙王有个孩子刚刚出生，为了躲避月氏人的追杀，老仆人抱着孩子跑了出来。在逃亡的过程中，一个神话产生了。

据老仆人后来说，有一次在逃亡途中，她外出找食，回来时惊奇地发现一头母狼竟然在给孩子喂奶，一群乌鸦不断地从天上投下一些肉来喂食。

老仆人当时就震惊了，这孩子将来长大后一定不一般！

如果你看过罗马传说，应当记得这简直就是罗马城的建立者罗慕路斯故事的翻版。

传说罗慕路斯与雷穆斯是双胞胎，他们的母亲是被要求做贞女祭司的西尔维亚，他们的父亲是战神马尔斯。西尔维亚怀孕后，国王阿穆略又惊又恨，幽禁了西尔维亚，待她分娩之后，命仆人把两个婴儿装到篮子里扔到台伯河里去。但台伯河水却把篮子冲到荒凉的河岸，搁浅在岸边一棵无花果树旁。传说中，有一只母狼曾给他们喂过奶，还有一只啄木鸟也来帮忙喂食，守护他们。

历经千辛万苦，老仆人带着孩子逃到了匈奴冒顿单于那里。单于很喜欢这个孩子，将他留在身边，亲自抚养长大。

这个孩子就是后来乌孙国的昆莫。

一晃许多年过去了，昆莫变成了一个勇敢的战士。他向匈奴单于请求领兵攻打大月氏，以报当年杀父之仇。在征得匈奴单于同意后，昆莫带着自己的队伍与大月氏展开了一场厮杀。

大月氏惨败而归，只能远远地跑到中亚大夏一带，而昆莫夺回了属于自己的土地，实力大大增强。

匈奴人之所以大力支持昆莫夺回自己的家园，无非是希望将来乌孙人复国后，可以给自己当小弟。可昆莫却一心想着独立，彻底脱离匈奴的控制。

匈奴人当然不肯答应，发兵去收拾乌孙国，结果自己却被揍得鼻青脸肿。

碰上这么一个不听话的小弟，打又打不过，匈奴人也只能干瞪眼。

针对这种局面，张骞提出了一个计划：与乌孙国结盟，斩断匈奴右臂！

为了拉拢乌孙国，张骞给出了自己的条件，让乌孙人迁到河西走廊的故地，即原来浑邪王的地盘。他相信，乌孙人出于对故土的感情，不会不动心的，到时候就可以联合乌孙夹击匈奴了。

刘彻对这个计划很满意，于是出使乌孙的任务又落到了张骞身上。

为了这次出访，朝廷准备了一支由三百人组成的庞大使团，每人配备两匹马。除此以外，使团带了极为丰厚的礼物，光牛羊就有数万头之多，钱财布帛有几千万。

元狩四年（公元前 119 年），张骞挂了一个中郎将的头衔，二度出使西域。

这一年，距离他上一次出使西域，已经过去了整整七年。

西域，那片魂牵梦绕的土地，我又来了！

张骞一行从长安出发，经过河西走廊，出玉门关进入西域，沿着天山的北边，到了乌孙国。

然而，令人失望的是，乌孙国对张骞的态度很冷淡，待客仪式也十分简单，这让张骞感觉自己折了面子。

自己折了面子不要紧，关键在于张骞代表的是大汉皇帝，你对我怠慢，就意味着对大汉帝国的皇帝怠慢。

昆莫也很无奈，我接待匈奴使者时，也是这套礼仪流程啊！

张骞说：我代表的是大汉帝国，匈奴不过是一群未开化的蛮族，早就被汉军击垮了，能和我大汉相提并论吗？

这……

张骞告诉他，我是代表汉朝天子来对你进行赏赐的，如果你不按汉朝的礼仪拜见，我可要收回带来的赏赐了。

可别，有话好好说嘛！

昆莫赶紧拦住了张骞，他才不傻，傻子才跟钱过不去呢。看在你带了这么多钱的份儿上，我就向你服个软吧！

最终，昆莫按张骞的要求，向张骞行了隆重的拜礼。

接下来，该进入正题了。

张骞开出的条件是，如果乌孙人能向东迁移到浑邪王的旧地去，那么汉朝愿意送你一个公主，双方结盟，一起对付匈奴人。

张骞本以为昆莫会很高兴，不料，面对汉朝开出的优厚条件，昆莫却不为所动。

这是怎么回事？

张骞想不通，难道是汉朝开出的价码还不够高，没有打动对方？

经过一番深入调查，他才了解到昆莫的顾虑。

首先，昆莫并不想跟匈奴人彻底撕破脸，毕竟单于对他有养育之恩。至于汉朝，对乌孙人而言只是一个遥远的传说，听说过，没见过。虽然昆莫很喜欢张骞带来的财物，可问题在于，跟乌孙国的前途命运相比，这点钱财又算得了什么？何必为了一个不靠谱的承诺，得罪近在眼前的匈奴人呢？

没道理嘛！

其次，此时的乌孙国正面临内部分裂的危险。

昆莫有十几个儿子，可惜太子身体不好，英年早逝。临终前，他恳求父亲将太子之位传给自己的儿子岑娶，要不然他死也不会甘心。

面对奄奄一息的儿子，昆莫内心承受着巨大的痛苦，他无法拒绝儿子临终前的最后请求，于是当众宣布由自己的孙子接任王位。

这下子，其他几个儿子坐不住了，纷纷跳出来强烈反对父亲的决定。你自己没有命接班，还想把这机会留给下一代，好处总不能让你一个人都占了吧？天底下哪有这么好的事？

这其中，反对最激烈的是大禄。这哥们儿是个猛人，勇敢强悍、能征善战，太子死后，他是最有资格竞争王位继承权的。现如今，自己的父亲却要把王位传给孙子，真是岂有此理？

愤怒的大禄带着一万多人的骑兵离开了驻地，准备跟父亲和侄儿决裂。

昆莫老了，面对儿子的反叛，他已无力摆平，只能给孙子一万骑兵，划了一块地盘，让岑娶远离大禄。至于剩下的一万多名骑兵，由他自己掌握。

这样一来，虽然昆莫还是名义上的国王，但内部早已分成三股势力。要不要搬家，要不要跟匈奴人彻底撕破脸，其实都不是他一个人能决定的。

既然这样，那就只能无限期拖下去了。

其实，不只是乌孙对汉帝国不怎么了解，周边的小国也对这个东方的帝国所知不多。张骞要想靠自己的一张嘴说服这些小国，确实没那么容易。

都说耳听为虚，眼见为实，既然你们不相信汉帝国的强盛，那就让你们开开眼界！

张骞将自己身边的人派往邻近大宛、大月氏、康居等国，广交朋友，邀请他们到东边的汉帝国考察。

这是一种全新的外交方式，随着汉朝使者的陆续到来，各国也陆续派人踏上了前往东方大国的道路。

这些使臣到达长安后，亲眼见到了汉家天子之尊、汉官之威仪，也亲自体验到了汉帝国的强盛与富庶。通过这种方法，西域各国与汉帝国的往来日益密切。

遗憾的是，乌孙最终还是没有和汉朝结盟，汉朝与乌孙国共同打击匈奴的计划落空。既然乌孙不愿回到故地，汉朝只有收回地盘了。随后，汉朝在河西一带设置了酒泉、武威二郡，正式对河西走廊实施管辖。

这一次出访，张骞在西域待了将近四年，直到元鼎二年（公元前 115 年），他才踏上返程的道路。

在第二次西域之行结束一年后，张骞病逝于长安。

该怎么评价张骞这个人呢?

司马迁在《史记》中称赞张骞时，用了一个词：凿空。

不是开辟，不是打通，是凿空。

汉代以前，西域对中原人而言是一个陌生而又神秘的地方。从长安一路往西，要穿越草原、戈壁、高山、大漠及无人区，在这之前，从未有中原人踏足过这片地方。

张骞第一次穿越茫茫大漠，来到这片充满无数想象的土地，连接东西方的陆上通道被打通。此后的两千年里，无数人沿着张骞走过的路线来到西域，往来商旅沿途不绝，商业贸易与交通历代不衰。他走过的这条路，后来被称为“丝绸之路”。

张骞的西域之行，还为西汉带来了三样东西：地图、情报和种子。

地图和情报就不多说了，因为他，人们才第一次知道了西域到底是什么样的，西域有哪些国家，各国的军事防御、风土人情如何。

这里重点说一下种子。

张骞的西域之旅，为汉朝带来了不少好东西，比如苜蓿、核桃、葡萄、蚕豆、石榴、香菜、黄瓜、大蒜、芝麻等，经受住了千年的考验，至今还活跃在厨房和餐桌上，给无数吃货带来了福祉。

直到今天，我们仍在享受张骞的馈赠。

若无张骞出西域，何来美酒边塞诗?

张骞凿空西域，开启了丝绸之路的大门，其意义如何强调都不过分。

在世人眼里，张骞是一个先行者。

放眼世界历史，能以无上勇气去探索人类认知边界的，只有三个人：张骞、郑和、哥伦布。

张骞，以他非凡的毅力和勇气，穿越万里黄沙，为汉朝打开了一扇通往世界的大门。

因为他，汉文化圈第一次扩张到了西域地区，从张骞开始，丝路驼铃响彻河西走廊！

张骞虽然离开了，但通向西域的大门已经打开，越来越多的商旅和使者穿梭在丝绸之路上。刘彻为了加强与西域诸国的交流，派出了一拨又一拨的使者，踏上了西去的路途。

乍一看，刘彻的做法并没有错，可问题偏偏出在这些派出去的使者身上。

为了招募愿意出使的人，刘彻在全国搞了一场海选，结果吸引了一大群人报名。林子大了什么鸟都有，出使人员中，泼皮、无赖、骗子、亡命之徒，各路货色应有尽有。这些人大部分都是穷光蛋，既不懂外交，也不懂外语，人员水平参差不齐。

要知道，那时候去一趟西域，少则三五年，多则六七年，沿途还有可能遇上匈奴人打劫，风险还是很大的。这些人之所以挤破头也想参加，不过是挡不住发财的诱惑，想着到西域去搏一把而已。

人一多，各种问题便出现了，有夹带私货、投机倒把的，有侵吞使团财物的，也有倒卖物资的。山高路远，出了玉门关，谁能管得住这些人？大老远的路，揩点油也是正常的。

刘彻显然也想到了这种结果，所以他也制订了自己的考核方案。等代表团回来后，对他们的工作进行评估，如果评估合格，有些猫腻打个马虎眼也就过去了，如果评估不合格，工作没干好，那就从重处罚，同时又允许他们出钱赎罪。

另外，随着代表团不断贪污克扣财物，西域各国感觉自己得到的财礼一次比一次少。久而久之，各国的首领开始有意见了。

想当初，张骞来西域时最讲诚信了，出手也阔绰，说好的财礼一分钱都不会少。作为回礼，西域各国一般是给使者准备好招待所、更换马匹、补充粮食、签发通行证。可如今，来的都是些什么玩意儿？

大伙儿决定联手抵制这些吃回扣的家伙，拒绝向他们提供粮食，也不再签发通行证。

就这还算客气的，还有一些国家高估了自己的实力，不配合也就算了，还趁火打劫，逮着机会就抢一把。比如楼兰国和姑师国，就是其中的典型代表。

这下子，轮到汉朝代表团愤怒了。在这些代表团中，有一个人的火气尤其大。

他叫王恢，曾经参与过马邑之谋，脾气比较杠。

老虎不发威，你当我是病猫？

灰头土脸的王恢好不容易回了长安，将自己在西域的遭遇告诉了刘彻。他的意见是，不能就这么放过他们，必须要给这些自我膨胀的西域小国一点颜色瞧瞧。

刘彻陷入了沉吟，要对西域用兵，开支太大了，你有行动方案吗？

王恢告诉刘彻，西域诸国中，楼兰和姑师最闹腾。匈奴人是逐水草而居，居无定所，这两个国家和匈奴大不一样，他们有固定的地盘，而且他们的城堡远不如汉朝的城墙坚固，根本就不是汉朝的对手。

其实，抛开西域各国与汉使之间的冲突，匈奴人在背后也没少下绊子。

当时，河西走廊的南边还有一个部落，名字叫羌人。这是一个零散的部落，各部落之间矛盾重重，大家看谁都不服气。当初匈奴强盛的时候，他们认匈奴做了大哥，后来汉军扫平了河西走廊，切断了他们与匈奴人的联系。

匈奴人虽然在汉军手上吃了亏，但他们并不想放弃河西走廊。此后，匈奴人派出使者，协调羌人各个部落之间的矛盾，想联合羌人的力量夺取河西，之后把河西送给羌人。

目的很明确，河西走廊，我得不到，你也别想得到。

羌人各部落达成一致意见后，凑了十万人，攻占了令居、安故等地，一时间势头很猛。作为配合，匈奴也出动了大军，向汉朝发出了挑衅。

面对羌人和匈奴人发出的挑战，汉军也没有闲着，集结了十万大军，在李息、徐自为的率领下前往平乱。

羌人虽然人多势众，但面对汉军的猛烈攻势，没过多久就败下阵来，一部分羌人向西迁移，另一部分则归降了汉朝，其部落首领被封为归义羌侯。

匈奴的第一波攻势被汉朝轻松化解，但他们并不甘心，不断派出突击队截杀汉使、商旅，还鼓动西域各国与汉朝作对，让汉朝使者疲于应付。

在综合分析了河西走廊的形势后，刘彻最终拍了板：出兵，一定要肃清河西走廊上匈奴人的残余势力！

很快，两支骑兵部队集结完毕，公孙贺率领一万五千人的骑兵，从九原（今内蒙古包头市）出发，赵破奴率领一万余人的骑兵，从令居（今甘肃永登县西）出发。两人的目标只有一个，打击匈奴！

只有切断了匈奴对西域的控制，才能让西域各国重新向汉朝称臣。

遗憾的是，这一次出征，汉军在河西走廊转了一圈儿，连个匈奴人的影子也没见着，只好班师回朝。

这之后，眼见西域各国闹得越来越不像话，汉朝再一次出动了大军，教训一下楼兰和姑师。

楼兰国在历史上很有名气，它位于今天的罗布泊西南，都城是扜泥城，姑师国即今天的吐鲁番。

这一次，刘彻依然派出了赵破奴领兵出征。

赵破奴曾被封为从骠侯，跟着霍去病与匈奴人死磕，屡立战功，可谓深得霍氏兵法的精髓。他带着七百骑兵一路西行，穿越河西走廊，空降楼兰城下，俘虏了楼兰国王。紧接着，大军北上，攻破姑师，改其国名为车师。

对于久经沙场的汉军骑兵来说，搞定这两个国家不过是分分钟的事。战斗结束后，赵破奴率领部队继续前进，抵达了乌孙、大宛边境。就在乌孙王昆莫神经高度紧张时，汉军却吹着口哨，踏上了返程的路途。

这一战，汉军仅靠少量骑兵生擒楼兰王、大破姑师国，宣扬了汉帝国的军威。赵破奴被封为浞野侯，王恢被封为浩侯。

得知楼兰在汉与匈奴之间首鼠两端，刘彻下诏将楼兰王押到长安问罪。

楼兰王表示很委屈：楼兰只是一个小国，夹在大汉与匈奴之间，如不两边听命，便无法自保平安，我也很无奈啊！

刘彻一听觉得有些道理，大手一挥，放楼兰王回国，让他协助打探匈奴动静，向汉朝传递情报。

在亲眼见识到了汉帝国的强盛后，昆莫的心态也发生了变化。汉军兵锋所至，犹如摧枯拉朽一般，各个小国根本无力抵抗。楼兰国王被活捉，姑师被攻破，试想一下，自己有能力对抗汉帝国的大军吗？

显然没有！

既然打不过，那就趁早向汉朝称臣，这样还能有个稳固的靠山。

昆莫主动向汉朝靠拢，这引起了匈奴人的高度警惕。眼看着自己的邦交国一个个投奔了汉朝，单于再也坐不住了！

其他小国都可以投靠汉朝，唯独你昆莫不行！你难道忘了，想当年你走投无路，是我们匈奴人收留了你，帮助你复国成功。没有我，哪有你的今日？

这笔账一定要清算！

怒气冲冲的单于给昆莫下了战书，咱们走着瞧！

昆莫坐不住了，他知道自己与匈奴人算是彻底掰了，为了保全自己，只能抱紧汉朝的大腿，联合汉帝国共同对抗匈奴人。

为此，昆莫主动向汉朝提出和亲，聘礼就是一千匹好马。

刘彻经过一番思考，答应了乌孙国国王昆莫的联姻请求，册封江都王刘建的女儿刘细君为汉朝公主，与昆莫结亲。

如果不是昏庸的父亲起兵败北，也许她会和其他公主一样，在自己的闺房里吟诗赏花，到了合适的年龄再觅一位门当户对的夫君，倚门回首嗅青梅。

但是这一切只是如果。

刘细君是罪臣之女，这就注定了从她父亲犯罪定案的那一刻起，她的命运已经不在自己手中了。面对皇帝的旨意，她没有拒绝的权利，只能以身许国。

车辚辚，马萧萧，刘细君带着皇帝的嘱咐和丰厚的嫁妆，在数百名随从和杂工的陪同下，踏上马车，向西进发。

路途漫漫，放眼望去，只有无尽的大漠和戈壁。前方，等待刘细君的又是怎么样的命运呢?

和亲的队伍出了长安城，经兰州渡过黄河进入河西走廊，一边是祁连雪山，一边是腾格里沙漠。队伍出了嘉峪关，经吐鲁番盆地，向乌孙国进发。

一路走来，刘细君见过了驼队、雁阵、狼群、长河落日、大漠戈壁、雪山、草原。在经过长达数月的艰难跋涉后，和亲的队伍终于抵达了乌孙国。

然而，一下车，刘细君就傻眼了。

刘细君这一年十七岁，而她面前的丈夫已经七十多岁了，按年龄足以当她的爷爷了。

刚嫁到乌孙国，由于语言不通，加上生活习惯和原来不一样，刘细君很不适应。偶尔昆莫会过来看望她，跟她吃一顿饭，然而也仅限于此。

不久之后，匈奴得知了汉朝和乌孙国联姻的消息。为了笼络乌孙抗衡汉朝，匈奴单于也给乌孙昆莫送来一个年轻漂亮的女子，作为左夫人。昆莫倒是来者不拒，照单全收。只是，刘细君的日子更加难挨了。

故乡远在万里之外，亲人除了梦中相聚恐再也无法相见……这一切，使刘细君内心有着深深的哀愁和忧伤。苦闷的刘细君只能将自己的一腔愁绪付诸笔端，抒发自己内心无法排遣的情感。

吾家嫁我兮天一方，远托异国兮乌孙王。
穹庐为室兮旃为墙，以肉为食兮酪为浆。
居常土思兮心内伤，愿为黄鹄兮归故乡。

都说女人是美丽的鲜花，需要阳光，需要雨露，需要爱情的滋润，可这些，刘细君都没有。

昆莫也看出了刘细君内心的悲伤，可惜他老了，给不了刘细君想要的爱情。

昆莫说：我老了。

刘细君回答：我知道。

昆莫说：可是我的孙子还很年轻。

刘细君愕然抬头：你什么意思?

昆莫踟蹰半晌，开口道：我想让你嫁给我的孙子。

其实，匈奴人及西域胡人国家都有这种习俗，父死娶母，兄死娶嫂。可在汉文化圈中长大的刘细君看来，这简直就是乱伦！蛮族就是蛮族，竟然连最起码的礼义廉耻都没有！

委屈的刘细君写了一封信，辗转送到了长安城，摆到了刘彻面前。在信中，她哭诉自己的遭遇，希望皇帝能下旨拒绝这种有损尊严的婚姻。

然而，刘细君望穿秋水，等来的却是刘彻一纸冰冷的答复：你既已嫁到乌孙，就应当遵从乌孙的风俗习惯。为了与乌孙共同抗衡匈奴，只有委屈你了。

刘细君失声痛哭，泪如雨下。

不久之后，昆莫去世了，岑娶继任乌孙国王。刘细君嫁给了岑娶，两人结婚后生了一个女儿，名叫少夫。

史书没有记载刘细君再嫁之后的生活，我们只知道五年后，刘细君就去世了，终其一生，她都没有机会回到家乡。在权力的斗兽场上，女人注定只是牺牲品，刘细君不是第一个，也不是最后一个。

刘细君去世后，汉朝继续与乌孙和亲，刘彻将楚王刘戊的孙女刘解忧嫁到了乌孙国。而此时，乌孙国内部仍然处于分裂状态，叔父大禄拥兵割据，跟岑娶搞对立。大禄死后，儿子翁归靡接管了父亲的军队。

几年后，岑娶病重，可儿子泥靡还小，为了政权平稳过渡，他与翁归靡达成了一项协议：把国王的位子传给翁归靡，等自己的儿子长大后再由翁归靡归还给泥靡。

这样，在岑娶病逝后，翁归靡就成为乌孙国的新一任国王。根据乌孙人的传统，新任国王又接着娶了汉朝的解忧公主。

南越战事

西域的故事先告一段落，让我们把目光投向南越。

说起来，南越自从独立后，汉朝没少为它操心。

前面说过，刘彻继位才不过六年，南越国与闽越国就爆发了战争，南越方面不扛揍，向汉朝求援。刘彻应南越的请求讨伐闽越国，事后要求当时的南越王赵胡到长安朝见。赵胡害怕一到长安就会像当年的楚怀王一样被扣押，于是称病不去，改派太子赵婴齐去长安朝见汉武帝。

赵婴齐千里迢迢去了长安，刘彻倒也没有亏待他，安排他的起居，吃住全免。赵婴齐很快就融入了长安城的上流圈子，跟着一群公子哥天天出去混。

在这里，他认识了一个叫樛氏的女子，邯郸人，瓜子脸蛋，眼如点漆，清秀绝俗，是远近闻名的大美人。

樛氏原本是有对象的，是长安城的一个公子哥，名字叫安国少季。两人感情很好，一度如胶似漆，都到了谈婚论嫁的地步。然而，自从赵婴齐出现后，樛氏的心态发生了改变。

同样是公子哥，赵婴齐明显更有潜力，他是南越国太子，将来老爹两腿一蹬，他是南越国王的唯一人选，前途不可限量。

在赵婴齐的热烈追求下，樛氏很快与安国少季分了手，投向了赵婴齐的怀抱。没过多久，樛氏就为赵婴齐生下两个儿子，分别叫赵兴和赵次公。

几年以后，南越王病重，给远在长安的赵婴齐发了消息，紧急召太子回国。在汉朝的帮助下，赵婴齐顺利返回故乡，接过老爹的担子，成为南越国的第三任国王。

樛氏也跟着丈夫回到了南越，她本以为自己即将成为王的女人，结果到了才知道，赵婴齐在南越早就有一个橙氏女人，两人还有一个孩子赵建德。

如果不出意外，赵建德将被立为太子，而樛氏什么也得不到，她的两个儿子也将与王位无缘。

她不甘心！

辛辛苦苦跨越千山万水，结果老娘什么也没得到，这口气如何咽得下去？

樛氏决定搏一把，而她最大的靠山就是大汉！

她开始不断给赵婴齐吹枕边风，要他立自己为正室，赵兴为太子。

赵婴齐是个耳根子很软的人，在樛氏的软磨硬泡下，他终于答应向汉朝皇帝打报告，立樛氏为王后、赵兴为太子。

得知国王想换太子，南越的一帮本土派大臣坐不住了，纷纷站出来投了反对票。不过赵婴齐是个一意孤行的人，他无视众人的意见，执意将报告发往长安。

刘彻看到报告，二话不说就批准了。

赵婴齐这么搞，虽然讨好了汉朝，但显然得罪了南越的那帮本土派大臣，以相国吕嘉为首的本土派从此和赵婴齐离心离德。

赵婴齐对这帮大臣自然也没好感，自从当了南越国的一把手后，喜怒难测，性情大变，竟开始妄杀大臣，而且多是一时兴起之后，不辨亲疏不问罪责地亲自手刃。几年下来弄得大小官员个个自觉朝不保夕，以至于连汉朝都看不下去了。

为此，朝廷派出使者前往南越，要求他按时到长安朝拜。赵婴齐也知道自己在国内闹得有点过，他怕自己到长安后被处分，所以每次都以身体不好为由，拒绝去长安。

也不知道是真病还是装病，没过几年，他就死了，留下了年幼的太子赵兴及长子赵建德。双方立刻翻了脸，分为两派，以丞相吕嘉为首的本土派支持赵建德，太后樛氏及其身后的汉朝势力则支持赵兴。

这里要重点介绍一下丞相吕嘉。传说吕嘉本是当地的一个酋长，曾接受中原汉化教育，深得民心。赵佗建立南越国以后，为巩固后方，积极拉拢当地土著，任命他为丞相。

到赵婴齐上位时，吕嘉已经是南越的三朝老臣，位高权重，他的儿子娶的全是王室的女儿，女儿嫁的全是王室的儿子，他的耳目由里到外，层层安插，其实力不容小觑。

反观赵兴，虽然有母亲樛氏和背后的汉朝支持，可山高皇帝远，在南越的势力显然不如本土派。

为此，汉朝特地派出了官员，前往南越指导工作。也不知是有意还是无意，这次领头的，正是樛氏的老情人安国少季。

除了安国少季之外，还有一些人，首席谈判代表终军，武力担当魏臣，后援路博德。

这给了太后樛氏极大的信心。也许是孤单太久了，时隔多年，看到曾经的老情人，樛氏竟然旧情复燃，又和安国少季好上了！

一来二去，这事儿就被南越国的百姓知道了，摊上这么个太后，南越百姓也觉得脸上无光，大伙儿纷纷抵制这个私生活混乱的汉家太后。

樛太后也知道自己的处境不太妙，眼看着国内反对的声音越来越多，她决定向身后的靠山——汉朝求援。为此，她鼓动南越王向汉朝写信，请求归附汉朝，还通过使者上书天子，请求对照汉朝的诸侯，三年朝见天子一次，撤除边境的关塞。

刘彻自然是照单全收，将丞相、内史、中尉、太傅等官印赐给南越，其余的官职由南越自己安置，并废除了南越传承已久的黥、劓等源于秦朝的酷刑，改用宽简的汉法。

接到皇帝的旨意后，南越王及王太后开始整理行装和贵重财物，为进京朝见天子做准备。

吕嘉自始至终都反对和汉朝扯上关系，一方面是南越国第一任国王赵佗曾留下遗训，不得入朝拜见汉朝天子；另一方面从当时的形势来看，南越国一旦归了汉朝，就得比照汉朝的诸侯国接受中央政府管理，赵兴当然还可以继续做他的王，而丞相、中尉等官员就要由朝廷委派，这样一来，吕嘉和他的宗族、亲戚将地位难保。

吕嘉曾多次劝谏过南越王赵兴，希望他跟汉朝保持距离，可赵兴根本听不进去，愤怒的吕嘉遂产生了另立新君的念头。

樛太后显然也察觉到了吕嘉有反叛的念头，为了先发制人，她摆下鸿门宴，要求南越高级官吏必须参加，准备将这些本土的顽固派一网打尽。

可问题在于，吕嘉也是个人精，他知道樛太后不怀好意，赴宴那天，让弟弟带着部队驻扎在宫外，给自己撑场子。

众人傻眼了。

樛太后不甘心，她还想冒一次险。

宴席中，樛太后当面指责吕嘉，想借汉使之手杀死吕嘉。但因吕嘉的弟弟正率兵守在宫外，安国少季等人犹豫不决，没敢动手。吕嘉见形势不妙，找了个借口准备出宫，樛太后大怒，从身边拿起一支长矛，急吼吼地要去扎死这老家伙。

关键时刻，南越王赵兴拦在了母亲面前，阻止了这一疯狂的行为。

吕嘉一路小跑回了家，让弟弟分出一部分士兵，加强自己的安保力量，托病不再去见赵兴，同时还暗中同大臣密谋，准备另立新君。

樛太后很想干掉吕嘉，可她权势单薄，又因为淫乱后宫失去民心，一个人干不成这事儿，只能继续向汉朝皇帝求援。

刘彻收到报告后，也是气不打一处来。上次派出了安国少季去搞定南越，没想到这家伙如此优柔寡断！

在刘彻看来，既然赵兴和樛太后已经申请归附汉朝，自己就不能放手不管，眼下只有吕嘉作乱，不值得派大部队过去平叛。为此，他派出了韩千秋和樛太后的弟弟樛乐，率兵两千前往南越。

在听到韩千秋踏入南越国境的消息后，吕嘉等人即刻发难，他先是广造舆论，列举樛太后的种种罪行，随后和弟弟领兵攻入王宫，杀了赵兴、樛太后和汉使终军等人，随后传檄南越各郡县，立赵建德为南越王。

随后，吕嘉在离南越都城番禺（今广州）四十里的地方设好埋伏，将韩千秋和樛乐的军队全部消灭。事后，吕嘉让人把汉朝使者的符节用木匣装好封上，放置到边塞之上，向汉朝谢罪，同时又派兵守好各个关口。

吕嘉深知，依着刘彻的暴脾气，是绝不可能原谅自己的，一场大决战已是在所难免！

果然，得知汉军被灭，刘彻大为震怒，下令抚恤死难者的亲属，然后宣布：出兵南越！

军队很快就动员起来，刘彻征发罪囚及江淮以南水师十万众，兵分五路进攻南越：

第一路，以路博德为伏波将军，率兵从长沙国桂阳（今湖南境内），直下湟水；

第二路，以主爵都尉杨仆为楼船将军，从豫章郡（今江西境内）直下横浦；

第三路和第四路是归降汉朝被封侯的两个南越人，戈船将军和下厉将军，从零陵（今湖南境内）出发，然后一路直下漓水（今广西漓江），直抵苍梧（今广西境内）；

第五路以驰义侯利用巴蜀的罪人，调动夜郎国的军队，直下牂牁江。

刘彻讨伐南越的消息传到闽越国，闽越王大为振奋，主动发兵八千，请求跟随杨仆征讨南越。但事实上，闽越王对这场战争持观望的态度，表面上愿意给汉朝助攻，暗中却与吕嘉勾结，行军到东海郡揭阳县时，闽越王以台风为借口，撤军回国。

先说杨仆，他带的水军有数万之众，驾驶的又是大型船只，在运输大部队和补给方面有相当优势。水军一路南下，攻陷石门，收编了南越的船和粮食后，加紧休整，等待其余四路人马汇合。

确切地说，他在等路博德。

可惜，路博德这一路却走得磕磕绊绊。他的部队里有很多劳改犯，战斗力较弱不说，行军速度也比较缓慢，所以一直拖拖拉拉。为了准时汇合，他索性甩开大部队，只带几千精锐轻装前进，和杨仆顺利会师。

这一仗，汉军打得顺风顺水，很快就打到了南越国的首都番禺。

在经过分析与研判后，两位将军决定不等其余人马抵达，立即展开攻城行动。经过一番激战，汉军顺利攻入番禺，并趁乱放火烧城。南越军纷纷向汉军投降，路博德一面就地赐给投降者官印，一面命他们再进城招降同伴，扩大战果。

这一招效果显著，南越国的防御迅速崩溃，吕嘉和赵建德见大势已去，在天亮前带着几百名部下乘船向东出逃，试图逃亡到闽越，结果没跑出去，被汉军擒获。

吕嘉和赵建德被擒后，南越国属下各郡县皆不战而降。刘彻平定南越后，将南越国属地设置了九个郡，划归汉朝的版图。南越王国由赵佗创立，历九十三年，经五代南越王，到此结束。

东征朝鲜

搞定了南越，刘彻信心大增。这些年，汉军南征北战，展示了一个王朝的硬实力，放眼大江南北，一个能打的都没有，这让刘彻免不了自信心爆棚。

闲不住的刘彻决定四处走走，顺便拜访一下隔壁的匈奴。

为了展示自己的实力，刘彻出门时带了十八万部队，旌旗千余里，浩浩荡荡开往北方边境。荒凉寂静的千年大漠，一时间旗帜猎猎，马鸣萧萧，汉军犹如移动的铁流，一望无边。

刘彻一行北历上郡、西河、五原，又出长城，北登单于台，最后抵达帝国最北端的要塞——朔方。

前面说过，朔方位于河套平原之上，再向北就是阴山了。敕勒川，阴山下，天似庐穹，笼盖四野。大军一路北上，寻找匈奴主力决战，然而草原茫茫，根本不见匈奴踪影。登上朔方城后，刘彻胸中热血涌动，他很想大喊一声：还有谁？

回应他的，只有耳边呼啸的风声。

刘彻感觉很没劲，自己带着大部队一路北上，结果沿途连匈奴人的影子都没看见。

开玩笑，你带了一个集团军群出来耀武扬威，谁敢站出来给你当陪练？

既然匈奴人不敢出来，那我就派个人去看看你吧！

刘彻派了郭吉去看望单于，而此时，当年被卫青和霍去病打得丢盔弃甲的伊稚斜单于已经挂了，继位的是他的儿子乌维单于。听说汉使驾临，乌维单于派了礼宾官出来接待。

不客气不行，眼下匈奴人被汉朝打得毫无还手之力，他们可不想被对方挑出毛病。

一番寒暄之后，匈奴的礼宾官问郭吉：不知贵使此番前来，有何贵干呢？

郭吉说：我说的事情十分重要，只能当面跟单于说。

礼宾官见郭吉态度很和气，于是将他引荐给了单于。

单于亲切接见了郭吉，在一片友好祥和的气氛中，他问郭吉：汉使此来，有什么话带给我呢？

郭吉问：汉此前曾出征南越，大王知道结果怎么样吗？

单于说：怎么样？

郭吉说：南越王的人头现在已经挂在汉宫的北门上了。

单于一听，心里有些忐忑，你到底想说什么？

郭吉把脸一板，严肃地说道：单于若能与我大汉决一死战，我们的天子已经亲自带兵在边境上等你了；若不能，就干脆向我大汉天子俯首称臣。何必躲在大漠以北、水草皆无的地方吃沙子呢？

你……

单于气坏了，原本看你态度还不错，我才同意接见你的，不料竟然是专程来打脸的！

是可忍孰不可忍！

恼怒的单于当即拔出刀，一刀砍了过去。就在郭吉以为自己小命不保的时候，身旁的匈奴礼宾官却一头栽了下去——

是的，你没有看错，单于这一刀没有砍向郭吉，而是砍向了自己人。就算要杀人泄愤，单于也只能对自己人下手，此时的汉朝国力正处在巅峰状态，自己根本惹不起。

当然，鉴于郭吉嚣张的态度，单于将他扣留了下来，发配到贝加尔湖边当了一个羊倌。

既然惹不起，只能躲得远远地发展自己的实力了。单于一边训练自己的士兵，一边向汉朝派出使团请求和亲。

汉朝方面也派了王乌去观察匈奴的情况。当时，匈奴有一条不成文的规定，汉朝使者若不放弃旄节和用墨黥面，就不能进入毡帐。王乌是北地人，熟悉匈奴风俗，一到匈奴大营就自觉放下了旄节，抹了自己一脸墨汁，这才得以进入毡帐。

王乌不像一般的外交官，一味坚持汉朝的礼仪和气节，只要能达成目的，一切皆可变通。更何况，若是自己严词抗争，汉朝的面子虽然保住了，自己估计就要到贝加尔湖去放羊了。

单于一看，这小子很上道嘛，这么多年来，第一次有汉使愿意低下高傲的头颅，啥也别说了，里边坐！

两人天南海北一通瞎聊，单于最后答应派出太子到汉朝做人质，请求和汉朝和亲。

这时候的汉朝陆续击败了不少周边小国，正是最傲娇的时候。恰好就在此时，那个先投降了汉朝又投降了匈奴的赵信挂了，汉朝的一些大佬们认为匈奴已经没落，想把他们收为小弟。

此时的刘彻自信心爆棚，一看单于的书信，这老小子很有诚意嘛，立刻派了一位名叫杨信的正式外交官前往匈奴，联络和亲事宜。

杨信到了匈奴人的大营，坚持不肯放弃旄节，单于没办法，只能在毡帐外面接见杨信。杨信见到单于后，告诉他：若单于真想和亲，必须要先让太子到长安为质。

单于说，规矩不是这么定的，以前的做法是汉朝派一名公主到我们这儿，外加粮食绸缎等一笔嫁妆，匈奴也遵守规定，保证不骚扰汉朝边境。而如今却违反约定，让太子去当人质，哪有这样的道理？

很显然，单于并没有谈下去的意思，双方会谈以失败告终。杨信回到汉朝后，刘彻才又派了王乌出使匈奴。单于的脑筋也很活泛，为了骗取汉朝的财物，欺骗王乌说：我想到汉朝拜见天子，相互缔约，结为兄弟。

王乌回来后向朝廷作了汇报，刘彻高度重视，专门在长安城选了一块地，为单于修了一处官邸。

这个时候，匈奴那边又提出条件了：汉朝要派出一名尊贵之人充当使者，要不然免谈！

当然，匈奴这边也派了一位高官出使汉朝，估计是到了长安后水土不服，生了病。朝廷派了医疗专家为其诊治，可最终还是不治身亡。

为此，朝廷派了路充国佩带二千石的印信出使匈奴，带着丰厚的礼金，护送这位匈奴高官的灵柩。结果匈奴那边又出幺蛾子了：路充国？这是哪根葱？没听过。你们害死了我们最尊贵的使者，必须付出代价！

就这样，匈奴扣留了路充国，还派了军队入侵汉朝边境，制造冲突。消息传到长安城，刘彻终于看清了单于的伎俩，既然谈不拢，那就继续打吧！于是，双方再次翻脸，在边境上展开了对峙。

时间一晃到了元封二年（公元前 109 年）。

这一年，帝国的朝堂上发生了一件事，一个叫涉何的外交官出使朝鲜，回来时手里提着一颗血淋淋的人头，引发了轩然大波。这个掉了脑袋的人，是朝鲜的一个小王。

一个出使外国的使者，怎么就杀了别国的贵族呢？

关于这个故事，还要从遥远的商朝说起。

话说商纣王喜好奢靡，不理朝政，太师箕子如何劝说都没有用，只能装疯卖傻。纣王以为箕子真疯了，将他关了起来。

随后周武王灭商建周，命召公释放箕子，向箕子请教治国之道。箕子不愿当周的顺民，带着一批五千多人的遗老遗少不远万里迁到了朝鲜半岛，建立了政权，史称“箕子朝鲜”。

西周坐稳江山后，分封诸侯，由于箕子跑得比较远，中央根本管不着，所以顺水推舟，予以加封。

战国时代，箕子朝鲜当了燕国的马仔。秦灭六国之际，有个叫卫满的燕国人聚集起千余人出走辽东，取代了箕子朝鲜，建立了卫满朝鲜。

吕后上台后，为了控制卫氏朝鲜，辽东太守对卫氏王朝提出了两项要求：一是朝鲜继续与中原王朝维持藩属关系，负责防守塞外蛮夷；二是周边蛮夷酋长若想朝见天子，朝鲜不得禁止。

只要答应这两个条件，汉朝可以承认卫满朝鲜的合法地位。

然而，卫满却有自己的小心思，他表面上满口答应，背地里却小动作不断，收纳汉朝通缉的亡命之徒，扩建军队；劫掠过往客商、使节，谋财害命。更有甚者，竟然屡次兴兵骚扰辽东诸城。

到刘彻继位的时候，朝鲜已经是卫满的孙子卫右渠当政了。这哥们儿挺能折腾，他不仅招诱汉朝燕、齐两地人民逃亡到朝鲜，而且拒绝向汉朝通贡，还阻止邻近的小国向汉朝纳贡。

卫右渠之所以如此嚣张，是因为他断定汉朝不可能腾出手来收拾自己。原因很简单，此时汉匈战争正打得火热，汉武帝倾举国之力北伐匈奴，根本顾不了自己。更何况，朝鲜半岛距长安万里之遥，汉朝怎么可能为这么一个小地方兴师动众？

卫右渠的如意算盘打得噼啪作响，如果是前几任汉朝皇帝，说不定也就这么糊弄过去了，可惜的是，他遇上了喜欢折腾的刘彻。

消息传到长安，刘彻气得当场拍桌子：这是赤裸裸的挑衅！一个小国也敢挑战我大汉的权威！

你真以为山高皇帝远，老子治不了你吗？

元封二年（公元前109年），刘彻在重创匈奴、灭掉南越、平定西南夷、打通西域的道路后，终于可以腾出手来对付卫氏朝鲜了。

这一年，刘彻派出涉何去朝鲜兴师问罪，并令其臣服。不料，卫右渠根本不吃这一套，当即严词拒绝，涉何只好无功而返。

涉何不甘心！

朝鲜国王不配合，事情办砸了，难道就这样灰溜溜回去吗？皇帝会饶过自己吗？

想到这里，涉何做了一个重大决定，在跨过清川江时，他指使自己的小弟杀死了护送他的一位朝鲜小王，然后提着他的脑袋一路飞奔，逃回汉朝。

对外，他宣称是朝鲜国傲慢，不肯奉诏，自己凭借机智和勇敢斩杀了他们的一员大将，宣扬了大汉的国威。

这个故事的漏洞很多，很多人将信将疑。刘彻也很清楚，这里面的水分很大，但他同时也明白，汉朝太需要这样一场胜利了。

为此，刘彻专门下发嘉奖令，表彰涉何的功绩，任命他为辽东郡都尉，负责对朝鲜事务。

得知这个消息，朝鲜人民愤怒了，这样的凶手还能得到提拔，太无耻了！

愤怒的朝鲜人民拿起武器袭击汉境，杀死了涉何。

不论朝鲜那边怎么看，反正汉朝这边可是赤裸裸被打了脸。这下子，汉朝终于有理由对朝鲜用兵了。这年秋天，刘彻派出水陆两路大军向朝鲜发动大规模的进攻。

从这次事件的前因后果来看，我严重怀疑刘彻提拔、重用涉何，可能就是为了故意激怒朝鲜，好给自己的出征找一个正当理由。

这次出征，汉军兵分两路，左将军荀彘从燕、代之地征兵五万，从陆路进兵；楼船将军杨仆从山东半岛横渡渤海，直插朝鲜首都。

很显然，刘彻是想来个两栖登陆作战。

当时汉朝败匈奴、灭南越、平西南，在东亚地区打遍天下无敌手，国威正盛，正愁找不到对手。在刘彻看来，拿下一个小小的朝鲜，根本不在话下。

愿望很美好，但现实很骨感。

先说荀彘。

荀彘是太原广武人，雁门附近的边郡出身，因为赶车技术好，被刘彻发掘，提拔为御用车夫之一。后来又升任校尉，跟着大将军卫青数次出击匈奴，以军功起家。

再说杨仆。

杨仆是河南新安人，曾被刘彻派到关东地区治理恶霸、打击盗贼。由于他做事雷厉风行，敢作敢为，是汉朝十大酷吏之一。在关东任上，杨仆逐渐被皇帝赏识，升迁为主爵都尉，列为九卿之一。

杨仆最著名的一件事是“移关”。

想当初，为了拉拢人心，刘彻把关中的土地分给了当朝有功之臣，唯独没有杨仆的份。

刘彻告诉他，你有大功劳，我理当封你为关内侯，可是关内没有土地了，没办法，只好封你为关外侯，你就将就一下到关外去吧！

所谓关东，指的就是函谷关以东地区。虽然只隔了一个关口，但两边的待遇和地位就是不一样。老家在关东的杨仆并不情愿做一个被人笑话的关外侯，他给皇帝上书要求将函谷关东移至今新安县境。无论如何，他也要享受一次作为关内人的待遇。

刘彻当即拍了板，准了！

元鼎三年（公元前 114 年），杨仆带着他的部下，将陕西函谷关东移到了三百里外的河南新安。

荀彘与杨仆，两个人都有过从军的经历，在出征朝鲜一事上却都栽了跟头，两个人只想着抢功，完全没有任何默契。

首先是将军抢功。

杨仆带着七千劳改犯，穿越大风大浪，好不容易才登陆上岸，不等荀彘的主力部队，就急吼吼地对朝鲜首都王险城展开进攻，把朝鲜国王卫右渠吓得够呛。

不过，一看汉军就这么点人，卫右渠胆气一下子就上来了，当机立断下令出城迎战。

结果，杨仆的海军陆战队一触即溃，撒丫子到处乱跑，杨仆也躲进山里，体验了十几天的野人生活。

其次是部下争功。

左将军荀彘带着将士抵达朝鲜战场后，有个下级军官求功心切，不待主力集结，自己带着队伍冲了上去，结果吃了败仗。恼羞成怒的荀彘将那个轻敌冒进的军官就地正法了。

至此，汉军的两路部队首战皆败。

荀彘不甘心，指挥主力部队向朝鲜的清川江防线发起攻击，可惜连攻数日，对岸的防线竟岿然不动，而自己这边却损失惨重。

荀彘没招了，只能向刘彻汇报前线的战况。

接到奏报，刘彻很恼火，这二人都是有战场经历的，原本以为拿下小小的朝鲜不成问题，结果却接连栽了跟头，真是废物！

怎么办？继续派兵吗？

刘彻摇了摇头，这些年的南征北战，已经消耗了大量钱粮，这次出征朝鲜的部队也是由山东等地的劳改犯临时拼凑的，自己已经派不出更多的兵力了。

既然打仗行不通，那就只能协商解决了。刘彻给朝鲜开了个价：只要卫右渠能低头认个错，照顾一下天朝上国的脸面，汉朝可以网开一面，对朝鲜既往不咎。

被刘彻派去传话的人，名叫卫山。卫山风尘仆仆地赶往朝鲜，与朝鲜国王卫右渠举行会谈。卫右渠表示，朝鲜愿意降服，他将派遣太子跟随大汉使节前往长安朝见皇帝，并且献上军马五千，一切粮草由朝鲜供应，同时调遣一万军士护送。

卫山没有多想，大笔一挥，签订了停战协议。

直到约定受降那一天，卫山才发现了一个重大问题，这一万人的护卫队，阵势有点大啊！万一这些人图谋不轨，自己如何制得住他们？

想到这里，卫山赶紧向河对岸的卫氏太子喊话：您跟我去长安，咱就用不着这一万军士护送了吧？

卫氏太子说，那可不行，我得为自己的安全考虑。

一番扯皮后，双方还是没谈拢。卫氏太子一扭头，走了。

两国和谈就此破裂，卫山因办事不力，回到朝廷后被刘彻砍了脑袋。

外交不成，只能继续硬攻。

荀彘铆足了劲发起进攻，经过激烈战斗，汉军终于突破了清川江防线，进抵王险城下。

在这里，他们遇上了吃树皮和草根的野人杨仆。饱餐一顿后，荀彘围住了王险城的西北面，杨仆在王险城南扎下大营，两人合力攻城。

这场攻城战持续了好几个月，无论汉军如何强攻，就是啃不下这块硬骨头。

面对这种情况，杨仆的心思开始活络起来。既然强攻无效，何不继续议和？

杨仆悄悄派人潜入城中，与朝鲜贵族们接触。果然，这些贵族老爷们大多都不愿意跟着卫右渠一条道走到黑，他们早就有了投降的意思，只是苦于没有机会。双方一拍即合，开始紧锣密鼓地协商议和一事。

另一边，荀彘还在西北面的城墙下死磕。他有些奇怪，自己在这边卖命，怎么不见杨仆的影子呢？每一次他派人去和杨仆约期会战，杨仆都是找各种理由推托。

这里头一定有问题！

荀彘派人秘密调查，结果发现杨仆这老家伙果然没安好心，自己在这边卖命，他却在一旁和朝鲜人秘密谈判！

没见过这么坑人的队友啊！

杨仆想下山摘桃，荀彘也暗中派人去和朝鲜接触。可惜，卫氏只希望和脾气相对温和的杨仆谈判，不想跟荀彘打交道。

与此同时，远在长安的刘彻对于两位将军终于失去了耐心，他派出济南太守公孙遂远赴前线，调查战场情况。

公孙遂漂洋过海来到朝鲜，先找荀彘谈话。荀彘在公孙遂面前装出一副忧国忧民的愁容，作痛心疾首状：朝鲜早就可以攻下了，现在还未攻下是有原因的。

公孙遂问：哦？什么原因？

荀彘回答：我严重怀疑楼船将军要造反！

公孙遂吓了一跳：有这等事？证据呢？

荀彘早有准备，他将杨仆如何登陆失败，如何消极怠战，不跟自己配合，与敌军暗中勾勾搭搭的事情添油加醋，一股脑儿全倒了出来，最后得出一个结论：杨仆的谋反已是昭然若揭，如果不立即对他采取措施，恐怕会成为祸害，他必定联合朝鲜一起来消灭我军！

公孙遂都听傻了，他没想到事情已经发展到了这么严重的地步，保险起见，公孙遂通知杨仆前来开会，然后将他扣下了。

和平计划再次搁浅。接下来，荀彘接管了杨仆的部队指挥权，向王险城发起了更为猛烈的进攻。

公孙遂对自己的工作很满意，他觉得是时候回长安城汇报工作了。自己挖出了叛徒，皇帝怎么着也得奖励一下自己吧？

不料，刘彻听完他的工作汇报，大怒，要砍他的脑袋。

公孙遂蒙了，怎么回事儿？这剧情不对啊！

其实，刘彻的想法很简单，打仗的成本太高，他还是希望能通过谈判解决纠纷，派你去前线，就是希望你能协调好各方关系。杨仆虽然打仗不给力，但外交谈判还是有一套的，眼看着人家都快谈成了，结果你一去，把杨仆给抓了，还把部队全都交到了荀彘的手里，这不是蠢是什么？

公孙遂死后，荀彘也开窍了，他终于不再死脑筋，转而寻求政治协商解决纠纷。其实，朝鲜人也不愿意打仗，他们早就等着这一天了。这边刚透露出和谈的意思，那些威望甚高的朝鲜元老立刻予以积极回应，有不少高官和将领开始逃奔汉营。

这些人在朝鲜有着广泛的人脉和雄厚的基础，他们策划了一场刺杀，指挥城内的杀手杀死了朝鲜王卫右渠。

卫右渠虽然挂了，但事情的进展并没有预想中的那般顺利，有个叫成己的顽固派不愿意投降汉朝，纠集了一支武装力量，继续作最后的殊死抵抗。

可惜，此时的朝鲜国大势已去，荀彘派人入城劝告朝鲜民众归顺汉朝。在经历了一番波折后，叛乱最终被平定，成己被诛杀。

公元前 108 年，卫氏朝鲜被灭国，汉朝在这里设置了汉四郡——乐浪郡（平壤）、玄菟郡（咸镜道）、真番郡（开城）、临屯郡（高城）。自此，朝鲜正式纳入中央王朝的版图。

朝鲜虽然拿下了，但刘彻对这场耗时多年、死伤惨重的平叛战役很不满意，这从他后来的奖罚中就能看出来：荀彘被认定罪大恶极，杀戮甚多却无尺寸之功，被弃市腰斩；公孙遂盲从荀彘，没有尽到督战之职，也被斩首示众；杨仆被判死刑，后来好不容易花钱保住了一条命，被贬为庶人，潦倒不堪，不久也一命呜呼。

按理说，一场仗，虽然过程很艰难，但总归是打赢了，结果还算是好的，刘彻为什么下手会如此之重？

其实，他内心的潜台词也不难猜测：打一个小小的朝鲜，还要如此大费周章，真是给朕丢脸，该杀！

万里求天马

前面说过，张骞出使西域归来后，至少带来了三样东西：地图、情报和种子。

这里要重点说一下情报。随便翻开一份汉朝地图，让我们的视线随着玉门关和阳关往西，一路上都是大漠戈壁，偶尔还会有绿洲点缀其间。过了河西走廊就是广袤的西域。

在一次闲聊中，张骞向刘彻说起了自己的一次见闻。

那一年，他奉命自长安出发，出使西域，跋山涉水，一路西行，翻过白雪皑皑的葱岭，到了一个叫大宛的小国。

翻开地图会发现，大宛是一个中亚古国，位于帕米尔高原西麓，锡尔河中上游，也就是今天的乌兹别克斯坦卡散。大宛初创于亚历山大大帝远征之时，汉朝建立后，西域的月氏人扛不住匈奴的进攻，被迫西迁，引发多米诺骨牌效应，使得西域赛人南迁，建立了大宛国。

张骞告诉刘彻，他在大宛城逛街时，见到了一种强健的大宛马，身材修长，步伐轻盈，耐力和速度都十分惊人，能日行千里，饮一次水可跑一天。

有这等事？刘彻半信半疑。

张骞答，千真万确。更神奇的是，这种马在奔跑时，浑身的汗水犹如殷红血液，所以也被称为汗血宝马。

刘彻本是好马之人，听完张骞的描述，他的好奇心和占有欲一下子就被调动起来了。当时，中原马无论从速度、耐力各方面，和匈奴马匹一比，都完败。

只是，如何才能跨越万里大漠，找到这种汗血宝马呢？

很快，机会就来了。

一个偶然的机会，一个敦煌囚徒得到了一匹汗血宝马，主动献给了刘彻。刘彻得到此马后，欣喜若狂，称其为“天马”，并作歌咏之：

太一贡兮天马下，沾赤汗兮沫流赭。
骋容与兮跇万里，今安匹兮龙为友。

没有战马，怎么征战马背上的匈奴？怎么开疆拓土，扩大帝国版图？

要知道，汉朝开国时家底单薄，文景时代，朝廷就在西北边郡大兴马苑，颁行《马复令》，规定民间饲养一匹军马可免三人徭役，以此鼓励民间养马。

即便如此，随着刘彻上位后连年发动战争，马匹的供应还是远远跟不上战争需要。

刘彻下定决心，一定要得到汗血宝马。

沉醉在葡萄美酒夜光杯中的大宛贵族或许还没有意识到，一场因汗血马而起的战争风暴即将爆发。

一开始，刘彻的想法是花钱买。他派出使者，带了定金，还命人用黄金打造了一匹与真马一般大小的金马，跨越万里之遥，去换大宛的汗血宝马。

使者带着财物，历经千难万险，终于抵达大宛国。

得知使者的来意后，大宛国王毋寡一时犹豫不定，与贵族们搞了个内部讨论会，最后的结果是：不！

汗血宝马是我们大宛的国宝，数量不多，不能轻易给别人。

花钱买也不行吗？

不行！

任凭使者费尽口舌，大宛国王始终不松口。

其实，抛开上面的理由，大宛还有一层考虑：汉朝虽然强大，毕竟远在万里之外，想跨越沙漠又翻越葱岭到中亚来打仗，几乎是不可能的。可匈奴的威胁却是近在眼前，尽管张骞凿空西域后，中原与西域交流开始频繁起来，但匈奴毕竟经营西域多年，在此地根基深厚，西域各国根本不敢在匈奴的眼皮子底下堂而皇之地跟汉朝做生意。

一旦自己把汗血宝马卖给汉朝，匈奴人秋后算账，那自己可就玩完了。

使者不甘心，继续跟大宛王磨。日子一天天过去，贸易谈判却没有丝毫进展，而使者的耐心也在一天天耗尽。

终于有一天，使者忍无可忍，在大殿上将大宛王一顿斥责，然后当着大宛群臣的面，将金马推倒在地，抡锤乱砸。

大宛群臣眼睁睁看着汉朝使者咆哮公堂，心爱的金马遍体鳞伤，谁也不敢吭声。

发泄完毕后，使者只说了一个字：走！

看着汉朝使者潇洒离开的身影，大宛王感觉自己的面子有点挂不住了，他砸的可不只是一匹金马，更是大宛国的脸面！

我大宛虽然只是一个小国，但也容不得你如此撒野！

愤怒的大宛王头脑一发热，指挥其手下的郁成王在使者回去的路上设了埋伏，把汉使团灭了。

消息传到长安，刘彻勃然大怒！敢杀我大汉的使者，这等同于向我大汉宣战！

老子带着满满的诚意去跟你做生意，你拒绝合作也就罢了，竟然还杀害我大汉使者，岂有此理！要是放任这种行为不管，以后西域各国会怎么看我大汉？要是西域各国纷纷效仿，那汉朝在西域辛辛苦苦经营多年的成果，将一朝化为乌有。

对于这种挑衅行为，必须予以彻底反击！

刘彻征询群臣意见，曾经出使过大宛的使节姚定汉首先发言：据我了解的情况，大宛国的军事力量很弱，只要派出三千精兵，配备强弓劲弩，就可以扫平大宛，生擒大宛王。

姚定汉的表态给了刘彻极大的信心。这些年来，汉朝在取得了河南之战、漠南之战和漠北之战胜利后，自信心开始爆棚。虽然大宛离汉朝非常遥远，但只是西域众多小国中的一员，搞定这样一个国家还不容易？

既然如此，那么派谁担任主将呢？

想到这里，刘彻忽然心里一叹。这一年已是刘彻登基的第三十七年，放眼望去，朝中良将多已凋零，曾经名震寰宇的卫青、霍去病已去世多年，新一辈的将领中，只有赵破奴表现还行。但此时的他正在北方前线防备匈奴，脱不开身，该让谁去呢？

刘彻思来想去，决定把这份功劳留给李广利。

把时间往回拨一下，彼时的李广利不过是一名民间卖唱艺人。翻遍史书，也难找到李广利任何从军的经历，或许在刘彻看来，打仗这事儿就不能因循守旧，要敢于打破一切规则，敢闯敢拼，卫青、霍去病就是现成的榜样。

那么，李广利会是下一个霍去病吗？

我们接着往下看。

太初元年（公元前 104 年），刘彻封李广利为贰师将军，赵始成为军正，王恢为向导，并征发了六千骑兵和数万犯人，踏上了远征大宛的道路。

无论从哪方面看，这支队伍的前途都堪忧。此去大宛，路途漫漫，主将李广利没有任何从军经历，带的队伍也是一支临时拼凑的队伍。这些人虽然敢打敢拼，但问题在于，军队不是逞个人英雄主义的地方，一支富有战斗力的军队，必定有铁一般的纪律，可这些恰恰是这支队伍最缺的。

在大漠中行军，最重要的是饮水问题。出发没多久，汉军就没水了，不断有人倒下，干渴而死。

有人要问了，西域不是号称有三十六国吗？为何不向他们求助？

李广利早就想到了，可惜这些西域小国慑于匈奴的淫威，不敢给汉军提供物资和水源。不仅如此，他们还动不动搞个偷袭，弄得汉军疲于应付。

被逼到这个份儿上，李广利也是豁出去了，让士兵们放手抢掠，补充物资和水源。如果遇上一些小的城郭，那就拿下；如果遇上大一点儿的城郭，只能选择绕过去。

就这样，汉军一路抢劫，一路西进，饱一顿饥一顿，一路走一路减员，经过一番艰难跋涉，好不容易出现在大宛东部的郁成城。

李广利回头看了一眼自己身后的这支队伍，一个个衣衫褴褛、无精打采，哪里还有半点汉军的气势，简直就是一群叫花子。

在他们面前，是高大坚固的郁成城。

这样一支队伍，能拿下郁成城吗？

李广利感到很泄气，可他没有退路，只能硬着头皮试一试。

这一试，汉军伤亡惨重。

回家吧，连一座边关都拿不下来，还怎么打到大宛国的首都去？

就算要死，也要死在汉家的疆土上。

眼看着军心开始涣散动摇，李广利也知道这次出征必定是要失败了，只得带着剩下的队伍往回走。这一来一回，两年过去了，等队伍抵达敦煌时，剩下的士兵不到十分之一二。

李广利很清楚，自己这一次罪责难逃，提前派人到长安向刘彻请罪。

得知汉军远征失利，刘彻龙颜大怒，打了败仗还好意思回来？他下了死命令：敢踏入玉门关一步，定斩不赦！

这段时间以来，刘彻的心情很不好，除了这个不争气的小舅子西征失利，还有一件事令他非常恼火：赵破奴在北线战场上惨败，两万大军全军覆没，赵破奴本人也被俘。

说起赵破奴的失败，史书亦为之叹息。他是九原人，以前是跟霍去病混的，在对匈作战中表现相当出色，被封为从骠侯。后来因献金成色不足，被撤销爵位。

此后，为了收服西域小国，刘彻再一次派出了赵破奴深入西域。他带着七百余轻骑兵，先突袭楼兰国，生擒楼兰王。随后北上，大破姑师国，因功被封为浞野侯。

这一年，匈奴帝国遭遇了特大暴风雪，牛羊牲畜冻死无数，日子过得很艰难。同年，乌维单于去世，立其子乌师卢为单于，由于年纪小，被称为“儿单于”。

儿单于虽然年纪轻轻，却非常残暴，动不动就杀人，搞得匈奴上下人心惶惶，其中就包括匈奴左大都尉。

匈奴左大都尉想废掉儿单于，派人秘密与汉朝联系，请求汉军接应投降。

接到这一情报，刘彻大喜，为了接应匈奴左大都尉归降，他下令在塞外修筑了一座受降城。

这之后，刘彻又派赵破奴率两万骑兵北上，深入两千里，准备在浚稽山（今阿尔泰山北）接应左大都尉一起回归。

然而，匈奴那边又出了变故，儿单于发现了左大都尉密谋叛逃的事，调集兵力干掉了左大都尉，然后带着队伍向汉军发起进攻。

匈奴有八万人，汉军只有两万人，四比一，兵力对比悬殊。

赵破奴一看情况不对，立即后撤，匈奴死死咬住不放，最后在距离受降城四百里处包围了汉军。

此时的汉军早已筋疲力尽，更严重的是，部队携带的淡水也已用完了。如果找不到水源，不用匈奴来攻，汉军自己就先乱了。

夜幕降临的时候，赵破奴亲自出营寻找水源。不过很可惜，他的运气比较差，出门后遇上了匈奴人，被对方俘虏了。

这下子，汉军开始慌了。汉朝军法规定，主将被俘，其余的人就算是逃回去，也会受到严厉的清算，中高层将领恐怕性命难保。

怎么办?

大伙儿经过商议后，决定投降!

两万汉军集体向匈奴投降，这是自汉匈开战以来少有的惨败。

消息传回长安，刘彻很生气，再加上李广利西征失利，两件事加到一起，刘彻终于坐不住了，他召集大臣，讨论帝国的战略方针问题。

有人说，大宛远在天边，匈奴近在眼前，为了避免两线作战，应先停止远征大宛，集中兵力攻击匈奴。

按理说，这是一个中肯的建议，可是刘彻根本听不进去，他力排众议，决定集中力量对付大宛!

汉帝国的战争机器开始全力运转起来，为了这一次出征，刘彻可谓下了血本，共调集牛十万头、马三万匹，驮运粮食与武器的驴、骆驼数万匹。除此之外，朝廷还征发了街头恶少、犯人及北线精锐骑兵总计六万余人，组成西征的队伍。

一切准备完毕，汉军再次出发，一路向西，直指大宛。

六万汉军犹如一股洪流，浩浩荡荡向西域进发。嗒嗒的马蹄声和吱呀的车轮声，在寂静无边的荒漠上回响，在荒凉无涯的戈壁上回响。马蹄声和车轮车，敲响了亘古以来的沉寂和静谧，把这片荒凉的土地从亿万年的沉睡中唤醒。

于是，所有的树木，所有的草丛，都竖起了耳朵，它们都在倾听着，等待着，想知道这片广袤的大地上，将要发生什么故事。

汉军声势浩大，西域各国大为震动!

汉军所过之处，各国纷纷打开城门，主动向汉军提供粮食与住处，生怕因为上次的事招来汉军的报复。

也有不肯配合的，汉军抵达轮台时，就吃了闭门羹。李广利下令攻城，城破后展开了一场大规模屠城行动，给西域各国立了一个很好的榜样。

不配合，这就是下场!

此后，汉军一路畅通无阻，很快抵达了大宛国的边境。在这里，李广利没有死磕郁成城，而是派了三万人马直扑大宛国都贵山城。

大宛国王一看，汉军又来了，不过这次对方装备精良，人马齐整，远非上次来的叫花子部队，只好再一次派军出城迎战。

这一次，汉军弓弩手万箭齐发，大宛军伤亡惨重，只好退回城中固守。

李广利早有准备，他已摸清，大宛城虽然坚固，但水源地都在城外，只要断了水，城里就该喝尿度日了!

汉军轻车熟路挖了条壕沟，又截断了城内的水源，然后坐等城里的守军投降。

然而，大宛军民靠着城里的几眼泉水，硬是撑了四十多天，就是不肯投降。

汉军只得再度攻城，经过一番激战，终于拿下了外城，大宛军民扛不住，只得退到内城据守。

大宛的贵族们开始慌了，一个阴谋开始酝酿。

贪生怕死的大宛贵族把责任全推给了国王，他们认为汉帝国现在派大军来攻，就是因为大王当初把汗血宝马藏了起来，又杀害汉使节团，才招致了大汉的报复。要想活命，唯一的办法就是干掉国王，交出汗血宝马。如果汉军仍不退兵解围，我们再拼死力战，为时未晚。

举手表决，全票通过！

贵族们当晚行动，冲入王宫，杀死了大宛国王。

紧接着，贵族们派出代表带着大宛王的人头，到汉军大营火线谈判。

使者告诉李广利：破坏大宛和汉朝友谊的，无非是国王一人。如今国王已死，汉军如果就此罢手，我们愿意将三千匹汗血宝马悉数赠予汉朝，并报销汉军返程的路费开支。

这态度，可以说是很诚恳了。然而，李广利总不能立马就答应了，他问道：如果我不答应呢？

不答应，我们就杀死所有的汗血宝马，大不了大家拼个鱼死网破。何况，我们早已向康居国发出求救信，康居国的援军即将到达。到时候，我们在里，康居援军在外，两面夹击汉军，胜负就不好说了。

李广利有些尴尬，不过人家话都说到这个份儿上了，再磨叽就是矫情了。李广利于是接受了大宛贵族的求和建议，下令停止攻城。

见汉军停战了，大宛贵族也信守诺言，为汉军提供了三千匹汗血宝马，并拿出粮食供给汉军。

李广利心满意足，正准备返程，不料却收到了一条信息：有支千余人的汉军小部队在路过郁成王的地盘时，惨遭全歼！

又是这个郁成王！

想当年，郁成王截杀汉使，这笔账还没跟你算呢，想不到如今还敢螳臂当车，处处跟汉军对着干！

事情的经过是这样的：汉将王申生带着手下一千多人进兵，在走到郁成王的地盘时，由于军中缺粮，便朝郁成王借。不料郁成王是个铁杆反汉分子，不肯借，汉军就在郁成城下驻扎下来，准备跟郁成王耗下去。

郁成王虽然关上了大门，却一刻也没闲着，他派人偷偷侦察，发现汉军只有一千余人，于是一不做二不休，尽出城中三千兵丁，半夜潜出城去，把城外的汉军包了饺子。除了少数几个逃出的士兵外，其余汉军将士全部战死。

李广利大怒，命上官桀带人去报仇雪恨。

郁成城的防御工事远不及贵山城，守军根本不是汉军的对手，被汉军打得大败，郁成王一路小跑逃入了康居国。上官桀紧追不舍，一直追到了大宛国与康居国的边境上。

前面说过，大宛曾向康居国发出过求援信，康居王也很给力，带着大军来帮忙。不过当他到了边境才得知，汉军人数众多，武器精良，感觉自己不是对手，所以按兵不动，静观其变。

这一次，康居王听说汉军已经打败了大宛，哪里还敢把这个烫手洋芋捧在手上，顺手将郁成王绑成粽子，送给了上官桀。

上官桀命四名骑兵将郁成王押回军营。路上，四个人觉得就这么把郁成王押回去，估计就没自己什么事儿了，索性给了他一刀，拎着首级去复命了。

战事结束后，李广利扶持对汉朝持友好态度的大宛贵族昧蔡为新一任国王，双方订立盟约，大宛每年给汉朝贡两批汗血宝马。

李广利率大军凯旋，汉帝国终于获得了梦寐欲求的汗血宝马。刘彻喜不自胜，称之为天马，还写了一首《西极天马歌》：

天马来兮从西极，
经万里兮归有德。
承灵威兮降外国，
涉流沙兮四夷服。

然而，从玉门关到大宛，又从大宛回到玉门关，这是一条艰难的行程。汉军第二次西征时，光是战斗人员就有六万多人，这还不包括运送物资的后勤人员，回来时仅剩下一万多人。

如果说第一次是因为饥渴和疲劳，那么第二次又是怎么回事？

《汉书》给出了答案：这次的减员不是因为缺少粮食，也不是战斗减员，而是李广利身为主帅，纵容手下将吏虐待士兵。这些士兵大多出身底层，上面的人只想着战后升官发财，没有人关心他们的死活。一路走来，许多人体力近乎透支，不少人倒下后，再也无法站起来，最终埋骨黄沙，魂归异乡。

在史书中，他们只是一串数字，连名字都没有。即便他们也有自己的喜怒哀乐，最终都消失在黄沙深处。

换句话说，他们只是一群炮灰。

可是，透过泛黄的史书，分明可以看到这些炮灰背后，是一个个破碎的家庭，他们也是父母的儿子、妻子的丈夫、孩子的父亲，他们的家人还在倚门等待，望穿秋水，盼望着儿子、丈夫、父亲归来。

可怜无定河边骨，犹是春闺梦里人！

当李广利受封海西侯，踏上自己人生的巅峰时，他脚下踩的，正是这数万将士的累累尸骨。

第九章 帝王心术

北方有佳人

李广利能从民间卖唱艺人一跃成为远征军统帅，除了刘彻后期无人可用外，还有很重要的一点：裙带关系。

具体来说，是他的妹妹李夫人。

李广利的老家在河北正定，家中兄妹四人，即李广利、李延年、李夫人、李季，四人皆能歌善舞，都是文艺工作者。在那个年代，这类人的社会地位都很低，为人所轻视，他们有一个专属名词：倡优。

兄妹四人中，李延年是最早出来混的。早年不知犯了什么罪，受了宫刑，到皇宫当太监负责养狗去了。

可别小看狗监这个职务，俗话说“宰相门前七品官”，更何况是皇帝身边的人。想当初，司马相如就是在狗监杨得意的推荐下，才有机会受到刘彻的青睐。

李延年出生在一个音乐世家，在音乐上极有天赋，然而，终日混迹狗群，他的音乐又有谁愿意倾听？他不甘心自己的音乐梦就此破碎，于是努力巴结皇帝，只求在刘彻面前混个脸熟。

有一次，刘彻和大伙儿议事，感慨道：民间祭祀尚且有专门的音乐，现在朝廷郊祀却没有乐章，太遗憾了。

有人说：古时祭祀天地都有乐章，这样才能以礼祭祀神灵。又有人说，泰帝使素女弹五十弦瑟，音调悲切，泰帝禁止弹瑟但悲声不断，于是破开她的瑟，改五十弦为二十五弦。

随着李延年进入刘彻的视线，他充分发挥自己的优势，为各种歌词谱曲演唱。

我们都知道，刘彻这人激素爆棚，生平最爱两样东西：江山与美人。他一生穷兵黩武，对于土地的渴望从不餍足，后宫里自然也是美人如云，却还不能令他满意。

这一天，刘彻举行宴会，大伙儿推杯换盏，兴致颇高。李延年唱了一首自己新写的歌：

北方有佳人，
绝世而独立，
一顾倾人城，
再顾倾人国。
宁不知倾城与倾国，
佳人难再得。

刘彻听完，怅然若失，世间怎么会有如此绝色女子，一切不过是幻想罢了。

一旁的平阳公主却缓缓站起来说：有！

当下便推荐了一人，李延年的妹妹，李夫人。

李夫人挑眉淡扫如远山，凤眉明眸，顾盼流离间皆是勾魂摄魄，玲珑腻鼻，肤若白雪，朱唇一点更似雪中一点红梅孤傲妖冶，简直活脱脱一个从画中走出的人间仙子，何止是倾国倾城，简直就是惊为天人。她轻歌曼舞一曲，就牢牢抓住了刘彻的心。

论出身，她比当年的卫子夫还要卑贱，卫子夫至少是公主府里的婢女，可她呢？她不过是出生于贫寒人家的歌姬罢了。

表面上看，这是一场美丽的邂逅，可实际上，这是平阳公主精心策划的结果。

当初，卫子夫入宫就是平阳公主一手策划的，她入宫后，顺利生下了皇子，荣升为皇后，卫氏一门五侯，一时风头无两。刘彻对她也是宠爱有加，将后宫一切事务交由她处理。

然而，随着时间的流逝，卫子夫青春不再，曾经娇嫩玉润的脸上也留下了岁月的痕迹。两个人在一起时，也是客客气气，显得很生分。

很显然，她已经留不住刘彻的心了。

都说帝王心易变，在后宫中，如果一个女人不能拴住皇帝的心，结局多半是悲惨的。可是卫子夫不喜欢争宠，一切随缘吧！

刘彻与卫子夫的关系，都被姐姐平阳公主看在眼里。眼看刘彻已经对卫子夫厌倦了，平阳公主决定抢先下手，帮助刘彻填补感情的空白。

很快，李延年的妹妹步入了她的视线。李夫人容颜绝色，和哥哥一样擅长音律和舞蹈，轻而易举地讨得了刘彻的欢心，成为新一任宠妃。

快乐的时光总是短暂的，李夫人产下一子后，自此体弱多病，没多久便卧床不起。

看着心爱的人病倒，刘彻也是心痛不已，可他每次去探望，李夫人都用被子蒙住头，拒绝见面。无论刘彻怎样苦苦哀求，她也决不肯松口。

隔着被子，李夫人悲戚地说：妾长久卧病，容貌已毁，不可再见陛下，只求陛下多多关照一下年幼的儿子和兄弟们。

刘彻央求让他看一看。只要能让他见上一面，即可赏赐千金，还封她兄弟做官。

李夫人依旧坚持不肯见面，并表示：是否授予官爵，都操于陛下之手，不在于与妾见面与否。

刘彻依旧不死心，非要揭开被子，李夫人赶紧转身向内，掩面而泣。

任凭刘彻再三请求，李夫人就是坚持不肯露面。她的执着，终于消磨掉了刘彻全部的耐心，刘彻怏怏不乐，拂袖而去。

前来探病的姐妹知道此事，问李夫人：你想将兄弟和皇子托付给皇上，为什么不当面跟他说呢？

李夫人答：你们哪里懂得帝王之心？我之所以不想见皇上，正是想将兄弟的事托付给他。我出身寒微，皇上之所以喜欢我，无非因为我的容貌。大凡以色事人，色衰则爱弛，爱弛则恩绝。如今我已病入膏肓，若让他见到我如此衰败的容貌，必然心生嫌恶，避之不及，又怎会在我死后善待我的亲人呢？

与其如此，还不如让他永远记得我最美的形象，这样皇上才不会忘了我，我死后，也才会关照他们。

短短一番话，李夫人就说出了帝王的心思。后宫从来都是莺飞蝶舞、美女如云，乱花渐欲迷人眼，皇帝多情本属自然，见一个爱一个更是稀松平常。那句“以色事人者，色衰而爱弛”本是战国时期吕不韦对华阳夫人说的话，千百年来被无数人引用，又被无数人证实。

世上多的是痴男怨女，像李夫人这样，将皇帝看得透透的，这份智慧绝对不一般。她死后许多年还能让刘彻念念不忘，除了她的容貌之外，更在于她做人极有分寸，不会因为皇帝的宠幸就忘乎所以。

李夫人去世后，刘彻日夜思念，无限伤感。坐在空荡荡的宫室之内，他满脑子都是李夫人的影子，她的音容笑貌，仿佛就在眼前。

鱼沉雁杳天涯路，始信人间别离苦。这相思，永无止境！

为此，刘彻还为她写了一首《落叶哀蝉曲》：

罗袂兮无声，玉墀兮尘生。
虚房冷而寂寞，落叶依于重扃。
望彼美之女兮，安得感余心之未宁？

夏蝉无声，宫殿积满尘埃。繁华的宫殿寂寥冷静，落叶飘飘而下层层堆叠。曾经那个美好的你已然不在，让我如何心安？

李夫人去世后，刘彻日夜思念，他让画师画了一幅李夫人的画像，挂在寝宫中日夜缅怀，以解相思之苦。或许是因为思念过甚，有一次，刘彻梦到了李夫人。梦中的李夫人带着浅浅的笑意，一双眼睛如星辰如明月，滴水樱桃般的朱唇，完美无瑕的瓜子脸娇羞含情，嫩滑的雪肌肤色奇美，身材轻盈，脱俗清雅，一如旧日的模样。

刘彻瞬间泪目了，他想拥她入怀，却扑了个空。

美梦终究是梦，一切都只是虚幻。

刘彻因思念深重，久久无法释怀。齐地有个江湖方士叫李少翁，称他有办法让皇帝再见到李夫人。

刘彻将信将疑，此话当真？

李少翁说，人死不可复生，但我有办法可以招来魂魄一见，前提是只能远望，不能接近。

刘彻答应了。

这天夜幕降临后，李少翁在李夫人住过的寝殿内点上蜡烛，拉上幔帐，请皇帝在帐帷外观望。

寂静的夜晚，烛光摇曳中，刘彻满怀期望地等待，就在他等得快心焦时，一个窈窕的身影出现在幔帐上，那身姿、那动作，与李夫人一模一样！

然而，还没等刘彻看个仔细，那道倩丽的身影却已经远去了。

刘彻看着那个熟悉的身影，都有些看痴了：是你吗？我起身观瞧，为什么你姗姗来迟呢？

李少翁说，自己是招来了李夫人的魂魄，但我们都知道，这世上是没有魂魄的。可能是李少翁让人扮作李夫人样子，又或是用皮影戏在纱幕上再现了她的形象，以缓解刘彻的相思之苦。

失魂落魄的刘彻还为此写下了一篇悼文——《悼李夫人赋》。

这是文学史上的第一篇悼亡赋。

汉朝是辞赋鼎盛的时代，也是大咖辈出的时代，《上林赋》《子虚赋》写得天花乱坠，细读之下却是味同嚼蜡。唯有这篇《悼李夫人赋》写得情真意切，读来让人潸然泪下。

一代帝王，能用情如此，也是难得。

白居易曾写过一首《李夫人》：

汉武帝，初丧李夫人。
夫人病时不肯别，死后留得生前恩。
君恩不尽念未已，甘泉殿里令写真。
丹青画出竟何益，不言不笑愁杀人。
又令方士合灵药，玉釜煎炼金炉焚。
九华帐深夜悄悄，反魂香降夫人魂。
夫人之魂在何许，香烟引到焚香处。
既来何苦不须臾，缥缈悠扬还灭去。
去何速兮来何迟，是耶非耶两不知。
翠蛾仿佛平生貌，不似昭阳寝疾时。
魂之不来君心苦，魂之来兮君亦悲。
背灯隔帐不得语，安用暂来还见违。
伤心不独汉武帝，自古及今皆若斯。
君不见穆王三日哭，重璧台前伤盛姬。
又不见泰陵一掬泪，马嵬坡下念贵妃。
纵令妍姿艳质化为土，此恨长在无销期。
生亦惑，死亦惑，尤物惑人忘不得。
人非木石皆有情，不如不遇倾城色。

李夫人的死，给刘彻的心中留下了难以磨灭的痛。班固在《汉书》中写道，为了弥补心爱的女人，刘彻大力提携她的家人，她的两个哥哥，李广利被封为贰师将军、海西侯，李延年被封为协律都尉，都得到了重用。

乍一看，李广利、李延年之所以得到重用，是因为李夫人死了才得到的，但事实并非如此。翻开史书，李广利被任命为贰师将军是在太初元年（公元前 104 年）八月之前，因为要带兵攻打大宛；而李延年为协律都尉，也当是在李夫人被刘彻宠幸之时，都不是在李夫人死后。

班固为何要这样写？这与李夫人唯一的孙子刘贺有关。而刘贺，将在下一本书中登场。

很显然，李广利这个将军当得有点窝囊，几乎从来没打过一次像样的仗。但是，刘彻仍然认为他是最优秀的，因为他是李夫人的哥哥，是她临终前的嘱托！

这里要重点说一下李夫人的兄弟李季。他仗着李夫人弟弟的身份，经常出入莺声燕语的后宫，结果一来二去，和一个宫女擦出了火花，并使其怀孕。秽乱宫廷是一件大事，让皇家蒙羞。刘彻震怒之下，将李氏一门灭族，唯有李广利因西征，侥幸逃过一劫。

苏武牧羊

天汉元年（公元前 100 年），一支百余人规模的汉朝使团，正行进在塞外寒冷的草原上。

使团的领队是一个大名鼎鼎的人物：苏武，在他身后，是副中郎将张胜和常惠。他们此行的任务是向新继位的匈奴且鞮侯单于贺喜，同时交换被扣押的人质。

这一年，苏武已经四十岁了。然而，熟悉苏武故事的人都知道，他的苦难一生才刚刚开始。

这些年来，汉朝和匈奴的关系时好时坏，自从漠北大战后，匈奴那边消停了好些年，但这并不代表汉朝把匈奴打服了。这之后，乌维单于死，儿单于立，喜怒无常，肆意杀人，导致草原各部族不安。

即便如此，儿单于还是打赢了汉朝，也就是生擒赵破奴的那一仗。还没等他高兴多久，就一命呜呼了，继位的是他的叔父——呴犁湖单于。

呴犁湖贪婪无度，上任后没事儿就南下打秋风，汉匈边境上的摩擦纠纷不断。不料，新上任的呴犁湖单于命不好，不到一年就撒手归西了。

随后继位的是儿单于的另一位叔父，且鞮侯。

与此同时，汉军刚刚结束第二次西征，搞定了大宛，威震西域。刘彻此时豪情满怀，他终于可以腾出手来，好好跟匈奴算一算总账了。

刘彻专门给单于写了一封信：想当年，高祖皇帝被你们冒顿单于困在白登山七天七夜，吕太后也被你们单于写情书调戏，这件事朕可没忘！

单于一看，心里瞬间不淡定了，这是什么意思？难不成也想找我报仇？匈奴这些年一直被汉朝压着打，要是再来一次漠北之战，那自己可就彻底凉凉了！

算了，还是忍忍吧！

单于忍气吞声给刘彻回了封信：您是爷，我是儿子还不行吗？您就高抬贵手饶了我吧！

不仅如此，单于还将以往扣留的路充国等人，全部释放送回汉朝。

刘彻一看，高兴坏了，双方死磕了这么多年，这还是匈奴人第一次向自己服软呢！既然匈奴这么听话，那就不打你屁股了，给颗糖吃吧！

天汉元年（公元前 100 年）春，刘彻以苏武为中郎将，携带厚礼，祝贺且鞮侯继位，同时护送被扣留的匈奴使团成员回国。

这就回到了开头那一幕。

苏武使团历经千辛万苦，好不容易到了匈奴的地盘，但单于对他们的态度却与信中判若两人。

就在苏武到访的同时，一场政变的阴谋正在酝酿——

匈奴缑王、汉降将虞常等人凑在一起，准备除掉汉奸卫律，然后带着这份功劳回到汉朝将功赎罪。

那么问题来了，卫律是谁？

此人原本是胡人，当过汉使，与汉朝协律校尉李延年混得挺熟。靠着这层关系，卫律得到了一次到匈奴出差的机会，不料辛辛苦苦出了一趟差，刚回来就听说李延年被满门抄斩的消息。卫律反应很快，扭头就朝匈奴跑，到匈奴谋了个差事，混口饭吃。

卫律干活也很卖力，经常出谋划策对付汉朝。匈奴单于非常信任他，令他常在左右，封他为丁灵王，专门管理匈奴境内的汉朝降人。

虞常等人的计划是这样的：趁着单于外出打猎的当儿，发动政变，杀掉大汉奸卫律，然后劫持单于的母亲逃回汉朝。

方案确定了，但总觉得还差点什么，虞常等人一合计，决定拉上汉朝使团一起干。不过，他没有去找团长苏武，而是去找了副团长张胜。

张胜一听，锄奸？这绝对是大功劳啊，同去同去，然后也没跟苏武打声招呼就答应了。

机会终于来了。

一个多月后，单于外出打猎，只有阏氏和单于的子弟在。虞常纠集了七十多人准备起事，不料造反团伙中有一个人临阵退缩，偷偷跑去向对方揭发了虞常的阴谋。

听闻有人要造反，这些匈奴贵族立马就激动了，他们立刻抄起家伙，跟虞常死磕。由于事起仓促，包括缑王在内的七十余人悉数战死，唯独虞常被生擒。

得知这个消息，张胜感觉天都快塌下来了，在匈奴人的地盘上造反，而且还被人家团灭了。虞常被捕，单于一定会严刑逼供，到时候自己参与叛乱的事肯定会被抖出来。

怎么办？

张胜只得找到苏武，告诉他实情。

苏武听完，沉默了半晌，道：事已至此，使团必遭殃及。我难逃一死，但若死在匈奴刀下，不仅有辱外交使命，更有辱国体，不如现在死个痛快些。

说完，苏武拔出刀来，就要往脖子上抹。

一旁的张胜、常惠赶紧抢上去夺下了刀：老大，你不能死，咱们先看看情况再作决定。

匈奴人并没有让使团等太久，在严刑拷打之下，虞常很快就供出了张胜这个同伙。

单于大怒，召集贵族商议，准备除掉汉使。

单于的手下说：杀死他们有何意义？不如说服他们投降，这样对咱们更有利。

传唤的任务就交给了卫律。

一看是这个大汉奸审讯，苏武知道这一次躲不过去了，他对常惠说：屈节辱命，即使活着，又有什么面目归汉！

说完，苏武拔刀自刺。

卫律大惊，他没想到苏武竟然如此刚烈！赶紧上前扶住苏武，派人骑快马找医生。

匈奴的医生用了一个土办法，先在地上挖一个坑，在坑中生火，把苏武放在坑上，将淤血排出。苏武昏死过去，过了大半天才醒过来，总算捡回了一条命。

单于听闻了苏武的事，为其气概所折服，越是这种有血性的汉子，单于越是喜欢。

等苏武伤势好转，匈奴人又来逼降，领头的还是卫律。他当着苏武的面杀了虞常，然后把刀架在张胜脖子上，道：汉使张胜参与谋杀单于近臣，按律是死罪，但是我们单于仁慈，给你一条宽大政策，投降可免一死！

张胜腿肚子早就开始打颤了，一听这话，立马就降了。

不过，招降这样一个投机分子，没有任何挑战性，匈奴人的目标只有一个：苏武！

卫律说：副使张胜参与谋反，你作为正使，也要连坐！

苏武回答：我没有参与叛乱，又不是他的亲属，他犯罪，我为什么要跟他连坐？

卫律拔出剑，作势要砍苏武，苏武泰然自若，连眼皮子都没眨一下。

卫律只好收起剑，换了一副面孔，道：苏兄啊，我以前逃离汉朝投奔匈奴，受到单于的重用，封我为丁灵王，拥众数万，马畜满山，也算是富贵了。苏兄今日如果投降，明日也会跟我一样。否则的话，你的身体腐烂在野草之上，又有谁能知道呢？

苏武一声不吭。

卫律以为苏武心动了，继续劝降：你要是顺着我投降了，我还能和你做兄弟。今天不听我的建议，以后就算想再见我，也没这么容易了。

听到这里，苏武火气上来了，冲着卫律就开骂：你为人臣子，不顾恩义，背叛君主和父母，投降蛮夷去做俘虏，我见你做什么？

卫律脸上一阵青一阵白。

苏武继续开怼：单于信任你，让你来审理此案，你不秉公处理，反而将我们这些与案件无关的人员扣押威胁，企图挑起汉匈两国的战争，自己坐观成败。南越擅杀汉朝使者，结果自己被肢解为汉朝的九个郡；大宛截杀汉国使者，大宛王首级被挂在汉朝都城的北门；朝鲜击杀汉朝使者，很快遭到灭国之灾。现在只剩匈奴还未遭报复，你明知我不会投降，却来逼迫我，不过是为了挑起两国的战争。既然如此，匈奴的覆灭就从我开始吧！

你——

卫律气炸了，一个俘虏还这么嚣张，别忘了这是匈奴的地盘！我收拾不了你，自会有人收拾你！

单于听说苏武坚决不投降，心中不由得肃然起敬。纸老虎他见得多了，这样的铁血汉子还是第一次遇到。他很清楚，要从肉体上消灭一个人很容易，但要想在精神上战胜，无异于登天。

偏偏苏武就是这样一个打不倒的人。

即便如此，单于还是对苏武产生了极大的兴趣。

人就是这么奇怪，苏武越是不投降，单于越是想降服他。

为了击垮苏武的意志，单于将他囚禁在冰冷的地窖中，拒绝提供水和食物。

苏武原本一心求死，匈奴人的威逼却激发了他的斗志。这个世界上，死亡是最容易的事，活着才是最难的。如果自己死了，只会被匈奴人视为怯弱与逃避，唯有活下去，才能继续抗争。

时值隆冬，塞北的草原大雪纷飞，寒冷彻骨。

冰冷的地窖内，他将满口毡毛与草皮，就着雪一块儿艰难咽下，浑身的热血却沸腾着一个至死不渝的信念：

活下去！

一定要活下去！

靠着这种信念，苏武硬撑了好几天，当单于再一次看到苏武时，他知道，自己终究是输了。

但单于还不甘心，他将苏武流放到贝加尔湖去放羊，一直到公羊能挤奶，再让他回来。

朔风凛冽，他与冷月作伴，拒绝了匈奴人高官厚禄的引诱；胡笳幽怨，他与孤冢为伍，把那群枯瘦的羊群定格为一段不朽的历史。

每次想到苏武，我总会想起小时候常听的一首歌：

苏武留胡节不辱，雪地又冰天
苦忍十九年，渴饮雪，饥吞毡
牧羊北海边，心存汉社稷，旄落犹未还
历尽难中难，心如铁石坚
夜坐塞上时有笳声，入耳痛心酸
转眼北风吹，雁群汉关飞，白发娘
望儿归，红妆守空帏，三更同入梦
两地谁梦谁？任海枯石烂，大节不稍亏
终教匈奴心惊胆碎，拱服汉德威。

春去秋来，北雁南飞，这一晃，就是十九年。

茫茫北海，无边无垠，地冻冰寒，人迹罕至，当年的苏武早已变成须发斑白的老者，与瘦弱的羊群相伴。他挥动羊鞭，耳畔仿佛萦绕着故乡的歌声。他坚守了十九年，羊鞭换了又换，手中的那支旄节也脱落殆尽，那颗赤子之心却未曾褪色！

生是大汉人，死是大汉魂！

苏武被囚禁后，汉匈关系立马跌入冰点，匈奴右贤王磨刀霍霍，准备跟汉朝开撕。

天汉二年（公元前99年），也就是苏武被囚的第二年，刘彻再一次派出李广利，率领三万人马从酒泉出发，进击匈奴右贤王部。

汉军虽然经历了长途跋涉，可依然斗志高昂，在天山与右贤王部展开正面厮杀，匈奴军队不敌，损失了一万多人。

首战告捷，李广利准备班师回朝。如果战争到此结束，那么李广利肯定会成为卫青、霍去病之后的名将。

然而故事没有结束。

前线的战场形势很快就发生了变化。

得知右贤王吃了败仗，单于紧急派了援军支援右贤王，匈奴人急行军，斜插到李广利回师路线的前方，将汉军包围了。

匈奴人多势众，李广利几次突击，都没能突破匈奴人的防线，而汉军的粮草也在逐渐耗尽。四周全是敌人，不断有人向他报告伤亡数字，再这样下去，迟早要全军覆没。

必须要想办法找到一条出路！

就在李广利的内心备受煎熬的时候，代理司马赵充国站了出来，主动请缨：

如果任由匈奴围困，我等必死于此地！为今之计，只有强行突围，才能有一线生机！我愿带领一支敢死队，为大军杀出一条血路！

这里要重点介绍一下赵充国。

他是陇西人，善于骑射，常年居于边境，熟知少数民族的风俗习性，因此在军中颇有名气。

李广利一看，这才是真正的勇士啊！啥也不说了，所有士兵任由你挑选，只要能突出重围，我第一个为你请功！

赵充国选了一百名死士，然后头也不回地杀向匈奴人。

号角吹起，战马齐鸣。

羯鼓轰响，强弩上弦。

杀！

敢死队狂飙突进，弯弓搭箭，火力全开，匈奴人还没有从惊慌中回过神来，已经倒下了一大片。面对如潮水般涌来的匈奴人，赵充国没有丝毫畏惧，他手中的长矛威势十足，脸上、身上、手臂全都受了伤，可他浑然忘掉疼痛，勇不可当。

赵充国率领敢死队在匈奴军阵中左冲右突，身披二十余创，好不容易为主力部队杀出了一条血路。李广利带着剩余的士兵扩大缺口，跟随赵充国逃出天山。

这一战，汉军先胜后败，两万人战死沙场，损失不可谓不重。赵充国一战成名，成为汉军的一面旗帜。

刘彻亲自接见了赵充国，仔细察看赵充国的伤势，观者无不动容。刘彻十分感动，找来最好的大夫为其治疗，并拜赵充国为中郎将。

将军百战身名裂

就在李广利出酒泉征伐匈奴时，李陵也登上了历史的大舞台。

李陵是名将李广之孙。李广有三个儿子，分别是李当户、李椒与李敢，李当户死得早，所以李陵是遗腹子。军人世家的环境，决定了李陵从小就喜欢打仗，他自幼善骑射，勇猛过人，颇有祖父李广之风。

李陵曾率领八百骑兵过居延塞，深入匈奴境内两千余里，探查匈奴的军事情报。这次任务完成得相当出色，刘彻随后将他提拔为骑都尉，带着从荆楚之地招募的五千豪杰在酒泉、张掖一带搞集训，以防备匈奴。

李广利在五月出击右贤王部于天山，刘彻总是有点不放心，想让李陵给李广利打个下手，负责大军的辎重粮草。

不料李陵立功心切，并不甘心当个后勤运输队长，他主动找到刘彻说：臣麾下将士，都是荆楚之地选拔上来的勇士，臣愿带领麾下士卒为一支偏师，兵出兰于山，分散匈奴的兵力，以减轻贰师将军的压力。

刘彻的脸上闪过一丝不快，说：你小子是不愿听从李广利将军的节制吧？你想独当一面，可惜军中马匹都已经分给别人了，没有多余的马留给你。

李陵说：我不用骑兵，只要五千步卒，足以踏平单于王庭！

这番话说得相当霸气，刘彻也被李陵的豪情所感染，爽快地答应了他的请求。对于选人用人，刘彻一向是不拘一格，卫青和霍去病就是他发掘的两个军事天才。也许在他的心中，也隐隐期盼着李陵能够创造奇迹，证明自己没有看错人。

当然，为了保险起见，刘彻还是安排了强弩都尉路博德配合李陵作战，在半路上接应李陵。

说起来，路博德也算是一员老将了，他是平定南越的功勋宿将，曾是响当当的伏波将军，如今却要听命于一个后辈，没门儿！

为此，路博德主动上书，坦陈自己的想法：现在正是秋高马壮的季节，匈奴人的马匹多且壮，不宜在此时开战。不如把李陵的兵团留驻居延，等到明年开春，我与李陵各率五千骑兵，兵分两路，进击浚稽山，到时必定可以将匈奴单于手到擒来。

不料，刘彻看了这封上书，却脑补了一场大戏：这是什么意思？莫非是李陵牛皮吹大了，现在反悔了，胆怯了，不想带兵出塞，找你这老将说情来了？

愤怒的刘彻当即下令，要求路博德立即率骑兵出塞，不再接应李陵；李陵于九月份率领五千步兵出遮虏障，至东浚稽山的龙勒水一带，沿途搜索匈奴骑兵，若不见匈奴，则到受降城进行休整。

凉秋九月，塞外草衰，李陵带着五千步兵出发了。从一开始，李陵的部队就注定是一支孤军，没有任何支援。

大军一路北上，没有看到匈奴人的影子，有的只是寂静和荒凉。经过一番艰难行军，部队终于抵达了浚稽山，李陵命人绘制了沿途详细的地形图，让部将陈步乐快马驰回长安，献给刘彻。

刘彻颇为满意，陈步乐也为自己的上司李陵捧场，说他治军有方，将士用命。刘彻听后十分高兴，封陈步乐为郎官。

虽然沿途没有遇到任何匈奴人，李陵的神经却是高度紧张。他很清楚，五千汉军深入大漠，而且是一支步兵队伍，进军速度缓慢，匈奴人不可能没有察觉。对方一定是在集结兵力，准备与自己大战一场！

李陵的预感很准确，不多日，单于率三万精骑昼夜奔驰，抵达浚稽山，将李陵围困在两座山之间。

单于早就打探清楚了一切，区区五千人的步兵，怎么经得住我骑兵部队的碾压？

这一切，李陵早有准备，他镇定自若，下令将辎重车围成一圈，作为一个简易工事，士兵一手持盾，一手持长戟，在战车构筑的大营前列阵，后排还有弓弩手拉满弓，引而不发。

李陵下令，全体将士鼓响前进，鸣金止步。

匈奴一看汉军数量少，又都是步兵，大胆发起了冲锋。

看着匈奴人冲锋的背影，单于的脸上露出一丝得意之色。骑兵的冲击力远远大于步兵，只要匈奴骑兵一阵猛冲，肯定会冲垮汉军的阵形。

李陵则是不慌不忙，沉着应对，待对手进入射程后，千弩齐发，匈奴人应声而倒。

实战证明，这种由车兵、步兵和弩兵组成的环形阵地令匈奴骑兵集团的冲锋效果大打折扣。

匈奴人吓了一跳，想不到汉军的强弩如此之强，纷纷向山上的营寨撤退。汉军果断追击，杀死数千敌兵。

汉军初战告捷，但李陵很清楚，这只是匈奴人的一次试探，自己深入茫茫大漠，根本耗不起。为此，他立即下令大军徐徐撤退。

单于不敢贸然发动进攻，立即征调了匈奴左、右部骑兵，继续紧咬不放，兵力一下子达到了八万人。反观李陵这边，只有不到五千步兵了。

敌我相差悬殊，李陵只好且战且退，最后退到了一处山谷之中。

匈奴人不断发起进攻，虽然屡屡被汉军击退，但汉军的伤亡也越来越严重，没办法，只能硬撑着。

本着轻伤不下火线的原则，李陵下令，受三处伤者可以坐在车上，受两处伤者负责推车，受一处伤者继续战斗。

即便如此，汉军的士气还是很低落，战斗力衰减严重。

怎么回事？

经过仔细摸查，李陵意外发现，军中竟然藏了不少女人！

这些将士们大多是荆楚勇士，纪律性自然差一些，此次出征，他们将自己的相好偷偷藏在了车上，白天与匈奴人死磕，晚上就和这些女人鬼混。

李陵大怒，将搜出来的女人全部斩首。

经过短暂的休整，汉军第二天继续开战，杀伤匈奴三千余人，然后向东南方向撤退，到了一处芦苇丛中。

匈奴人发起狠来，在芦苇丛中放了一把火，逼得汉军不得不继续向南部的山区撤退。

匈奴单于纵马登至山顶，亲自在高处指挥，派了自己的儿子死死咬住不放。

汉军全部是步兵，在山地上没有优势，李陵果断命令军队撤向树林中，以强弓劲弩反击，杀死匈奴士兵数千人。

这场丛林之战，汉军占尽了地形优势，在反击中，汉军还看到了高处督战的单于，李陵果断调来连弩瞄准射击，差一点要了单于的命。

这一仗打下来，汉军还抓了一名俘虏，问匈奴那边什么情况。

俘虏告诉汉军，单于很焦虑，有一次还问大伙儿，这一定是汉朝的精兵，咱们死磕了这么多天，还是没占到任何便宜，反倒被对方引到了汉匈边境，前面该不会有伏兵吧？

大伙儿答，单于亲率数万人，围攻数千人的汉军，要是这一仗都打不赢，以后还怎么混下去？从这山谷再往前四五十里，就是平地了，那时如果还打不过，再说撤兵的事儿。

很显然，经过连续数日的激战，匈奴那边也已经是强弩之末，快要坚持不下去了。而汉军，随着伤亡人数越来越多，士气越来越低，更严重的是，箭矢的库存也开始告急！

这是一场意志力的较量。

就在匈奴人准备放弃的时候，转机出现了。

李陵手下有个人，在军中受委屈，索性投降了匈奴，他带来了一条重要情报：李陵孤军深入，外无援兵，且箭矢即将用完，现在只有李陵与韩延年麾下各八百人，建制还算完整。只要单于再加把劲儿，用精锐骑兵猛攻李陵与韩延年，李陵兵团只能束手就擒了。

此话当真?

当真!

单于立即像打了鸡血一般，速令骑兵继续追击。

此时的李陵兵团早已疲惫不堪，只能边打边退，辗转到了一处山谷。匈奴人从山上往下射箭，矢如雨下，汉军只能被动仰射还击。这一仗打得异常激烈，就在这一天，汉军所有的箭矢全部用尽!

此时的汉军仅剩三千人，已经陷入了绝境!

三千步兵，面对数十倍于己的对手，没有援军，没有武器，有的只是一腔孤勇和杀敌报国的决心。

他们只能孤军奋战。

李陵依然不肯认输，他下令将辎重车丢弃，轻装前行。没了箭，士兵们便拆了车的辐条作为兵器，一路退向鞮汗山的峡谷。匈奴很快又追了上来，从山上将巨石推向峡谷，堵住了去路。

汉军最后一线希望，像风中之烛一样，灭了。

北方的夜晚异常寒冷，战场上没有硝烟，没有呐喊，没有刀戈相撞的铿锵，没有进军咚咚的鼓声。

李陵愁肠百结，无法入眠，他独自一人出了大营。身边人想跟着去，李陵说：你们不必跟随，我一个人潜入匈奴营地生擒单于。

没有人知道李陵到底去了哪里，面临如此绝境，李陵一个人想独自刺杀单于，很显然是鬼扯。

过了很久，李陵返回营中，长叹一声：兵败如此，唯求一死!

部下赶紧劝他：将军威震匈奴，何必一心求死呢?想当年赵破奴将军兵败被俘，后来逃回汉朝，陛下仍以礼相待，更何况是将军您呢?

李陵摇摇头说：不必说了，我不死，非壮士也!他下令斩尽旌旗，把值钱的东西埋入地下。

做完这一切，李陵扼腕叹道：如果再有几十支箭，或许有机会突出重围。可是现在我们没有武器了，天一亮，必定成为匈奴人的俘虏，所以必须要连夜突围。从现在起，大家各自逃命去吧，如果能侥幸杀出重围，再回报朝廷。

说罢，李陵怆然泪下。

李陵与韩延年率十余名勇士，向南突围。匈奴人发现后，出动了数千骑兵紧咬不放，韩延年和身边的勇士全部力战而死。

李陵被匈奴人团团围住，走不了了。

怎么办？

要不要投降？

李陵的内心陷入了天人交战中。

一个声音说：李陵，你李家三代世受国恩，如今战败，你有何面目去见皇上？不如一死了之，还能赢得身后之名！

另一个声音说，生命诚可贵，死有什么用？不如留着有用之身，将来有机会再为汉朝尽忠！

夜如墨，风如剪，星光黯淡，李陵正面临人生中最重要的一次选择。

生与死，只是一刹那之间的事，死很容易，活下去则需要更多的勇气。他不能一死了之，他肩负着太多沉重的东西。

终于，他扔下了手中的长矛，长叹一声：我无颜面去见皇上了。

一滴英雄泪，飘落在凉凉的夜风中。

李陵兵团出征时有五千人，最后逃回来的仅有四百余人。

这是一场大败，前所未有的大败！

李陵兵败的地方，距离汉朝边境仅有一百多里的距离。消息传回长安，刘彻简直不敢相信：什么情况？先是赵破奴全军覆没，然后是李广利大败而归，接着又是李陵兵团全军覆没，这还是曾经所向无敌的汉军吗？

刘彻还特意将李陵的母亲和妻子接到宫中，一起等待最新消息。

时间一天天过去，就在刘彻等得心焦的时候，边境传来准确消息，校尉韩延年在突围中战死；而主帅李陵投降了。

刘彻愤怒了！

这是背叛，赤裸裸的背叛！

人的一生之中，难免会遭遇种种背叛。有些背叛，让人觉得可笑；有些背叛，让人觉得可耻；有些背叛，让人觉得可怜；而有些背叛，却让人感到彻骨的寒冷。

李陵的背叛，不同于赵信、卫律的背叛，他们身上本就流淌着匈奴的血液，投降于同族人尚且可以理解，可你李陵是什么人？

你李家从秦将李信开始，就是朝堂上的股肱之臣，你的祖父飞将军李广终其一生都在北方边境与匈奴人死磕，到你头上，竟然能干出变节这种事？是可忍孰不可忍！

陈步乐，你当初在朕面前夸李陵如何带兵有方，如今呢？

陈步乐羞愧得无地自容，被迫自杀。

刘彻在朝堂上大发雷霆，所有朝廷官员齐声讨伐李陵。

这是一场丑陋的表演，在刘彻严厉的目光审视下，所有人都争相往李陵身上泼脏水，一个个义正词严、慷慨激昂，大叛徒之类的词汇不绝于耳。

一片谩骂声中，只有一个人静静地站在角落，冷眼旁观着这一切，眉头紧锁，不发一言。

刘彻很快就发现了角落里的这个人。太史令司马迁，你来说说吧！

所有人的目光齐刷刷地望向司马迁。

司马迁轻咳一声，站出来为李陵说话：李陵平素对亲人孝敬，对士人诚信，为了国家能奋不顾身，有国士之风。现在李陵出了问题，那些平日里贪生怕死，只知道保全自己身家性命的臣子，就跳出来大肆污蔑他，夸大他的罪行，太让人痛心了！那些无能之辈，你们有什么资格在这里指责李陵，你们又为这个国家做了什么？

李陵率领五千步兵，深入匈奴之地，对战匈奴八万骑兵，杀敌万人，伤敌无数。匈奴以倾国之兵追击，转战千里，直到李陵矢尽路穷，将士们仍然顽强苦斗，拼死一搏，能让士卒如此效死的将军，即便是古代名将也未必可以做到如此。他虽然兵败陷入敌营，但是其功绩足以光耀千古。

他之所以没有慷慨赴死，不过是想留下有用之身，寻找适当的机会，再次报效朝廷罢了。

司马迁的发言颇有道理，但正在气头上的刘彻哪里听得进去？恼羞成怒的刘彻判处司马迁死刑。

这是中国历史上的一桩冤案。读史之人读到此处，无不扼腕叹息。

刘彻虽然暴戾，却不糊涂，李陵绝非贪生怕死之人。冷静下来后，他开始反思自己，后悔没有给李陵提供援兵：李陵出发时，自己本来要路博德率领骑兵前往接应，没想到路博德这个老狐狸竟然使出奸诈手段，不肯出兵，这才导致李陵全军覆没。

为了消解心中的愧疚，刘彻派出使者慰问赏赐了李陵的残部。

一年后，刘彻派公孙敖领兵出征，目标只有一个：解救李陵。

公孙敖晃了一圈，无功而返，却把责任推到了李陵身上，他告诉刘彻：自己抓到几个匈奴俘虏，根据俘虏的供词，李陵投降后，一直在帮单于练兵以对付汉军，所以这次出征，一无所获。

刘彻大怒，将李陵全家斩首示众。

远在匈奴的李陵闻讯，惨叫一声，当场吐血晕死过去。

陇西李氏家破人亡，身败名裂，李陵的最后一点退路，也被断绝得干干净净。

几年后，汉朝使者出使匈奴，李陵声泪俱下：我身为汉朝将军，率步兵五千，横行匈奴，只是因为没有援军，以至于落败，我没有做什么对不起大汉的事，皇帝为何要诛杀我全家？

看到李陵泣不成声，使者亦为之动容，告诉他：只因公孙敖将军说你教授匈奴人防备汉军的战法。

李陵大声说道：那是李绪，不是我！

李绪原本是塞外都尉，后来战败投降匈奴，单于很看重他的能力，位置在李陵之上。

愤怒的李陵随后刺杀了李绪。

真相，终于大白。但是那又如何呢？

李陵杀李绪后，匈奴大阏氏，也就是单于的母亲极为震怒，放出话要杀李陵。单于爱惜李陵的才华，将他藏到北方，等大阏氏死才回来。后来，单于还将自己的女儿嫁给李陵，封他为右校王。

如果李陵当年战死，他会成为一个千古流芳的英雄；又或者，全心全意归附匈奴，做个名副其实的“汉奸”，倒也乐得自在。

但他选择了一条终日承受良心煎熬的不归路。

投降匈奴九年后，李陵奉单于之命，率三万匈奴精兵迎战汉军，作战地点就是他当初兵败投降的浚稽山。

此情此景，李陵感慨万千。他对浚稽山再熟悉不过，而他的对手商丘成不过是一个御史大夫，并不擅长打仗。然而，就是这支骁勇善战的匈奴骑兵，竟然没能打赢汉军疲惫之师，最终无功而返。

很奇怪对不对？

合理的解释或许只有一个：李陵不想打。

汉昭帝即位后，辅政大臣霍光和上官桀以前都是李陵的好朋友，二人派了李陵的老朋友任立政出使匈奴，劝说李陵回归汉朝。

单于设宴招待任立政等人，李陵和另一名降将卫律作陪。任立政有一肚子话想说，可这种场合下又不便说，只能给李陵使眼色，手握刀环，又俯下身去摸自己的脚。意思是，是时候回来了。

李陵默然不应。

几天后，李陵和卫律回请汉使，两人皆身穿胡服，将头发结成胡人的模样。酒过三巡，当着卫律的面，任立政仍无法直言，只好旁敲侧击：汉朝已经实行大赦，当今皇上年富力强，霍光和上官桀两位大臣辅佐朝政，正当显贵。

李陵沉默无言。

很久，他摸着自己的头发说：我已经习惯穿胡服了。

过了一会儿，趁着卫律上厕所的机会，任立政对李陵说：少卿您受苦了！朝廷想请您归汉，为汉匈和解作出贡献啊。

李陵答：回去不难，但是，回去不也只是徒然再受一次侮辱吗？还能如何？

任立政还是不甘心，他问李陵：你真的想好了吗？

李陵说：大丈夫不能再受辱！

一句话彻底断绝了李陵回归汉朝的可能。

当初李陵藏身漠北时，与好友苏武近在咫尺，但一直觉得无颜面见。过了很久，单于派李陵去看望苏武，试图劝降他。

李陵说：单于听说我与你交情一向深厚，所以派我来劝你。你苏家很多人死于皇帝之手，包括你的哥哥、弟弟在内。我离开长安的时候，你的母亲已经去世，你的妻子也已改嫁，家中只有两个妹妹，两个女儿和一个男孩，现在又过去了这么长的时间，还不知道他们过得怎么样。人生不过像早晨的露水，及时行乐也就是了，你又何必自苦如此？

当初我刚刚投降时，也是痛苦万分，几乎要发狂，感觉自己对不起汉朝。我不想投降匈奴之心，恐怕不亚于子卿兄，加上老母、妻儿都被关押，我当时的心情也是压抑得不行。皇帝老迈昏庸，朝令夕改，大臣无罪被夷灭全族的多达数十家（公孙敖、公孙贺、刘屈氂、李广利、赵破奴等），连太子和皇后都不能幸免。你又何必为他守节？不如投降算了。

苏武摇了摇头，说：我苏武父子没有什么功劳，能有今天，全赖皇上的信任与提拔，哪怕让我为之去死，我也毫无怨言。臣子效忠君王，就像儿子效忠父亲，儿子为父亲而死，哪有什么怨恨？你不要再说了。

李陵又劝了苏武好几天，苏武的态度还是很坚决：我料定自己已经是个死人了，看在你我旧交的份儿上，我才和你一起吃饭叙旧，以后不要再说这种劝降的话。你如果一定要让我投降，就请停下今日的欢宴，让我死在你面前！

李陵长叹一声：仁义之士啊！我李陵与卫律的罪恶，这辈子怕是洗不清了。

多年以后，苏武历经劫难，最终得以回国，李陵置酒相送，洒泪分别：子卿兄，你此番归国，扬名于匈奴，功显于汉室，古代英雄人物也不超过子卿兄！李陵虽然驽怯，但倘若汉室宽宥陵的罪过，保全老母妻儿，陵愿意忍辱含垢，奋起武士之心，效法齐鲁曹柯之盟中的曹沫，劫持匈奴单于以归汉室，这是李陵往昔的夙愿。可是汉室竟然诛杀我家室，屠戮之惨状，陵每思之，心中滴血，痛心疾首，我还有回头路吗？

说罢，又立身起舞，唱道：

径万里兮度沙漠，
为君将兮奋匈奴！
路穷绝兮矢刃摧，
士众灭兮名已颓！
老母已死，
虽欲报恩将安归！

李陵的声音渐渐颤抖，两行浑浊的泪水无声滑落。

他不是不想归，实在无家可归！

李陵的一生注定是个悲剧。

他的身上纠结了太多的命题：家和国，军人和文人，背叛和守节。李陵投降匈奴，在后世引发了巨大的争议，有人谴责，但更多的人持同情的态度。

司马迁不仅认为李陵有国士之风，而且认为他的才能“虽古之名将，不能过也”。班固也在《汉书》中用浓墨重彩描绘了李陵悲剧性兵败的全过程，并以极其抒情的笔调刻画了李陵欲报国而不得、留恋故土却最终不能回归的孤独而又矛盾的情感。

同样是被困匈奴，李陵就是苏武的另一面，当曾经的凌云抱负遭遇不自主的命运，一个被放逐，一个将自己放逐。有人说：苏武不死，适见其忠；李陵不死，终成为叛。

元平元年（公元前 74 年），李陵在匈奴病死，终年六十一岁。这一年，距他降匈奴已经二十五年，刘彻驾崩已过十年，苏武归汉也已七年。

史公绝笔

好了，接下来我们隆重请出一位人物：司马迁。

历史长河中，总会有极少数的一种人，在自己的领域中，凭一己之力绽放出耀眼的光芒，照亮五千年历史的夜空。有太多的上古尘封因他而重见天日，有太多的英雄豪杰在他笔下定调。

这个人，是中国历史，是中国文化，是中华民族的巨大幸运。

他是太史公司马迁。

我们先从他的简历说起。

司马迁的家乡在陕西韩城，父亲司马谈是朝廷的太史令。太史令掌管天文历法、记事修史，负责管理国家的档案文献和各地的文书资料，可以自由出入皇家图书馆。

这种环境下，司马迁从小就得以广泛接触古代典籍，受到了很好的史学熏陶。

每次跟儿子谈起祖宗家事，司马谈一脸祖上阔过的自豪：

咱们司马家族自周开始，一直是世代相传的历史学家和天文学家，将来是要大有作为的。否则，如何对得起祖祖辈辈的这份独特优势？

那么，司马谈到底有什么梦想呢？

两个字：写史！

他要整理中华民族数千年的历史，要写一部规模空前的史著！

如同今天的父母一样，父亲对司马迁的学习要求相当严格，十岁时，司马迁就已能通读《尚书》《左传》《国语》《世本》等书。建元年间，父亲到首都长安任太史令一职，司马迁则留在老家，继续过着耕读放牧的生活。

稍稍年长之后，司马迁离开故乡，来到了父亲的身边。

在这里，司马谈一边亲自教育儿子，一边给他找来了顶尖的老师，一位是老博士伏生，一位是大儒孔安国。司马迁受到了最好的教育，在当时最繁华的都城开阔了眼界。

彼时的汉朝，正在走向属于自己的巅峰时代，汉家男儿意气风发，从降服宿敌匈奴，至平乱南蛮、西夷，再至征伐交趾，汉军铁骑无往不胜，建功立业，用铁和血维护了自己的尊严。这一切，都深深影响着司马迁。

司马谈立志后，开始大量搜集阅读史料，为修史做准备。不过，真干起来，他才发现这活儿不是他一个人能完成的。

要横跨上千年的历史长河，串起之前数千年的历史，需要搜集阅读大量的资料。那个时代的很多史料都是口传心授代代流传，文字都刻在竹简上，资料保存手段极其落后。不像现在，百度一下，各类资料数据库应有尽有，根本不需要你四处寻访。

在两千年前的汉朝，司马谈要想修这样一部皇皇巨著，放眼望去，四下里一片漆黑。

自己就是那个时代的最高点了。

一想到这些困难，司马谈的内心深处便会生出一股绝望。不过，当他看到一旁读书的儿子，心中又升腾起了一股希望。

看着司马迁一天天长大，司马谈开始有意地将自己正在做的事业逐步交给儿子。他告诉司马迁，读万卷书，不如行万里路，书本终究是局限的，没有温度的。世界那么大，你应该走出去看看。

二十二岁的司马迁，带着父亲的教诲，就此踏上了行万里路的征程。

离开长安后，他朝着东南方向抵达南阳，弃车乘船，顺长江而下，足迹遍布江淮、齐鲁和中原，还到了巴蜀及云南。

在淮阴，他打听韩信的故事，传说韩信的母亲逝世后，儿子为她选了个很高的坟地，旁边可住万户人家，他实地一看，果然如是。

从江淮到浙江会稽，那是治水的大禹长眠之地，他听说大禹住过的地方叫禹穴，历经千辛万苦，终于找到那里。

在汨罗江畔，他看着滔滔江水，缅怀那个志行高洁、悲愤绝望的诗人屈原，又联想到英年早逝的天才贾谊，不禁洒下两行热泪。

在箕山，他踏访许由的墓，为这位品性高洁的隐士感慨万千。

在沛县，他听曹翁讲起汉高祖刘邦的故事，收获颇丰。

在易水河畔，他独自漫步，体会荆轲与燕太子丹分别时，耳边的萧萧风声。

在大梁，他寻访乡野之人，了解秦灭魏时水淹大梁的情形，又去参观信陵君礼待侯生的城门，想象着这位礼贤下士的公子的模样。

在鲁国，他亲自到孔子墓前祭拜，与儒生们一起谈心，一起骑马，一起射箭。

他不只是来看风景，发点思古之幽情就算了事，他要实地考察。为了一个细节，多方求证。

多少次，他一个人站在苍凉的古战场上，遥想过往的金戈铁马，思考历史，打量人生。

在行走的过程中，那些名山大川和燕赵俊杰激荡着他的心胸，解放了他的性情。游历中的所见所闻，让司马迁形成了自己对事物的见解和判断。

读万卷书，行万里路，司马迁用实际行动践行了这句话。

在外游历七年后，他风尘仆仆地回到长安，到宫中做了郎中，从此成了皇帝身边的一个小跟班。

彼时的司马迁意气风发，很想有一番大作为。有一次，他被派往巴蜀地区，解决之前遗留的西南问题，并在第二年回朝向刘彻复命。

与此同时，刘彻也在准备一件大事：封禅！

元封元年（公元前 110 年）春天，刘彻东巡渤海，返回的路上在泰山举行封禅大典。可惜的是，作为参与制订封禅礼仪的司马谈却因病未能继续前行，错过了这场盛会。

得知父亲病重，司马迁匆匆返回，赶到了父亲的病榻旁。

弥留之际，父亲牵着司马迁的手，告诫他：

我们司马家的祖先在周朝就任太史之职，典天官之事，后来衰落了，这传统可不能断送在我这里！如今天子接续大统，承先帝伟业，驱除匈奴，功盖四海。泰山封禅，而我不得从行，这是命中注定啊！

人间孝道起于侍奉双亲，立于事君，终于立身，扬名于后世，光耀父母，此孝之大也。

天下称颂周公，是说他能够歌颂文王、武王的功德。幽王、厉王后，王道衰落，礼崩乐坏，孔子整理《诗》《书》，著《春秋》，直到今天，大家仍以此为法则。

圣人五百年才出一个，周公死后五百年才出了孔子，孔子卒后至今也有五百年了，应运而生的人，舍你其谁？

你一定要出任太史令，完成我的愿望啊！

司马迁说：您放心，我虽然不够聪明，但一定完成您的愿望！

著史是司马家的传统，如今，这一棒交到了司马迁的手上。

后面的事情便顺理成章了，司马迁接替父亲担任了太史令一职。在这里，他可以随时查阅皇家藏书和档案，分析对比各类史料，准备《史记》的前期工作。

在此期间，他还参与了历法改革，创立了有名的"太初历"，把过去的十月为岁首改为以正月为岁首，以适应农时的需要。

与此同时，他终于提笔，写下了《史记》的第一个字。

就在他的创作进行到第六个年头时，意外不期来临。

天汉二年（公元前 99 年），李陵战败，投降匈奴。

名将阵前降敌，让刘彻很没面子，大臣们开始对他口诛笔伐，骂李陵该死。

只有司马迁是例外。

他认为，李陵不是贪生怕死之辈，他之所以投降匈奴，一定是为了想办法活下去，他一定还想将功赎罪来报答陛下。

不料，司马迁的一番慷慨陈词，却引得刘彻大怒，下狱判处死刑！

依汉朝法律，死刑并非只有死路一条，要么交五十万钱，要么接受宫刑。

这是司马迁人生中最大的一道关卡。

五十万钱，对于司马迁这样一个小官，是决计凑不出来的，亲戚朋友们既没有帮他出钱的，也没有帮他求情的。

面对这种情况，绝大多数人都会选择去死，很少有人会苟且偷生，变成太监。原因也很简单，辱及祖先，无颜面对世人。

生与死，这是个两难的问题。

如何抉择？

这一年，司马迁已经四十七岁了，他不怕死。

但——

孔子说过一句话：君子疾没世而名不称焉！

他没有忘记父亲对他的嘱托，《史记》还没写完，他要亲自完成这部纵横三千年的皇皇巨著！

那些伟大的作品，都是作者在痛苦与纠葛中写就的。盖西伯拘而演《周易》；仲尼厄而作《春秋》；屈原放逐，乃赋《离骚》；左丘失明，厥有《国语》；孙子膑脚，《兵法》修列；不韦迁蜀，世传《吕览》；韩非囚秦，《说难》《孤愤》；《诗》三百篇，大抵圣贤发愤之所为作也。

他喜欢项羽的决然与壮烈，也欣赏勾践的隐忍与坚韧。用他自己的话说，人固有一死，或重于泰山，或轻于鸿毛。这之间的区别在于，看你做了什么。现在要是死了，根本不会有人注意到自己，与蝼蚁有什么区别？

活下去！

为了未竟的事业，一定要活下去！

无数个不眠之夜，司马迁在黑暗的监牢中，生生熬过那刺穿身体的痛，体会着难以忍受的痛苦和折磨。

三年后，刘彻大赦天下，司马迁出狱了。

陪伴司马迁一起跨出监狱的，除了满身伤痕，还有他在狱中写的一摞摞竹简。那本史书，已经完成了大半。

虽然重新获得了自由，司马迁此后的人生却始终活在污垢和耻辱中。用他自己的话说就是，肠子在肚中一天多次回转，在家里恍恍惚惚，好像有什么东西丢了一样，出门不知道往哪儿走。每当想到这件耻辱的事，冷汗就从脊背上冒出来，沾湿衣襟。

或许是心中过意不去，刘彻给出狱后的司马迁升了官，任中书令。

在普通人看来，这是一个令人艳羡的职位，一旦当上了中书令，不仅可以掌管机要文书，还可以成为皇帝身边的亲近侍从。

然而，司马迁却不这么看，他始终怀着一种刻骨铭心的耻辱感，把中书令一职看作是“闺阁之臣”。自己表面上是皇帝近臣，实则近于太监，为士大夫所轻贱。所以，他不但丝毫不以此为荣，反以为是莫大的羞辱。

因此，任职以后，除了应付必要的公务外，他杜绝了一切社交活动，集中心思和精力写作《史记》。每一个孤独的夜晚，伴着一盏油灯，那些或孤寂或伟大的心灵，穿越千年的时光，与他心灵相通。

征和二年（公元前 91 年），经过十多年的艰苦努力，司马迁终于完成了他的不朽巨著——《史记》。

全书共一百三十篇，五十二万六千五百余字，分为十二本纪、八书、十表、三十世家、七十列传。在这部书中，司马迁写了从黄帝到汉武帝三千年间的历史，不仅写帝王将相，还写了游侠、商人、医生、倡优、农民起义领袖等下层人物，被鲁迅誉为“史家之绝唱，无韵之离骚”，列为前“四史”之首，与《资治通鉴》并称为“史学双璧”。

下面谈谈我的理解。

《史记》是二十四史之首，但凡看过书就会发现，这部书与其他史书有着显著的区别。

什么区别呢？

首先，《史记》是一部真正写人的书，笔下的人物是有血有肉、生动丰满的。上自帝王将相，下至三教九流、市井小民，统统都可以是主角。换句话说，司马迁真正做到了“不为帝王唱赞歌，只为苍生说人话”。

其次，司马迁在《史记》中倾注了大量的主观情感。

以往史家写史，如同验尸官检查解剖尸体，只是冷静地作出分析，写出尸检报告即可。可司马迁不一样，他怀着满腔的情绪，抚尸痛哭，为历史招魂！

他笔下的文字，和贝多芬指下黑白分明的琴键异曲同音，那情感、那气势、那力量，像奔涌的潮水，直抵肺腑。

写完《史记》，司马迁终于可以放下一切顾虑，再也不用委曲求全地活着了。

在此之前，朋友任安一直给他写信，希望他能帮忙推荐自己，可司马迁迟迟没有回信。直到任安被打入死牢，他才写了一封《报任安书》。

在这封信中，司马迁激愤地讲述了自己遭受宫刑的前因后果，并强调，相比历史上的那些“死节”之士，他之所以选择含垢忍辱地活着，是因为那部伟大的《史记》尚未完成，即使一时被人误解，他也在所不惜。

而如今，他终于可以倾吐内心郁积已久的痛苦与愤懑，大胆揭露朝臣的自私，以及刘彻的刻薄寡恩。

有人或许会问，给一个死刑犯回信，内容还这么大胆而直白，难道就不怕被刘彻看到吗？

他知道，可他还是这么做了，唯一的解释是，他不怕被刘彻看到。或者说，这封信其实是写给刘彻的！

他要对刘彻进行控诉！你可以迫害我的肉体，但我的精神依然高贵！

我以一人之力，究天人之际，通古今之变，成一家之言，完成了这部史书，我无憾了。而你，刘彻，你虽然贵为皇帝，功越百王，但你也不过一介凡人。总有一日，你刘彻也将在九泉之下，沦为蝼蚁之粮，终与尘壤合体。

肉体可消，唯文不朽！

写完《报任安书》，司马迁在历史中消失了。

一个伟大的著史者，他为那么多人写下了完整的一生，而他自己，则隐在历史深处，我们甚至都不知道他是哪一年去世的。

不过，好在还有《史记》。

他知道自己的这部书犯了诸多天家忌讳，为了流传下去，他另誊抄了一份副本，留在首都长安，等待呈送给刘彻审查。原稿则被秘密送往女儿司马英的婆家——华山脚下的杨家珍藏。

事情果然不出司马迁的预料。进呈给皇帝的副本后来不知所终，司马迁至死都没有等到《史记》流传天下的那一天。

司马英的丈夫叫杨敞，生了两个儿子，一个叫杨忠，一个叫杨恽。汉宣帝时，杨恽因告发权臣霍光后人谋反有功，受封平通侯，位列九卿。

杨恽在才学上非常像外祖父司马迁，他才情很高，精通历史。同时，他也是最早看到《史记》手稿的人，从小时候起，他就看过母亲悉心保存的《史记》，对外公钦敬有加，一生都是外公的死忠粉。在得到皇帝的信任后，杨恽借机呈上了外祖父的《史记》，希望它能重见天日。

而此时，距离司马迁离世已有二十余年，汉宣帝并没有因为曾祖父汉武帝曾反感此书而否认该书的价植，他只是删除了其中几篇文章，随后传抄公示天下。于是，这部尘封了几十年的皇皇巨著才得以重见天日，当世之人及今之人，才有幸见到《史记》的本来面目。

想必，司马迁如果泉下有知，看到自己一辈子的心血代代流传，当无憾矣！

第十章 荒唐晚年

向道求仙

人类有三大梦想：飞翔、长生不老、预知未来。

作为皇帝的刘彻，在登上权力的最高处后，也有自己难以言说的遗憾。这个遗憾，是古今帝王共同的遗憾，那便是：长生不老。

随着岁月的流逝，刘彻明显感觉到自己的精力已经大不如前，时光染白了头发，留下了几道深深的皱纹，他的生命和凡人一样脆弱。回顾一生，他内强皇权，外服四夷，完全有资格睥睨古今、顾盼自雄。

然而，将空前的伟绩、不世的功勋，建立在生命的脆弱基础之上，岂非是一种悲哀？如果自己能够长生不死，那该有多美妙！

古人云：死生亦大矣，岂不痛哉！

在这之前，齐威王、齐宣王、燕昭王也有过求仙访药的经历，而且都以失败告终。刘彻却不以为意，这三人不过是一方诸侯而已，岂能和自己相比？

想当初，秦始皇也曾狂热地迷上了长生不老，四处笼络招揽术士，开出高薪资助他们为自己去寻访仙人和不死神药，可惜却被身边的一群术士忽悠了。始皇大怒，将四百六十余名术士全部坑杀。始皇帝直到死前也没能如愿。

可是刘彻偏偏不信这个邪。

秦始皇横扫六国、一统天下，功业无可比拟，可是秦帝国的暴政也是被所有人痛恨的，他一手创立的帝国二世而亡，成为后世的反面典型。

嬴政做不到的，不代表他刘彻也做不到。

而要寻找不死神药，只能寄希望于那些方士。

方士们自然高兴，在这世上，哪里还能找到比刘彻荷包更鼓的赞助人？刘彻也同样高兴，将成仙之事拜托给这些专业人士，只有两个字：放心。

方士的历史源远流长，他们自称能访仙炼丹以求长生不老，服务的对象也很固定，那就是皇帝。但同时，方士又是一个风险极高的职业，因为不死神药本就是虚妄的，所谓仙丹，除了少数是滋补药外，大部分都是重金属混合物。这就使得他们只能不断用谎言来编织一个个虚幻的梦想，而一旦被戳穿，等待他们的只有死亡。

早在汉文帝时期，就有个叫新垣平的方士站出来，说他发现了一只天降玉杯，献给皇帝，杯上刻有“人主延寿”四个字。文帝非常高兴，随即改元，以示庆贺。但没多久，朝廷就查出这只玉杯是新垣平私下刻的假货，根本不是什么祥瑞。

文帝大怒，将新垣平夷三族。

刘彻与方士第一次接触，那还是在他二十三岁的时候。

那年冬天，刘彻来到雍城的五峙原祭祀上天。也许是命运的安排，少年天子遇到了他求仙道路上的第一个大忽悠——李少君。

李少君绝对是个神秘人物，没有人知道他是哪里人，也没有人知道他的经历。他自称七十岁，号称自己从先秦时期著名的方士安期生那里得到了长生不老药的秘方，但是苦于没有钱购买那些昂贵的原料，所以四处游历，寻找赞助商。

李少君无妻无子，光杆司令一个，因为牛皮吹得大，诸侯争着给他送钱。在那个没有百度的年代，你吹得越玄乎，人们就对你越敬仰。普通人不知内情，还以为他真是神仙，于是更加崇拜，争先恐后地侍奉他。

李少君忽悠的终极目标，就是皇帝刘彻。

他向刘彻表示，自己有一项神奇的技能，可以从丹砂中炼出金丹，吃了金丹就能成仙。自己还曾在海上漫游，见到了秦始皇时代的仙人安期生，他给过自己一颗枣吃，那枣像瓜一样大。安期生是仙人，来往于蓬莱岛的山中，跟他投缘的，他就出来相见，不投缘的就不见。

李少君这个脑洞开得很大，不过刘彻却深信不疑，赏了他不少好东西。

有一次，李少君参加当时的国舅田蚡的酒宴。在宾客相谈甚欢的时候，李少君却独独盯着一位白胡子老头，问了他的姓名，然后说：我认识你，我曾跟你的祖父一起吃过饭，那时你还小。

此话一出，举座皆惊，大伙儿齐刷刷地转过脑袋看向老头，没想到老头搔着光秃秃的脑门儿想半天，说：我幼年时确实跟祖父在南山打过猎，还一起吃过饭。

经此一事，李少君神人的名头就彻底在贵族圈里传开了。

还有一次，李少君觐见刘彻，刘彻给他看一个铜器，李少君说：这个铜器是齐桓公十年陈列在柏寝台的。

刘彻让人寻找铜器的铭文，果然是齐桓公时代的。在场的人全部惊呆了，以为李少君确实是活了几百岁的老神仙。

就这样，李少君成了刘彻身边的首席顾问，专门负责给皇帝寻找不死神药。

虽然是方外之人，但李少君还是不忘时时提醒刘彻：陛下如果不能除掉骄奢淫逸的恶习，仍然贪图美女纵欲无度，到处征战讨伐，喜怒无常，使冤魂流落在荒野，让城市里常有杀头的重刑，那就绝不能炼成仙丹，修成大道。

某天夜里，刘彻梦见自己和李少君一起登上了河南的嵩山，半路上有个神仙骑着龙从云中降下来，说太乙真人请李少君前去赴约。从睡梦中惊醒后，刘彻立刻命人去探视李少君，还对身边的人说，我昨夜梦见李少君离我而去了。没过一会儿，派去的人回报说李少君死了。

刘彻不相信，李少君怎么会死呢？他一定是登了仙界了。

李少君全身而退，但不是所有的方士都有他这份智慧。譬如，李少翁就属于玩砸了的典型代表。

自从为李夫人招魂成功后，刘彻就给李少翁封了个文成将军，还给了很多的赏赐，然后提出了进一步的要求：朕不但想见鬼，还想见神仙！

李少翁听后，头嗡一下子就大了，只好支吾着说：见神仙么，也不是不可以，陛下要有耐心！

刘彻很有耐心地等，一晃半年多过去了，结果连神仙的影子都没看到。刘彻很着急，就去问李少翁。李少翁安慰刘彻说：神仙毕竟不同于一般的亡灵，没有那么容易就显真身。如果要请他们下来，就要选择吉时吉地作法，方有成功的可能。依我看，甘泉那地方不错，人杰地灵，神仙是有可能驾临的。可以在那里建一座宫殿，放上祭品祭具，以备召唤之用。

刘彻言听计从，耗巨资建造甘泉宫，专门让李少翁在此作法。

甘泉宫建成了，可是神仙还是没有现身。

刘彻坐不住了，又去问李少翁。

李少翁自然也知道情况不妙，为了尽快证明自己，他不得不想了一个很俗套的法子。

这一天，李少翁指着一头牛说：这头牛的肚子里有奇书。

刘彻不信，命人把牛宰了，果然从肚子里找到一副帛书，只是帛书上写的内容怪诞晦涩，没人看得懂。

牛的肚子里怎么会有帛书？刘彻百思不得其解。

趁着刘彻愣神的当儿，李少翁赶紧卖力忽悠：恭喜陛下，贺喜陛下，这是神仙回信啦！

刘彻倒是保持着难得的冷静，他越看帛书上的字，越像是李少翁的笔迹，不由得猛然醒悟，随即就变了脸色：朕那么信任你，想不到你竟然拿这种小儿科的把戏来骗朕！朕虽然没见过天书，但好歹也认识你的字，你这是在侮辱朕的智商吗？

愤怒的刘彻立即让人把李少翁拖出去砍了，对外则宣称误食马肝给毒死了。

李少翁事件后，刘彻暂时远离了这类方士。

然而，对仙人和不死神药的渴望，让刘彻无法断绝念想。如果真的没有神仙，如果真的没有不死神药……刘彻几乎不敢再往下想。

没过多久，一个叫栾大的方士进入了刘彻的视线。

栾大自称是李少翁的同门师兄，是个标准美男子，而且彬彬有礼。刘彻问他有什么专长，栾大一开口就夸夸其谈，天上地下胡诌，唬得刘彻一愣一愣的。

栾大说：我曾出海遨游，和安期生、羡门等著名仙人相见。这些仙人身份是何等高贵，认为我身份低微，我说什么他们都嗤之以鼻，根本不相信我。我曾为胶东王刘寄求药方，他们觉得刘寄只不过一个小小的诸侯，有什么资格让他成仙？坚决不给。我老师指点我说：黄金可成，而河决可塞，不死之药可得，仙人可致也。只是现在风声不好，自从文成将军死后，大家都怕步他的后尘，所以越发不敢把仙方拿出来了。

刘彻有点尴尬。那啥，文成将军是吃马肝吃死的，你不要听信外面那些谣言。这样吧，你会什么法术，给大伙儿露一手吧！

对于刘彻的怀疑，栾大早有准备，他事先将鸡血、铁屑和磁石掺在了一起，捣碎后涂抹在棋子上面。到了表演的时候，他将棋子放在棋盘上，嘴里面念念有词，棋子因为受磁力的作用，自相撞击，看得人眼花缭乱。

刘彻当时就震惊了，这栾大果然有特异功能，法力无边啊！

激动的刘彻先是将栾大封为五利将军，后来觉得不够气派，又加封为地士将军、天士将军、大通将军。

不仅如此，刘彻还封栾大为乐通侯，把孀居的长公主嫁给了他，恩宠之盛，无人能及。

一个混江湖的神汉，摇身一变成了驸马，这对社会上的其他方士刺激是很大的。大家都没真本事，靠忽悠混口饭吃，凭什么他能一夜暴富，我就不行呢？

于是乎，在方士的小圈子内，交口传递着这样的消息：此处皇帝人傻钱多，速来。一时间，满世界的方士云集长安城。刘彻倒也是多多益善，来者不拒，只要方士提出一个主意，马上就能圈到一笔庞大的经费。

那年头，你要是不会点魔术，或者说自己没见过神仙，出门都不好意思跟别人打招呼。哪怕刘彻后期也已经觉得方士可烦了，但还是止不住这个趋势。

此时的栾大已然迎娶白富美，走上了人生巅峰。可他也很清楚，刘彻给他这么高的待遇，是希望他能为自己寻访到仙人，找到长生不死神药。

可问题在于，什么仙人、金丹，本来都是栾大逞一时口舌而吹的牛皮，他是全然没能力实现的。皇帝越执迷不悟，给栾大的压力则越大。如果一旦刘彻意识到自己被骗，他将展开怎样的报复？要知道，刘彻可不是一般的笨蛋皇帝，他是绝不会吃哑巴亏的。

为了维系皇帝对他的信任，他只能把这个谎言继续编下去，一旦哪天编不下去了，自己离死也就不远了。

眼看刘彻隔三岔五要他出海去请神仙，栾大急得抓耳挠腮，折腾了半年多，才整顿行装，到东海找师父去了。

结果可想而知。栾大到渤海边绕了一圈，转而去泰山溜达，一路上大把地花五铢钱，反正都是公款。回来以后，他给刘彻写了一份报告，声称自己见到仙人了，仙人有很多仙方，还是不愿意拿出来。

他没想到的是，刘彻早就在他身边安插了内线，一路跟随着栾大，所以他的所作所为，刘彻是一清二楚的。栾大压根没见到什么仙人，所谓的仙方只是栾大信口胡说而已。

谎言被揭穿，刘彻气得暴跳如雷，事到如今，你还想继续欺骗朕？当下就把栾大拖出去砍了。

刘彻连续被骗两次，但他依然没有从求仙问神的迷梦中清醒过来，他对神仙之说的痴迷，已经到了疯狂的程度。他还说，如果能成仙，自己的老婆孩子都可以不要。

很快，第三个不怕死的方士登场了。

有个巫师在汾阴主持祭祀时，挖出了一只鼎，大伙儿都说是土地爷显灵。地方官一看，好宝贝啊，把这只鼎当作祥瑞呈献给了刘彻。

刘彻估计是上当上怕了，第一反应是怀疑，他派人把巫师抓起来严刑拷打，问是不是假的？巫师死活不承认。

刘彻于是把鼎迎入甘泉宫，像祖宗一样供了起来。

万一这鼎是真货呢？

有个叫公孙卿的得知消息后，动了小心思，他胡编乱凑了一本书，说是仙人申公给他的。书里的内容荒诞不经，却偏偏很合刘彻的胃口。

为了迎合刘彻求仙的心思，他给皇帝写了一封信：陛下得到宝鼎和黄帝得到宝鼎都是在冬至那一天。这绝不可能是偶然，而是上天的造化。既然黄帝成了仙，那么陛下也应该趁此机会，赶快去封禅，进而通神，然后就能成仙登天了。

刘彻大喜，封公孙卿为郎中，让他准备封禅求仙之事。

这年冬天，公孙卿声称自己在河南发现了仙人的踪迹，还有个像山鸡一样的神物，往来于城上。刘彻激动坏了，兴冲冲地赶过去，却是一场空欢喜。

失望之余，刘彻决定拿公孙卿出口气，不料公孙卿不慌不忙地回答：陛下，仙人不来太正常了，毕竟是陛下有求于仙人，而并非仙人有求于陛下。所以，我们得有耐心，放宽心，诚心祷告，神仙才会露面。

刘彻听完，貌似有几分道理。

好吧，谁让自己有求于神仙呢？刘彻只得下令各郡县诸侯修缮宫观，各地名山大川祭神的所在都要修葺一新，等待仙人的驾临。

与此同时，刘彻封禅泰山的准备工作也在紧张进行中。由于古代典籍被项羽一把火烧了，早已散失殆尽，有关封禅的仪式谁也说不清，聚集起来的儒生各说一套，莫衷一是，弄得刘彻非常恼火。

他下令罢黜了所有筹备封禅的儒生。

没过多久，刘彻跑到缑氏城，准备了祭神之礼，带着随从官员上山。不少官员说，他们仿佛听到山顶有喊“万岁”的声音。等刘彻一行人下山后，问皇帝，皇帝不言，问随从登山者，也不言，事情恍惚难辨。皇帝和随从越不说，事情就显得越发神秘。

公孙卿还给刘彻编了个故事：甘泉宫原本是黄帝祭祀神灵的地方，神仙没事儿就来这里跟黄帝聊聊天、喝喝茶，摆摆龙门阵。后来采铜铸鼎，鼎铸成后，上天派了一条龙来迎接黄帝。黄帝乘巨龙上了天，顺便还带走了后宫及大臣七十多人。其他人也想上天，就拽住龙的胡须不撒手，结果龙须扯断好几根，还掉下一些官员，摔得鼻青脸肿。

这种故事荒诞不经，可架不住刘彻喜欢听。

这之后，刘彻外出巡游，路过上郡的桥山，看到黄帝的坟墓，不由得疑虑又起：黄帝不是当神仙去了么，此地怎么会有他的坟呢？

这对公孙卿来说就是在考“脑筋急转弯”，他答道：黄帝骑神龙登天成仙后，群臣十分想念他，便把黄帝的衣帽埋在这里，这只是黄帝的衣冠冢而已。

好吧，貌似也能说得通。

雁过留声，人过留名。将来朕升天成仙后，群臣们恐怕也要把朕的衣冠埋在茂陵了。

见不到神仙，刘彻只好自己出门去找。

有一次，刘彻到了山东，当地人纷纷表示自己见过神仙，或者身怀奇异方士，可惜全是大忽悠，没一个经得起验证的。刘彻于是招募了庞大的求仙队伍，派出数千人乘船出海寻找蓬莱仙人，可惜最终还是一无所获。

灭了南越后，有人告诉刘彻：越人有信鬼的习俗，他们祭祀时都能见到鬼。从前东瓯王敬鬼，活了一百六十岁，后世子孙怠慢了鬼，所以就衰微下来。

有这等事？刘彻大为振奋，命越地的巫师建立越祠，祭祀天神百鬼。

这之后，公孙卿又提出了新的结论：仙人不难见到，陛下每次求仙的时候总是太仓促，所以见不到。仙人喜欢住楼阁，陛下不如修建一座台阁，摆上祭品，这样才会吸引仙人。

此时的刘彻已经走火入魔了，他来不及问究竟，便在长安、甘泉一带大造高楼，等待仙人的降临。

在大兴土木的同时，刘彻又三次亲赴万里之外的东海边求仙，但都毫无结果。

作为帝王，他自信已经极尽谦卑，足以令天上的神灵满意。

然而，神灵始终未曾降临。

难道，这世上真的没有不死神药？难道，以他的帝王之尊，也只能向死神卑躬屈膝？

巫蛊之乱

都说上有所好，下必甚焉。刘彻求仙历经数十年，且对方士大肆封赏，导致朝野风气大变，时人莫不以谈仙论道为加官晋爵之路。

更有甚者，京中、宫中方士术士云集，鱼龙混杂，拉帮结派，搞得乌烟瘴气，最终诱发了“巫蛊之乱”。

我们先从公孙敖说起。

前面说过，公孙敖的发迹，离不开卫青的提拔。当初陈阿娇的母亲馆陶公主对卫子夫怀恨在心，绑架了卫青。好友公孙敖得知消息后，第一时间带着弟兄们去营救卫青。

此后，卫青带着他几次出击匈奴，公孙敖因战功受封合骑侯，食邑一千五百户。

有一次，公孙敖与贰师将军李广利出征匈奴，可惜运气不好，与匈奴左贤王交战失利，兵员战损过多，回来后被判了个死罪。

为了活命，公孙敖诈称自己已死，逃亡到民间数年，可惜法网恢恢，疏而不漏，最终还是被捕。

这下好了，好好吃牢饭吧，可他的夫人却给他惹了事。那年头，巫蛊事件隔三岔五发生，民间很盛行这种迷信。公孙敖的妻子也信这个，结果被抓了，公孙敖受到妻子的牵连，腰斩而死，全家被灭。

时间永不停歇，挟持着所有的人和事，滚滚奔流，转眼到了征和元年（公元前92年）。

这一年，刘彻六十四岁，太子刘据三十六岁，幼子刘弗陵两岁。这一年，注定是无法平静的一年；这一年，注定是云谲波诡的一年。

新年伊始，刘彻在建章宫度假，远远看见一个男子带剑穿越中龙华门，肆无忌惮地闯了进来。

刘彻的第一反应是：有刺客！

他当即派人去捉拿，可这名剑客功夫确实了得，竟然逃了。

刘彻派人去问门卫，门卫长官也很蒙，说自己一直勤于职守，没看见有人进出啊！

刘彻怒了，刺客在建章宫里来去自由，你竟然连影子都没看见，还敢说自己勤于职守？当即将门卫长官给砍了。

紧接着，刘彻下令全城通缉，一定要找到那个刺客，掘地三尺也要将他给找出来。

问题是，长安城这么大，该从何处搜查呢？刘彻早有准备，他的第一个目标是上林苑。

上林苑地跨长安、咸阳、周至、户县、蓝田五县境，纵横三百里，是刘彻打猎游玩的猎场，绝对是藏身的好地方。

除了上林苑，刘彻还对长安城实行戒严，挨家挨户搜查。可惜查了半天，连个影子都没找到。

堂堂帝国首都，竟然找不到一个刺客，底下人是干什么吃的？

刘彻越想越郁闷。

虽然刺客没找到，但刘彻心中其实已经有了一个嫌疑人：阳陵大侠朱安世。

刘彻有证据吗？

没有。

既然没有证据，刘彻为何就锁定了朱安世？

原因在于他的身份：侠。

前面说过，在统治者眼里，儒以文乱法，侠以武犯禁。侠的能耐太大，又常游走在国家法度之外，对皇权构成了威胁，所以朝廷对游侠的打压从未停止。

秦朝对游侠始终保持高压态势，汉帝国建立后，没有对游侠赶尽杀绝，而是给他们留了一条生路和尊严。刘彻继位后，大搞中央集权，三次启动“徙陵”政策，将郡国豪杰及家财三百万以上者，迁去守茂陵。大侠郭解一介布衣，却可以将关系托到大将军卫青这里，可见其能量不一般。

朱安世就是一个游侠，让刘彻不放心的游侠。

就在刘彻郁闷的当儿，有一个人主动站了出来，说，不就是找朱安世嘛，我有办法！

这个人，正是当朝宰相公孙贺。

公孙贺可以说是武帝一朝元老级的大臣，早在刘彻还没有登基的时候就跟着太子混饭吃了，后来更是屡受重用，几次出兵都立下了功劳，刘彻还让他娶了卫子夫的姐姐为妻。

说起来，卫氏家族真不简单，三个女儿，老大卫君孺嫁给了当朝丞相；老二卫少儿的儿子是冠军侯，骠骑大将军霍去病；老三卫子夫是皇后，生下了太子刘据；卫青则是长平侯大将军，堪称顶级豪门，不服不行。

石庆去世后，丞相一职空了出来，刘彻想让公孙贺接任，但当公孙贺听到这个消息时，突然变得紧张起来，连忙向刘彻致歉，说自己当不了丞相。

要知道，丞相可是位列三公，百官之首，地位最尊崇，对于臣子们的诱惑力极大。多少人梦寐以求，公孙贺为何要推辞？

那是因为，武帝一朝，丞相这饭碗实在不好端。

当时的帝国正值多事之秋，刘彻又雄猜阴刻，对丞相的要求非常严，动不动就斥责他们无能，在他手底下做官的风险极大，一着不慎就掉脑袋的比比皆是。

刘彻在位五十四年，共任命了十三位丞相，平均四年换一个，这些丞相的下场都很悲惨。自公孙弘老死任上之后，继任的李蔡、庄青翟、赵周皆因罪自杀，前任丞相石庆虽然是个老好人，做事小心翼翼，但也没少受到刘彻的批评和苛责。

在这个当口接任丞相，无异于是把自己架在火上烤。

刘彻封公孙贺为丞相那天，公孙贺吓坏了，急得跪在地上不停地哭，就是不接受印。老头一边哭，一边说：臣不才，出身卑微，只会弯弓射箭，战场杀敌，实在担不起丞相这份责任啊！

公孙贺哭得稀里哗啦，刘彻的眼角也有点湿润了，但他的态度依然坚定，对左右说：将丞相扶起来。

公孙贺还是不肯起。

开玩笑，这丞相是那么好当的吗?

刘彻看公孙贺不肯起来，索性拂袖而去。

这下子，公孙贺没辙了，皇帝动怒，如果自己再不识抬举，恐怕会落得家破人亡的下场。他只能叩头谢罪，拍拍身上的灰尘，颤颤巍巍接过丞相的印。

事后，同僚问他为何不愿做丞相，公孙贺忧心忡忡地说道：陛下贤明，眼里容不得沙子，只怕我以后的处境危险了。

公孙贺升迁后，太仆之位空缺，刘彻又将公孙贺的儿子公孙敬声擢升为太仆。

太仆，也是九卿之一的高官，掌管宫廷车马及牲畜事务。

与老爹的如履薄冰、谨小慎微不同，公孙敬声个性张扬，他是皇后卫子夫的外甥，老爹又是丞相，依仗这层身份骄纵不法。为了捞钱，他甚至将手伸到了军队中，擅自挪用北军军饷一千九百万钱，并因此而入狱。

儿子被扣，公孙贺坐不住了，他找到刘彻，决定做个交换：如果他能抓到红色通缉令上的朱安世，请陛下赦免儿子的罪。

刘彻说：成交!

公孙贺动用自己的关系网，费尽千辛万苦终于抓住了朱安世。得知丞相抓他是为了赎回自己的儿子，朱安世笑了：丞相这次是要祸及宗族了。终南山的竹子写不尽我要告发的罪状，斜谷里的树木也不够制作被牵连的人所用的刑具。

那一笑，颇有些山雨欲来风满楼的意味，让公孙贺脊背发凉。

朱安世没有说谎，他在狱中写了一封信，举报公孙敬声和阳石公主私通。阳石公主，是刘彻和卫皇后生的女儿。

更重磅的还在后面，朱安世还说，公孙敬声知道皇帝经常去甘泉宫，所以在驰道中间埋了木偶，诅咒皇帝。

刘彻半信半疑，让人立即彻查，结果真在驰道中间找到了不少木偶。

这还了得?刘彻大怒，将公孙贺全族诛杀。不仅如此，刘彻的女儿阳石公主、诸邑公主，乃至卫青的儿子卫伉，也在此次巫蛊案中受到株连，人头落地。

公孙贺虽然小心翼翼地在丞相位子上干了十一年，最终还是没能逃过刘彻的诛杀。

这里面其实有很多疑问，比如，朱安世一介布衣，怎么可能对深宫中的秘事了解得一清二楚?他一个死囚，是如何绕过丞相公孙贺，将举报信直接呈到皇帝面前的?公孙敬声在驰道中埋木偶，诅咒皇帝的动机何在?这其中有很多问题根本说不通!

关于这些问题，先卖个关子，我后面会重点分析。

公孙贺娶的是卫皇后的姐姐，阳石公主和诸邑公主是刘彻与卫皇后生的女儿，卫伉是卫青的儿子——

有没有发现什么？

没错，他们都是卫氏家族的人。

刘彻手起刀落，卫氏家族血流成河。

公孙贺父子的死，并不是结束。一场以巫蛊为由头的灾祸，即将在长安城掀起血雨腥风！

想当初，卫青与霍去病抗击匈奴，基本瓦解了北方匈奴势力，为汉帝国立下了赫赫战功，卫氏一门五人封侯，卫氏家族可谓是如日中天。可如今，卫青、霍去病相继离世已过十七年，就剩卫子夫一人苦苦支撑，而她所依靠的，不过是刘彻对她的宠爱而已。

都说帝王心易变，何况如今卫子夫已经陪伴了刘彻近半个世纪，早已是人老珠黄。从来以色事人者，色衰而爱弛，这是亘古不变的道理。刘彻也老了，可他的那颗心却依然火热。他是皇帝，是天下人的君父，世间溜溜的女子，任他溜溜地求。那些娇嫩炫目的女子，新鲜得都尚未完全长成，却足以让刘彻颠倒动心。

很显然，刘彻已经移情别恋了。

这就能解释刘彻为何要废掉卫氏势力了，因为他宠爱的人已经变了，而且为他生下了一个皇子。

这个人，正是钩弋夫人。

那一年，刘彻在外面视察工作，路过河北河间时，随行方术大师望了望天，告诉刘彻，此地天上云彩不同寻常，必有奇女子。

当真？

刘彻一听有奇女子，一颗苍老的心瞬间活了过来，立即下诏派人寻找。

果不其然，一会儿的工夫，随行官员就找到了一位年轻女子。只见她乌发如漆，肌肤如玉，美目流盼，一颦一笑之间流露出一种说不出的风韵，又宛如一朵含苞待放的牡丹花，美而不妖，艳而不俗，千娇百媚，无与伦比。

刘彻对她一见倾心。

随行人员告诉刘彻，这名女子姓赵，据说此女天生双手握成拳状，虽已十多岁了，却一直打不开。

有这等奇事？

刘彻唤此女过来，见其双手果然是紧握拳状。

这么漂亮的女子，怎么就握着两拳不放呢？他决定亲自试一试。

刘彻握住她的手，只轻轻一掰，少女的手便被掰开了，掌心里紧紧地握着一只小玉钩。

竟有这等奇事？

刘彻很激动，看来自己就是她一直在苦苦等待的真命天子啊！随后，他将赵小姐带回长安，号称拳夫人，也被称作钩弋夫人。

大话西游里，紫霞仙子曾说：谁拔出我的紫青宝剑，谁就是我的如意郎君。

结果，至尊宝轻而易举地拔出了她的剑，可惜只成了她的意中人，没有成为她的如意郎君。

这一次，赵小姐如愿以偿，成了刘彻的夫人。

这段戏可谓是精彩绝伦，刘彻这一手“开双拳取玉钩”的本领，堪称“神医”了。这个故事被班固记在《汉书》中，但在我看来，这场戏中刻意的痕迹太明显，绝对是有人精心策划的。

赵夫人的老爹当初不知犯了何罪，被处以宫刑，做了宦官，职务是中黄门，任务就是替皇帝站岗。刘彻的巡视路线，赵老爹应当是知道的，方术大师也应当是早就收买了的。至于两只拳头长期紧握，手握小玉钩，明显就是撒谎。

然而，更神奇的还在后头。

钩弋夫人入宫没多久就怀孕了，十四个月后，生下了一位皇子，取名刘弗陵。

是的，你没看错，钩弋夫人怀胎十四个月！

为什么不是怀胎十月？那是因为，传说中有一个人，也是怀胎十四月而生，这个人就是尧帝。

刘弗陵出生后，激动的刘彻索性将赵夫人居住的钩弋宫改为尧母门。

明眼人都看出来了，刘彻想换太子了。

刘彻共有六个儿子，长子刘据，六岁被立为皇太子；次子刘闳，生母是王夫人，封齐王，可惜英年早逝，年仅十八岁，谥号怀，史称齐怀王；三子刘旦，生母是宠妃李姬，封燕王；四子刘胥，生母是宠妃李姬，也就是刘旦同母弟，封广陵王；五子刘髆（bó），生母是宠妃李夫人，封昌邑王；六子即是刘弗陵。

照这个顺序来看，刘弗陵要想越过五个哥哥继承皇位，按照正常逻辑，基本上没有可能性。

可历史的迷人之处就在于，它往往不会按照你预期的剧本演下去。

刘彻二十九岁才有了刘据，对于这个孩子，刘彻如同掌上明珠一般宠爱。刘据成年后，按规矩应该搬到太子宫中去住，刘彻专门为刘据在长安城南划了一块地，建了一座苑囿，称为“博望苑”，取广博观望之意。

刘彻不喜欢大臣结交宾客，但太子刘据例外，他可以完全按照自己的兴趣喜好做事、结交宾客，刘彻也从不约束。

刘彻晚年的时候喜欢外出游历，经常把国家大事交给刘据代管。待刘彻回来后，刘据挑重点的上报，刘彻基本没有不同意的，有时候甚至都不过问太多。

然而，随着时间的流逝，后宫的女人们为刘彻陆续生下了其他皇子。加之皇后卫子夫逐渐老去，武帝对皇后的宠爱逐渐衰退，卫子夫和刘据心里开始变得不踏实。

彼时的卫氏家族正是如日中天，为了安抚卫子夫和刘据，刘彻找来刘据的舅舅，也就是大司马、大将军卫青，对他说了这样一番话：

我大汉有很多事都还处于草创阶段，周围外族对边疆百姓也是侵扰不断。朕如不变更制度，后代就将失去准则依据；如不出师征伐，天下就不能安定，百姓们也会因此而遭罪。但倘若后代也像朕这样去做，就等于重蹈了秦朝灭亡的覆辙。

你们尽管放心，朕不会随便换太子的。朕之所以用武力讨伐天下，是为了将来给太子创造一个好的环境。如果将来太子都像朕这样尚武无度，那汉朝还能经受得了折腾吗？

刘彻的意思很明显，他不会选一个爱折腾的人接自己的班，刘据的太子之位稳得很，你们大可放心。

卫青听完后叩头感谢，并转告卫皇后，卫子夫特意摘掉首饰向刘彻请罪。后来每当太子劝阻征伐四方时，刘彻就调侃道：难办的事都交给朕来处理，轻松的活儿留给你，不也挺好嘛！

刘彻最大的性格特点是冷血、自私、暴戾，而太子刘据生性仁厚，有儒者之风，跟老爹刚好相反。

刘彻对这个仁厚的太子越看越不满意，尤其是在宠爱的钩弋夫人生下皇子刘弗陵后，逐渐有了废太子的心思。

这一幕，有没有觉得很熟悉？

曾记否，当初刘邦一意孤行，执意要废掉刘盈，立刘如意为太子，原因是刘盈的性格一点也不像自己。要不是张良出主意，请来了商山四皓为刘盈站台，恐怕汉朝的历史又是另一番模样了。

而如今，历史再一次重演。

中山恶狼

这一次，刘据能保住太子之位吗？

庙堂之上，从来不乏善于钻营、揣摩人心的人。随着卫青去世，以及卫子夫逐渐失宠，不少心怀叵测之人认为现太子失去了依靠，害怕新太子即位后对自己不利，开始给太子挖坑。

朝廷的风向也开始悄然转变。

有一次，刘据进宫去见母亲卫子夫，待得时间久了些。有个叫苏文的宦官便向刘彻告状，抹黑刘据，说他调戏宫女。

刘彻闻言，心中很是恼怒，直接给刘据的宫中拨了两百名女子。刘据有些蒙，父皇这是几个意思啊？

后来经过打听才知道，原来是苏文这厮在诬陷自己，刘据由此将苏文拉入了黑名单中。

为了扳倒太子，苏文和同伙常融、王弼经常一起在小黑屋里商量大事，到处找太子的茬，然后再添油加醋一番上报刘彻。

卫子夫担忧这样下去终会酿成大祸，便让刘据请示刘彻，处死苏文这些人，但刘据却觉得身正不怕影子斜，且父皇一向圣明，自不会信那些人的谗言！

有一次，刘彻身体有点不舒服，命人召见太子。过了一会，小黄门常融回来说：太子面带喜色……

刘彻闻言，半天没说话，内心却是五味杂陈。你老子还没挂呢，你就着急想上位了？

等刘据到了，刘彻仔细观察刘据的表情，才发现刘据脸上隐有泪痕，只不过是在强颜欢笑而已。

经过一番秘密查问，刘彻才明白是常融在糊弄自己，随后便将他处死。

一次两次，刘彻还能装作不介意，可诬告的次数多了呢？在水深火热的朝堂斗争中，这样的信任又能维持多久呢？公孙贺家族全族被诛，刘据在朝中仅剩的支撑已然倒塌，他的太子之位，还能立得稳吗？

与此同时，一个叫江充的人登上了历史舞台。

江充原名江齐，是赵国邯郸人。

他通晓医术，有个能歌善舞的妹妹，人长得标致，后来嫁给了赵国的世子刘丹。靠着这层关系，江充成了赵王刘彭祖和刘丹的座上宾，在赵国混得也算风生水起。

可惜，这种舒服日子没过几天，江充忽然得知一个消息，刘丹要杀他。

为何？江充长期跟在身边，知道刘丹太多的秘密。刘丹平日里荒淫无度，和自己的亲姐姐及父王嫔妃通奸，刘丹害怕江充将他的这些龌龊事说出去，故而起了杀心。

无论什么时候，一个人知道的秘密越多，越不安全，因为总有人对你不放心。能让他放心的办法只有一个：让你永远闭上嘴。

江充得知后，连夜出逃，一路跑到了长安，还改了自己的名字。刘丹没有抓到江充，索性将江充留在赵国的家人全部杀死。江充一怒之下，直接向刘彻告状，说赵国太子刘丹除了与姐姐及父王的嫔妃乱伦外，还跟地方豪强勾结，图谋不轨。

刘彻看到江充的告发后大怒，马上派人调查，结果发现全中！

刘丹被捕入狱，移交魏郡判决，最后的结果是：死罪！

得知这个结果，刘彭祖慌了。

赵王刘彭祖是刘彻的异母兄，为了救儿子一命，他豁出去了：江充只是个受缉捕而逃亡的小喽啰，现在随便要弄奸诈，就让陛下气恼，想借您的威严以报私怨。我愿派遣赵国的勇士到前线抗击匈奴，只求赎回儿子一命。

刘彻这才赦其死罪，只是这世子之位已然废了。

江充则一告成名。

刘彻很好奇，这个敢扳倒赵国世子的江充究竟是何许人也，便命人召见了他，见面的地点选在了上林苑犬台宫。

江充自然不会眼巴巴地干等着，为了这次会面，他对自己从头到脚来了个全方位的包装。

次日，当刘彻看到面前的江充时，眼睛都看直了！

只见江充穿了一件他自己设计的轻薄华服，头戴纱帽，纱帽上还装饰着几根鸟羽，走起路来摇曳生姿。更难得的是，江充本就身形伟岸，颜值很高，配上这身衣服，那叫一个潇洒！

刘彻当即脱口而出：燕赵多奇士也！

两人一番交谈，江充皆对答如流，给刘彻留下了不错的印象。

有一次，江充请求出使匈奴，刘彻问他有何打算？江充说：不作打算，以敌为师，随机应变即可。

江充所言，正中刘彻下怀。

不久之后，江充到匈奴公干，随后安全返回。没有人知道他这一趟有什么收获，只知道他归来后，刘彻给了他一个特别的官位——直指绣衣使者。

直指绣衣使者，是西汉侍御史的一种，皇帝派出的专使，负责缉捕活跃在京城的匪盗、监察官员和王公贵戚的违制行为，又有调动军队的权力，可以诛杀地方官员。

江充走马上任后，第一个要收拾的，就是长安城那帮贵戚子弟。

这些人仗着自己的身份，在长安城胡作非为，搞得百姓鸡飞狗跳。江充在拿到足够的证据后，一一举报弹劾，并强烈建议没收其逾越规定的车马，将这些人抓起来，送入北军大营，将来攻打匈奴时，让这些人做先锋、敢死队。

刘彻龙颜大悦，大笔一挥：可！

江充立刻将皇帝的批复传达下去，并督促赶快展开抓捕行动，并且告知门卫禁止那些权贵之子随意出入宫廷。

这下子，贵戚子弟们慌了，不怕不行啊，皇帝这次是动真格的了，万一真被送到前线跟匈奴人面对面对决，估计自己就离死不远了。

于是这些人纷纷挖关系、找后门，跑到皇帝那里叩头哀求，表示愿意交钱赎罪。只要不被送到北军大营去参军，花多少钱都行。

这一次行动，朝廷得了数千万钱，可把刘彻激动坏了。当初跟匈奴人死磕，朝廷花费了无数钱粮，国库为之一空，逼得刘彻只能放大招，搞了个算缗令和告缗令，结果使得全国的中产阶层全数破产。早知道还有这捞钱的法子，也不用搞得天怒人怨了。

很快，江充又盯上一个人：馆陶公主。

有一次，馆陶公主出门时占了皇帝专用的车道，被江充撞见了。江充立刻拦阻下来，馆陶长公主解释说：我有太后特诏，所以才占用了驰道。

江充说：太后的特诏那也是给公主殿下的，只有公主可以上路，其他人都不行。

随后，江充没收了馆陶公主随从的车马，全部充公。

我们都知道，馆陶公主刘嫖，那可是窦太后的亲女儿、刘彻的亲姑姑兼丈母娘，地位无人能及，就连刘彻都要给她三分薄面的，更何况其他人？江充敢捋馆陶公主的虎须，其胆量可见一斑。

除了馆陶公主，太子刘据也在驰道上栽过一回跟头。

当时，江充陪着刘彻前往甘泉宫，正巧遇上皇太子刘据的家臣坐着车马在驰道上行走。一个家臣，谁给你的胆量占用皇帝的御道？结果就被江充扣留了。

太子刘据得知后，派人向江充求情：这事儿是我疏忽了，我不是心疼那些车马，只是不想让陛下知道这事，以免引起误会，说没管好家臣，希望您网开一面，宽恕一次。

正常人都知道，这正是和太子交好的绝佳机会，而且这事毫无风险。更何况，此时的刘彻年事已高，太子刘据随时都有接班的可能，多好的给自己留后路的机会啊！换作一般人，都知道该怎么做。

可是，江充偏偏就选择了公事公办，不讲丝毫情面。

面对刘据的道歉，江充不理不睬，秉公上奏，把这事儿捅到了刘彻那里。明察秋毫的刘彻看到了江充的忠心，只回复了一句话：

人臣当如此！

连太子的面子都不给，这下子，江充名噪一时。因为刘彻的宠信，以及绣衣使者的特权，江充威震京师，权臣贵戚们无不惧怕被江充揪住错处。

当然，江充也因此和太子刘据有了仇隙。

那么江充真的如他表现的那样刚正不阿、大公无私吗？

未必！

按照《汉书》的记载，江充后来被派到地方任职，担任水衡都尉，就开始大肆为自己的家族、好友谋私利，后来被人举报，官职被一撸到底。

当然，以江充的本事，没过多久就回到了刘彻身边，继续给皇帝当马仔。

时光如逝水，不舍昼夜，侵蚀一切，毁灭一切。

刘彻老了。

感性命之不永，惧凋落之无期，死亡的阴霾和诅咒，将刘彻折磨得心力交瘁，艰于呼吸。

一个人，最难消除的欲望是淫欲，最难摆脱的恐惧是死亡。当他能清楚地预见到自己的死状，则死亡便显得尤其具体而恐怖。对于刘彻而言，更是如此。

因为害怕死亡，刘彻对很多事变得非常敏感，比如：巫蛊。

巫蛊是一种用来加害仇敌的巫术，起源非常古老，最常用的手段是扎小人。《汉书》里说，巫蛊来自胡巫，源自北方少数民族所信仰的巫术，也就是后来的“萨满”。汉朝时，巫蛊之术盛行，当初陈阿娇就曾使用巫蛊之术诅咒情敌卫子夫，被刘彻发觉后遭到废黜，女巫楚服及宫女被牵连杀掉的有三百多人。

刘彻虽然对巫蛊零容忍，但从另一方面来讲，也给了很多心怀不轨的人一些“灵感”。

有天晚上，刘彻做了个梦，梦见有几千个木头人拿着棍子要揍他，醒来之后，刘彻感觉自己的身体明显变得很差。此后相当长一段时间之内，刘彻噩梦频频，醒来满身大汗，浑不知身之所在。

刘彻本就怀疑有人用巫蛊之术害他，这下更加确信了：“总有刁民想害朕！”

江充知道，自己苦心等待的机会来了。

他极力鼓动刘彻，肯定是有人在扎您小人，只有将害陛下犯病的人找出来，方可痊愈。

刘彻也觉得只有巫蛊才会让自己这般精神萎靡，当下命江充为使者，全权负责调查此事。

江充大权在握，此后，便是一场狂风暴雨般的大清洗，让帝国一时间血流成河。

他召集了一些胡人巫师，到处掘地寻找木头人，并逮捕了许多使用巫术、自称能看见鬼魂的人。找不到木头人怎么办？好办，让人事先在地上洒点血，然后把附近的人当作嫌疑犯抓起来。若被捕之人不认罪怎么办？烧红的烙铁往人身上一印，准让人三魂出窍，七魄离体。严刑拷打之下，大伙儿为求自免，互相揭发，乃至不惜编造，牵引诬告。

对狱吏来说，拿鸡毛为令箭，改小罚用大刑，固是常事。这样一来，从长安到各地各郡国，受牵连的多达数万人。

江充的原则是宁可错杀绝不放过，只要能沾上边的，一律关进监狱，然后杀之。

江充为什么要扩大打击范围，制造冤狱？很简单，因为只有这样，才能加剧刘彻对巫蛊的惊惧，让刘彻更加怀疑有人要谋害他。也唯有如此，江充才能有更大的把握将矛头指向那个终极目标：

太子刘据！

是的，江充玩了这么多障眼法，绕了这么大一圈，就是为了扳倒太子。

眼见刘彻还未治愈，江充又趁势派胡人巫师对刘彻说：皇宫之中也有巫蛊之气，不铲除的话，于陛下身体不利。

刘彻不假思索，当即给了江充通行令，命他进宫搜查，同时还派了好几位助手给江充，分别是按道侯韩说、御史章赣、黄门苏文。

这是一个奇妙的组合，因为苏文正是几次三番构陷太子刘据的那个宦官。

江充带着人，先从最不受宠的妃子房间查起，依次搜寻，最后终于搜到了卫子夫和太子刘据的房间。

江充的搜查相当仔细，将房间地面挖了个底朝天，到最后，卫子夫和刘据连放张床的地方都没有了。

终于，在太子的宫殿内，江充如愿以偿找到了他所期待的木头人，还有写了咒语的帛书。紧接着，他板着脸说了一句话：太子宫中找到的木头人最多，还有写有太子谋逆计划的帛书，应当立刻禀明皇上！

绕了一大圈，江充终于将目标对准了太子刘据。

刘据蒙了！

这是阴谋，一个天大的阴谋！

巫蛊案发

此时的刘彻因为身体不好，又怀疑皇宫中有人要害他，并没有住在长安城的皇宫中，而是在距离长安城一百八十里的甘泉宫度假疗养。

面对眼前的“铁证”，刘据百口莫辩，他知道这事儿解释不清楚了，更何况父皇还不在长安城中。情急之下，刘据只能求助于老师石德，现在怎么办？

事实上，石德比刘据还要慌乱，因为太子刘据一旦被定罪，他这个太子太傅也脱不了干系。

石德告诉刘据，前丞相公孙贺父子，还有卫皇后生的两个公主，甚至卫青大将军的儿子，就是被来路不明的巫蛊害死的。如今江充从宫中挖出了木头人，不管是谁放的，事实就摆在眼前，你能解释清楚吗？

唯一的办法是，你假传圣旨，先下手为强，逮捕江充那伙卑鄙小人，待审问出真相来，再向皇上证明。

刘据的内心还在天人交战，我怎能擅自诛杀大臣？不如前往甘泉宫请罪，或许能侥幸无事。

石德急了，说：皇上目前正在甘泉宫养病，您和皇后派去甘泉宫问安的人一直没能见到皇上，皇上是生是死都不知道，而奸臣竟敢如此，难道您忘了秦朝太子扶苏之事了吗！

先下手为强，后下手遭殃！

刘据还是下不了决心。

毕竟，随意诛杀大臣乃是大忌，他相信自己的父亲。这其中一定有什么误会，他准备亲自前往甘泉宫，当面向武帝说明情况。

然而，江充根本不给他这个机会，他先一步派人去了甘泉宫，想方设法拦阻刘据和刘彻见面。

看着江充步步紧逼，刘据生怕再拖下去，自己的处境会更加糟糕，最终决定采纳石德的建议，派遣自己的门客冒充皇帝使者逮捕了江充等人。

韩说怀疑使者是假的，不肯接受诏书，被刘据门客杀死。

江充没想到太子还有这一手，当即被逮了个正着，带到了刘据面前。

随后，刘据亲自将江充杀死：你这个赵国的奴才，先前害赵国父子还不够，如今又来害我们父子！

江充被就地斩杀，刘据还将江充找来的那些胡人巫师全部烧死在上林苑内。

阴谋家江充就这样死了，但事情并没有就此结束。

紧接着，刘据又派门客到未央宫，将相关情况告诉了母后卫子夫，希望能得到母后的支持。

卫子夫久居深宫中，知道的事情并不比刘据多，只能听从儿子的意见。卫子夫动用皇后印信，帮刘据调动了长乐宫的卫队，取了武库的兵器。

有人要问了，既然江充都已经伏诛了，刘据为什么还要冒风险去调动军队？直接去向刘彻说明情况，主动请罪，消除误会，岂不是更好？

他在害怕什么？

如果我们仔细分析当时的情况，不难发现，刘据与刘彻这对父子的关系早已大不如前，双方的隔阂日渐加剧。

刘据起兵的理由之一是：父皇病重，无自主能力，且有奸人在侧。

谁是那个奸人？肯定不只是江充，刘据能明显察觉到，江充只是对方推到台前的一个代言人，背后另有其人。

谁是那个幕后玩家？刘据显然心里有底，我们接着往下看。

刘据对刘彻得了重病是深信不疑的，而且出于种种原因，他无法靠近父皇，这又让他认为，父皇是被奸人控制起来了。如果什么都不做，那等待他的结局只有一个：刘彻死后，自己也会被杀。

为了应对可能的变故，刘据只能武装起一批忠于自己的卫士，拥兵自保。

而此时，宫中早已是一片混乱。大伙儿见太子刘据突然调动了宫中兵马，心中开始猜测，太子难道是要造反？

就在一片混乱之际，黄门苏文却悄悄逃了出去，跑到甘泉宫，告诉刘彻一个重磅新闻：太子刘据反了！

苏文本以为刘彻会大怒，然后发兵平叛，不料刘彻听完，表情很是淡然：太子肯定是害怕了，又恨江充等人，所以才发生这样的变故。

刘彻虽然老了，但头脑还没糊涂，自己的儿子是个什么人，他还是很清楚的。太子为人宽厚，行仁孝之道，不可能做出格的事。唯一的可能是，他被江充逼急了。

眼下这种情况，把刘据叫过来，当面问问不就知道了吗？如果他不肯来，多半是心里有鬼，到时候再作决定也不迟。

刘彻派人去了长安城，召太子前来。

结果派出去的使者怕被太子干掉，根本没敢前去见太子，只在外面逛了一圈，就跑回来向刘彻汇报：太子真的造反了！

这下子，事情就变得有些严重了！

与此同时，长安城内的丞相刘屈氂听到刘据正在调动军队，抽身就逃，连丞相的官印、绶带都丢了，还派了长史去向刘彻禀报京中的情况：太子确确实实造反了！

刘彻有些恼怒，问道：长安城大乱，丞相是干什么吃的？

长史答：丞相封锁消息，没敢发兵，第一时间向陛下告知情况，请陛下裁决。

刘彻恨恨地一拍桌案：事情已经闹得沸沸扬扬，还有什么秘密可言！丞相没有周公的遗风，难道周公能不杀管叔和蔡叔吗？

三人成虎。

刘彻对刘据造反的事情，已然深信不疑。

当下，刘彻给刘屈氂赐了诏书，告诉他：捕杀叛逆者，朕自会赏罚分明；用牛车作为掩护，不要和反贼短兵相接，以免杀人太多；紧守城门，决不能让叛军冲出长安城！

此时的长安城还在混乱中，文武百官人人自危。为了稳定人心，刘据告令百官：皇上因病困居甘泉宫，我怀疑发生了变故，奸臣们想乘机叛乱，这才不得不自保。

刘屈氂离开后，刘彻左思右想，心里还是觉得不踏实。

太子造反，这是大事，无论真相如何，自己必须亲临现场。

从甘泉宫出来后，刘彻住进了长安城西的建章宫。

在这里，刘彻遥控指挥，征诏京畿附近各县的军队，与太子的兵马遥遥对峙；中央所有两千石以下官员将领，交由丞相刘屈氂调派。

城中的百姓们都蒙了，这是怎么回事？太子不是说皇上被困、生死未知吗？但皇上分明就在城外指挥军队啊！

长安城外，刘彻带着部队蓄势待发，失望而愤怒；

长安城内，刘据拥兵自守，惊惶而无措。

天幕低垂，乌云密布。这是一个沉闷的黄昏，双方隔着长安城遥遥对峙，父子之间最后仅存的一丝情义，也随着漏刻中的水滴一点一点地流逝……

事到如今，刘据要想回头，已然不可能了。

父皇，对不住了。

刘据来到北军军营，将北军将领任安召出，颁与符节，命令任安发兵。任安收下了太子送来的符节，却返回营中闭门不出。

刘据无奈，只能将长安城中监狱内的囚徒全部释放，并强行征调长安市民组成民兵。

一边是训练有素的正规军队，一边是临时抓来的民兵，这场战斗还没开打，结局就已注定。

小小的长安城内，双方展开厮杀，五天之内，数万人因此而死，街道上尸横累累，鲜血像水一样流入街边的沟渠，空气中满是难闻的血腥味，哀号哭叫声不绝于耳……

五天之后，战斗终于落幕，刘据兵败而逃。

能去哪儿呢？刘据逃到了南边的覆盎门，司直田仁正率兵把守城门，不愿逼迫太急，选择了放水。

刘屈氂得知刘据从覆盎门出逃后，欲杀田仁，御史大夫暴胜之拦住他说：司直为朝廷二千石大员，理应先行奏请，怎能擅自斩杀？

刘屈氂只得将田仁释放。

不料，刘彻听说后大发雷霆，将暴胜之逮捕治罪，责问他：司直放走的是造反者，丞相杀他是秉公执法，你为何要擅加阻止？

好吧，是我错了。暴胜之被逼无奈，选择了自杀。

椒房殿内，惶恐不安的卫子夫终于等来了最新的消息。然而，这个消息却让她心碎！

宗正刘长和执金吾刘敢来了，二人携带刘彻的谕旨，收回了皇后的印玺和绶带。

卫子夫心如死灰，选择了自刎。

纵然她已经在这深宫中独处了四十多年，纵然刘彻对她早已没有了当初的宠爱，她也永远记得多年前的那一天，她在舞台中央翩然起舞，他走上前来，握紧了她的手，携手望天下。

彼时彼刻，他的眼中只有她，即使她知道，他的眼中，更多的是那广阔天下和无尽疆土。

那便够了，只要当初拥有过，就已经足够了。

乱局已定，接下来就是秋后算账的时候了。

北军将领任安，因为没有及时支援刘彻的部队，坐观父子相杀，被判腰斩；

守城官田仁，在刘据兵败之后，私自将刘据放出城，被判腰斩；

御史大夫暴胜之，因维护田仁被刘彻斥责，愤而自裁。

太子的所有门客，因为曾出入宫门，都被判死刑；所有跟随太子参与叛乱的人，都以谋反罪被灭族；所有被刘据胁迫的，一律放逐到敦煌郡。

刘据很快就成了帝国的头号通缉犯。

父子相残，这在任何时代都是悲剧，可此时的刘彻仍在气头上，谁也不敢在这个时候劝谏。

就在众人焦虑的时候，一封来自山西壶关的信寄到了长安，摆在了刘彻的案头上。

这封信出自壶关三老令狐茂之手。三老，是掌管当地教化的乡官，类似于后世的乡村老先生。

刘彻览卷，但见其书曰：

我听闻，父亲就好比是天，母亲就好比是地，儿子就是天地间的万物，只有上天平静，大地安然，万物才能繁茂；只有父慈母爱，儿子才能孝顺。太子是陛下的嫡长子，本将继承大统，担负祖宗的重托，而江充只不过是一个地方混混，陛下却让他显贵，使他有机会打着天子的旗号来迫害太子，纠集了一帮人渣，极尽欺诈陷害之能事，使陛下与太子虽为父子，却无法沟通。

太子进不能面见陛下，退则被乱臣陷害困扰，独自蒙冤，无处申诉，忍无可忍，怒斩江充，却又害怕陛下降罪，被迫逃亡。太子是陛下的儿子，儿子盗用父亲的军队，不过是为了自救罢了，臣以为并无险恶用心。

《诗经》上说，绿蝇往来落篱笆，谦谦君子不信谗。否则谗言无休止，天下必然出大乱。陛下如今不加以调查就定罪于太子，派军队追捕太子，对与太子有关之人概不宽恕，人人惊惶不敢进言，我深感痛惜啊！

我冒死进谏，已经做好了随时献出性命的准备。希望陛下放宽心怀，平心静气，不要苛求自己的亲人，不要对太子的错耿耿于怀，立即结束对太子的征讨，不要让太子长期逃亡在外！

一个远在山西的老先生，怎么会主动写这种信？很显然，朝中还是有比较明白的大臣，不敢触刘彻的霉头，找他来劝谏皇帝，作为一种臣僚与皇帝之间的缓冲。

奏章递上去，刘彻内心有所触动，但并没有立即颁布赦令。

就在刘彻犹豫的当儿，从河南传来一条消息，太子刘据死了！

刘彻只觉得眼前一黑，当场就昏了过去。

什么情况？

刘据逃离长安后，一路到了湖县（今河南灵宝市西），躲在泉鸠的一户人家。此地西距潼关三十里、长安三百里，东距函谷关八十里，紧靠当时贯通关内关外的交通驿道，又隐藏在峡谷中，位置非常险要。

主人家贫，靠织卖草鞋来奉养刘据。刘据有个老相识住在湖县，家中还算富有，派了人去联系，结果行踪就被泄露了。

几天后，地方上的捕快包围了刘据。主人为了保护刘据，在格斗中被杀，刘据知道这一次难以逃脱，回到屋中自缢而死，两位皇孙也一同遇害。

一切，都不可挽回了。

刘据虽然死了，但事件的调查一直在秘密进行中。一年后，随着调查的深入，刘彻发现长安城中那些互相告发别人使用巫蛊的，多为不实，而太子刘据当初是被江充逼迫，惶恐不安才不得不起兵自卫的。

换句话说，是自己逼死了儿子。

刘彻开始后悔了，可他毕竟是皇帝，需要一个台阶。

适逢一个守卫高祖庙的郎官田千秋进言：臣梦见一白发老翁，教我上奏说，儿子擅自动用父亲的军队，应该鞭打；皇帝的儿子即使犯错误杀了人，也罪不至死，受点惩罚就行了，何必较真呢？

刘彻亲自接见了田千秋，感慨道：我们父子之间的事，一般外人很难插言，只有你知道其中的不实之处。可见，这一定是高祖皇帝的神灵让你来教导我的，我虚心接受。你就留在我的身边，随时提醒我吧！

刘彻于是提拔田千秋为大鸿胪。

这里的大鸿胪，是负责掌管礼仪的高官，属于九卿之一。

田千秋可谓一步登天。

封赏了田千秋之后，刘彻又下令将江充一家满门抄斩，将江充的几个助手和曾经对太子刀兵相向的人也一并杀之。

可惜，此时的醒悟，已然太晚了。

为了表示自己对儿子的思念和愧疚，刘彻特意在湖县修建了一座皇宫，起名为“思子宫”，又建了一座高台，起名“归来望思台”，寄托他的悔恨、遗憾和思念。

然而，就是建再多的宫、再多的台，死去的人也回不来了。

天下人见刘彻如此，既痛恨他杀妻灭子的绝情，又替这么一个伤心的老人心酸、惋惜，所谓“天下闻而悲之”。

事情就这样结束了吗？那个隐藏在幕后的玩家到底是谁？

别着急，真相马上就浮出水面了。

一年后，恰逢匈奴人入侵，刘彻派贰师将军李广利领军出征。

李广利出发没多久，有人告发李广利和丞相刘屈氂密谋拥立昌邑王刘髆为太子，还称丞相夫人大搞巫蛊，诅咒皇帝早死。

刘彻大怒！

巫蛊这个词，已经成了刘彻的敏感点，或者说是逆鳞。龙之逆鳞，谁触谁死！

更何况，历来皇帝最忌讳大臣参与夺嫡、继位之事，因为那代表着拉帮结派，要控制新任皇帝。

刘彻立即将丞相刘屈氂拘押起来，把他装在囚车上游街示众，一番人身羞辱后，刘屈氂被绑赴东城腰斩，妻子儿女被拉到华阳街斩首示众，李广利全家悉数被捕下狱。

彼时的李广利正在前线打仗，消息传来，内心陷入了极度的惶恐与焦虑之中。

前方战事正胶着，大后方又传来不利信息，这仗还要不要打下去？

沉思良久，他决定赌一把，以一场辉煌的胜利来换得刘彻的赦免。

这是唯一的希望！

必须孤注一掷！

李广利挥师北进，深入匈奴，直至郅居水。此时匈奴军队已离去，李广利派护军率领两万骑兵，渡过郅居水，继续向北挺进，最终与匈奴左贤王的部队相遇。

这是一场硬仗，双方厮杀良久，匈奴人死伤无数，被迫后撤。

外敌刚退，内讧便起。

此时，李广利卷入巫蛊事件的消息已经在军中传开。长史盘算起了自己的小九九：李广利以全军安危来求立功赎罪，必然会失败，不如将其扣押起来，以阻止其盲目冒险。

李广利觉察了长史的策划，先下手为强，将其斩首，然后立即率军撤退。单于知汉军往返行军近千里，所有人都绷到了极点，亲自率领五万骑兵袭击汉军，汉军死伤甚众。

李广利原想立功赎罪，却遭此大败，心情自然更沉重。狐鹿姑单于派出一支奇兵，趁夜色绕到汉军后侧，悄悄挖掘了一条壕沟，而后于清晨对汉军再次发起突然袭击。

汉军士气低落、疲惫不堪，几乎没有还手之力，而背后那一条深深的壕沟，完全阻断了他们撤退的路线，进退不得。

李广利绝望了，按照眼前的情形，就算他拼死突围回到长安，等待他的也只有死路一条！

走投无路的他长叹一声，投降了匈奴。

七万汉军将士全部命丧燕然山，竟无一人生还！

刘彻盛怒，诛李广利全族。

这事儿对刘彻打击很大，本来就被巫蛊之事搞得焦头烂额的他，颇有点凉凉了的感觉。

李广利投降匈奴后，狐鹿姑单于大喜过望，不仅将自己的女儿嫁给李广利，还将他的地位提升到李陵与卫律之上。

卫律是最早投降而得到单于的重用，随着李广利的到来，他感觉自己在匈奴的地位受到了威胁，决心除掉李广利。

一年后，匈奴太后病重，卫律借此机会，买通巫师，定了一条毒计。

巫师一通装神弄鬼，然后告诉单于，太后之所以得病，是因为前任单于发怒了。紧接着，他假装灵魂附体，对单于说：我们之前准备战争祭祀时，经常说要活捉汉朝的贰师将军，杀之以祭天，现在你为何忘了？

狐鹿姑单于吓坏了，真以为是自己的父亲魂灵降临来责备自己，忙下令逮捕李广利，将他绑在祭坛上，涂上牛油羊血，杀之以祭神。临死前，李广利大呼：我死后必灭匈奴！

想必李广利也在后悔，早知今日受此大辱，当初在战场上就该抹了脖子，岂不痛快！

直到此时，巫蛊之祸才算是彻底落下帷幕。

下面，就让我们一层层剥开巫蛊之祸的谜团。

在平常的版本中，江充是一个十足的坏蛋，平时就与太子刘据关系不好，因为害怕刘据上台后自己遭到清算，所以先下手为强，诬陷太子。而武帝，则是一个有些头脑发昏的皇帝，因为一时不察，错信了小人江充，才酿成了悲剧。

真的是这样吗？

江充真的有充分的作案动机吗？

我看未必。

江充与太子的恩怨，顶多算是小摩擦，远远不到你死我活的地步。就算他担心太子的记恨，可他真的会因为这件事就要干翻太子？

要知道，彼时的刘彻早已步入迟暮之年，正在甘泉宫休养，所有人都能看得出来，刘据接班是早晚的事，江充又何必冒着天大的风险，非要跟太子死磕到底？

这逻辑，无论如何都说不通。

除非，他背后还有别人。

一个可能的解释是，巫蛊之祸中，还有其他势力牵涉其中，而且敌对于太子，江充不过是他们推到台面上的人物。

那么这个幕后玩家到底是谁呢？

史书中并没有详细的记载。不过，按照谁受益、谁的嫌疑最大的逻辑，这个幕后人物不难猜测。

这股潜藏的势力之所以对刘据下黑手，无非是为了太子之位，这其中，贰师将军李广利最有嫌疑。因为刘彻宠妃李夫人为他生下了昌邑王刘髆，而李广利恰好是刘髆的舅舅，刘屈氂和李广利又是儿女亲家，二人同属于一个利益集团。

况且，刘据死后不久，李广利立刻与升任丞相的刘屈氂积极运作，准备把刘髆扶上太子之位。

看到这里，答案呼之欲出——

李广利和刘屈氂是此次巫蛊之祸的幕后黑手！

为了让自己人刘髆接班，两人联手布了一个大局，刘彻晚年不喜太子刘据，痴迷于求神问卜，疑神疑鬼，又为他们提供了绝佳的机会。早在公孙贺牵扯进巫蛊之祸时，这场阴谋就已经缓缓启动。朱安世极有可能也是被刘屈氂收买的，要不然，一介草民，他如何能得知公孙敬声与武帝女儿阳石公主私通，以及埋藏木偶人诅咒武帝的宫闱秘事？

刘彻虽然老了，但头脑并不糊涂。他很快就发现了李广利和刘屈氂的险恶用心，所以才会果断出手，严厉镇压。

功过任评说

秋日的长安城，天高地远，色调灰冷。

时间永不停歇，挟持着所有的人和事，滚滚奔流。

刘彻老了，他越来越感到力不从心了，巨大的孤独感和空虚感向他汹涌扑来，将他一次次淹没。

这几年，帝国的对外战争接连失利，赵破奴、李陵、李广利全军覆没，极大地挫伤了刘彻的自信心。内政方面，一连串的巫蛊事件导致血流成河，帝国重量级的人员一个个死于非命，曾经被他寄予厚望的太子刘据也被人陷害身亡，导致他多年培养的接班人计划落空。

一波操作猛如虎，刘彻终于成了孤家寡人。

近来，刘彻已别无所爱，唯独爱上了回忆。他重温着过去半个世纪的金戈铁马和爱恨悲喜，终于开始反思自己的行为是否恰当。

回首往事，他才发现自己已经走得太远，忘记了自己从何而来，为何出发。

关键是，他已经是将近七十岁的高龄，折腾不动了。

征和四年（公元前 89 年）正月，新年刚过，刘彻强撑着病体，赴东莱，临大海，欲出海求仙。群臣苦谏，可刘彻根本听不进去。在经过几次求仙失败之后，他依然不肯放弃，他坚信仙人和不死神药一定就在海上的某个地方，只要他拿出足够的诚意，一定可以打动仙人，赐下不死神药。

然而，海上浪高潮涌，天气多变，根本无法出海。

刘彻停留了十余日，眼看着希望渐渐破灭，不禁悲不可抑，泫然泪流。

三月，刘彻到齐郡钜定县（今山东广饶）亲自下地耕田。一个喜好征战杀伐的皇帝，如今肯俯下身来，亲自示范耕作，其用意不言自明。

从钜定县返回长安时，刘彻再登泰山，举行了封禅典礼。

所谓“封禅”，“封”为“祭天”，禅为“祭地”，之所以要去泰山，是因为大家都认为群山之中泰山最高，一个皇帝如果有足够的自信，就应该到泰山去祭祀天地，向天地汇报自己重整乾坤的伟大功业，以此表明皇权受命于天。

对于泰山，刘彻并不陌生，自公元前 110 年第一次封禅之后，这已经是刘彻第八次举行封禅。不过这一次，应该是他最后一次登临泰山了。

从泰山下来后，刘彻召见群臣，追悔已往之过，说了这样一番话：

朕自即位以来，做了许多狂妄悖谬之事，使天下人因此受累，朕后悔莫及。从今往后，凡是伤害百姓、浪费天下财力的事情，一律停办！

所有人都惊呆了。

这还是他们印象中的那个武帝吗？

一生醉心于用武力开疆拓土的刘彻，终于从自己的执念中走了出来，可惜盛世场景却已是明日黄花。

田千秋见刘彻态度有变，鼓起勇气提了个建议：如今很多方士一直谈论神仙之事，却都没什么效果，请求陛下将他们全部遣散。

刘彻感慨道：先前是我糊涂，被方士所骗。天下哪有什么仙人？尽是些妖言妄语罢了。要想保持身体健康，唯有注意节食，有病服药，其他一切都是虚的。

长久以来，刘彻将寻访仙人和不死神药作为个人的终极追求，甚至置于江山社稷之上。而现在，他却不得不怀疑不死之荒谬、神仙之虚无。

总有一日，他刘彻也将在九泉之下，沦为蝼蚁之粮，终与尘壤合体。

原来，自己也与普通人无异。

六月，桑弘羊向刘彻提了个建议：西北边境的轮台地区，有五千多顷土地可以耕种，请陛下下旨移民戍边屯田，并在轮台以西修筑碉堡线，以震慑西域各国。

不料，好大喜功的刘彻，却没有批准这项军事计划。

他下了一道诏令：上次有人主张每人加税三十钱作为边防经费，这次又请派士兵和百姓到轮台开荒。轮台在车师以西一千余里，上次汉军攻打车师时，虽然取得了胜利，迫使车师王归降，但因路途遥远，粮草缺乏，数千人死于路途。先前由于朕糊涂，屡次派李广利出击匈奴，士兵多战死，妻离子散，至今朕还深感痛心。现在又请朕派人到遥远的轮台筑垒屯田，这不是又要扰乱天下、劳苦百姓吗？朕不想再听下去了。

当今之务，在于禁官吏之苛暴，废止擅自增加赋税之法令，全力务农，对为国家养马者要免其徭役赋税，补充这些年战马的损失，不使国家军备短缺即可。

这就是历史上有名的“轮台罪己诏”。

在这道诏令中，刘彻改变了长期奉行的扩张国策，让百姓得以休养生息，鼓励发展农业，富实百姓。更难得的是，刘彻折腾了半个世纪，这是他第一次放下身段，主动认错。

在皇权至上的时代，皇帝能自省其过，已殊属不易；而能写成文告——“罪己诏”，颁告天下，向全天下人认错，没有极大的勇气是办不到的。

刘彻说到了，更做到了。

司马光在《资治通鉴》中说，汉武帝干的事和秦始皇没多大差别，汉朝延续，而秦朝灭亡，究其原因，一是文、景二帝打下了好基础，二是汉武帝长寿，在晚年的时候，有机会检讨自己的过失，亡羊补牢，安排好了后事。

这就是后人常说的，武帝有亡秦之失，而免于亡秦之祸。

尽管不想承认，刘彻也知道，自己的生命即将走到尽头了。眼下困扰他的，只剩最后一个：接班人问题。

刘彻一共有六个儿子，其中长子刘据、次子齐王刘闳和五子昌邑王刘髆已去世，眼下只剩三子燕王刘旦、四子广陵王刘胥和幼子刘弗陵。

所有人都在猜测，谁将会是继任者？

我们先将这三人作一比较。燕王刘旦能言善辩，博学多才，喜好招揽游侠门客，属于才华担当；广陵王刘胥力能扛鼎，空手搏熊彘猛兽，属于武力担当；刘弗陵是刘彻最小的儿子，年仅七岁。

按照一般的顺序，刘旦将是皇位最有力的竞争者。

果然，在刘据去世之后，太子之位悬空，刘旦自恃年纪最长，心中开始不淡定，他几乎认定储君之位非他莫属。心急的他主动向刘彻上书，要求入长安宿卫。

这其实就是在向刘彻讨要太子之位。

然而，这个请求却触了刘彻的大忌，刘彻立斩来使，回信把刘旦训斥了一通，紧接着又以刘旦“藏匿亡命之徒、违反汉律”的罪名，削其封国三个县，以示惩戒。

刘旦被否掉了。

那么广陵王刘胥呢？

他是刘旦的同母弟，虽然有拔山举鼎之力，能空手搏杀熊、野猪等猛兽，但是为人骄横跋扈，奢侈无度，且无法无天，行为举止毫无法度。这样一个四肢发达、头脑简单的混世魔王，显然也不适合做接班人。

刘胥也被否掉了。

那么，只剩下幼子刘弗陵了。

但是，将偌大的帝国交给一个七八岁的孩子，行吗？

当然不行，一个小屁孩，根本没有能力摆平深不可测的汉朝官场。因此，他手里的皇权，必须由辅政大臣暂时接管。

这个辅政大臣可不好选，既得有治国理政的能力，还得能在小皇帝长大后，心甘情愿地将权力交出来。

这是一个艰难的选择。刘彻挑来选去，最终把赌注押在了霍光身上。

霍光是霍去病同父异母的弟弟，在刘彻身边做了几十年下属。而如今，他终于被命运垂青，即将走上人生的巅峰。

刘彻让宫中画师画了一幅“周公背成王朝诸侯图”，赐给了霍光。

周公原名姬旦，是周武王的弟弟。武王建立周王朝后因病去世，儿子姬诵继承王位，这就是周成王。彼时的成王才十三岁，由武王的弟弟周公代理天子的职权。

周公辅助成王执政七年，制订了一整套典章制度，到成王二十岁时，周公将权力交回周成王，留名青史。

刘彻这么做，很显然是暗示自己要将国家托付给霍光，希望他能像当年的周公对待成王那样，忠心辅佐自己的小儿子刘弗陵。

见到这幅画，霍光立即趴在刘彻脚下痛哭流涕，并问：陛下如有不讳（病死），由谁继承皇位？

霍光绝对在装傻，他明明知道刘彻想让刘弗陵接班，可他非要刘彻亲自说出来。历来皇权接替都是最敏感的，他不想，也不敢参与皇帝的家事。

刘彻反问：你真不明白我的意思吗？让小儿子继位，你像周公那样代理朝政。

霍光叩头：臣的才干不如金日磾。

刘彻挥了挥手：就你了，无须多言。

安排好了臣子，刘彻又想到了刘弗陵的母亲，自己宠爱的钩弋夫人。一旦自己驾崩，年纪轻轻的钩弋夫人必将母凭子贵，尊为皇太后，到时候谁来制约这位高高在上的皇太后？

某天，刘彻召见钩弋夫人，两人一见面，刘彻就斥责钩弋夫人，钩弋夫人摘去首饰，叩头请罪。不料，刘彻的态度异常严厉，他让人把钩弋夫人拉出去，关到掖庭狱（宫廷监狱）。钩弋夫人向刘彻求饶，刘彻冷冷地说：快走，你不得活！

不久之后，钩弋夫人死于云阳宫。

风波平息后，刘彻有一次问左右随从：外边对处死钩弋夫人一事怎么看？

随从回答：人们都说她儿子即将成为太子，陛下为什么还要杀他母亲？

刘彻道：这就不是你们这些蠢人能够明白的了。古来乱国之事，都是因为国君年幼而其母青春正盛。女主一旦大权在握，就会骄横不法，荒淫秽乱，为所欲为，无人能够禁止。你没听说过吕后之事吗？

为了刘氏的江山，钩弋夫人必须死！

转眼就到了后元二年（公元前 87 年），春。

二月初，刘彻病重。

天行有常，不为尧存，不为纣亡。光阴无情，不因恶而疾行，不因美而暂停。古人制日晷，今人造钟表，希望能以此捕捉时间，然而时间仍是缓缓流淌，永无停歇。无论帝王将相，或是普通百姓，在时间面前，都是那么卑微而又渺小。

刘彻知道，他剩下的时间已然不多，必须赶紧交代后事。

他强撑病体，最后一次召集群臣，正式下诏立八岁的刘弗陵为皇太子，并拟了辅佐大臣名单：霍光、金日磾、上官桀、田千秋、桑弘羊。

眼尖的你一定已经发现了，田千秋虽然肩负丞相之职，但他只能坐第四把交椅，霍光才是班子的核心。

然后，他平卧在大床之上，陷入永世不可沉没的孤独。

原本，他只是一个小小的胶东王，可命运却让他一步步接近长安，接近那个至高无上的龙椅。从他继位算起，至今已过去了五十多年。

回首过往，他在反思，自己做的这一切，到底是对是错？

由于他的各种折腾，民间怨恨及反抗的情绪一直都很大。到了武帝末年，天下户口锐减一半，农民起义风起云涌；文帝和景帝两代人积攒的家底，也在一次次的对外战争中消耗殆尽；算缗和告缗，逼得帝国的中产阶层全数破产；常年的大规模战争，导致民生凋敝，生灵涂炭，海内沸腾。

为什么要折腾？韬光养晦、安安分分过日子不好吗？

好，当然好，可是，身为刘氏子孙，他又怎能忘记高皇帝在白登山的七天七夜、吕后被匈奴单于调戏的愤怒？

一次次屈辱的和亲，换来的又是什么？

是杀戮，是掳掠，是蔑视！

这是汉朝的屈辱，更是刘彻的屈辱！

刘彻对卫青讲过一段话，透露了他的心声：汉朝制度不完善、不成熟，何况存在少数民族威胁边境等问题，不加强制度建设，后世就没有参照的依据；不出兵征讨，天下就不得安宁，不得已而劳民伤财，但后世之人，要仿照我这样做，估计就是走秦朝败亡的老路。

一代人只能干一代人的事，这事落到他头上了，他就必须做完，哪怕留下千古骂名也在所不惜。

无论汉武帝生前身后有多少争议，后世依然要为他赞美！

他这一生，攘夷拓土，国威远扬，东并朝鲜，南吞百越，西征大宛，北破匈奴，汉军铁骑无往不胜，建功立业，彪炳史册。汉文化随着开疆拓土、打通丝绸之路而远播，成为世界史中最具影响力的文明之一。

他建立了一个国家前所未有的尊严，他给了一个族群挺立千秋万代的自信，他的国号成了一个民族永远的名字：

大汉！

然而，他最终无力跨越人与神之间的界限。一切伟大的事物终将消散，一切美好的事物终将凋零，他帝王的尊贵，也将最终消解为尘埃的卑微。

那么，就在此时此刻，画上一个句号吧！

他的呼吸越来越微弱，生命开始进入倒计时：

滴答，滴答，滴——

后元二年二月丁卯（公元前 87 年 3 月 29 日），刘彻崩于五柞宫，享年七十岁，三月葬于茂陵。